酒杯裡的謀殺

ONE FOR THE ROAD

Drunk Driving since 1900

by Barron H. Lerner

從飲酒文化到反酒駕運動的百年發展史

哥倫比亞大學醫學院教授
拜仁・勒那——著

臺大創傷醫學部醫師
譯——林志懋　總審訂——林子忻

獻給那些身歷酒駕悲劇

猶奉獻一生

以確保他人不遭此事的人們

那些寧願放棄不可或缺之自由，以換取些許短暫安全的人，不配同時享有自由與安全。

——班傑明．富蘭克林（Benjamin Franklin, 1759）

自由是一種很難保存的東西。為了夠用，你必須過多。

——克萊倫斯．丹諾（Clarence Darrow, 1928）

各界讚譽

談百年來美國酒駕防制運動的發展，這本書彷彿在為臺灣酒駕防制的歷程預寫歷史。

2013 年 5 月 28 日的夜晚，臺大醫院創傷醫學部曾御慈醫師被酒駕肇事者撞成腦死，最後器捐遺愛人間。她的老師柯文哲矢誓要成立酒駕防制團體來推動酒駕零容忍的運動，有事弟子服其勞，於是，他的學生、也是曾御慈醫師的同事許立民、蔡宏斌、林子忻醫師是籌備工作的核心人物。

這個以酒駕防制為宗旨並且關懷酒駕受害者及家屬的團體，在籌組半年後成立。曾御慈的母親陳敏香，還有幾位家屬，特別是年輕受害者的母親加入了團體，綜合醫療、法律界及受害者家屬的組織，在 2014 年開始發展臺灣酒駕防制的工作，論述及擘劃將來可能的工作方向，同時摸索組織運作的路線。

開創公益事業起頭難，酒駕防制的目標像是天幕裡的閃亮之星，清楚明亮但是遙遠，行進之間指路的火把，忽而光亮忽而黯淡。美國酒駕防制運動的發展彷彿是一面歷史的鏡子，回到百年以來美國防制酒駕的歷程，透過時光隧道進入現今的臺灣實境。

關心建構臺灣成為更平安更正義國家的讀者，買這本書，是對獻身酒駕防制運動的受害者及家屬的勇敢及慈悲，表達最具體的敬意。

——王幼玲，總統府人權諮詢委員會委員
臺灣酒駕防制社會關懷協會創會秘書長

以身為一位酒駕受害者家屬的立場，欣喜這本書的翻譯出版，卻也深深有著臺灣對酒駕防制太遲、太輕的遺憾。感謝愈來愈多各方人士為反酒駕議題挺身而出，避免更多的悲劇一再重演。

——王俊傑，林口長庚紀念醫院心律不整中心主任

酒駕這個「社會問題」可說相當近代才產生，我們以為理所當然應該禁止的事情，卻牽涉到多個層面的交互作用，當第一次問題出現時卻往往不被認為是問題。此書不僅是對酒駕的探討，也是一窺各類社會議題型塑時重要的方法。

——呂建德，臺中市政府社會局局長
中正大學社會福利學系教授

雖然在臺灣「酒駕」犯罪行為所造成的悲劇不亞於其他犯罪，有關酒駕造成無辜人員的傷亡血淋淋的報導又經常見諸媒體，但酒駕嚴重性還是為社會漠視與容忍，民意機關亦未採取有效遏止酒駕的立法行動。

為何酒駕的犯罪行為難以得到社會普遍的關注？其實這個觸及到一個更深層的問題：酒駕者的自由選擇權與憲法所賦予的權利與酒駕受害者與家屬的心聲，到底何者為重？現今社會似乎過度重視酒駕者的權益。易言之，社會對反酒駕的集體意識尚未建立。

這本書是針對美國百年來最具爭議的酒駕犯罪行為所進行歷史紀錄與反省，內容包括公衛、醫學、法律、媒體等領域，值得推薦給尚待建立「酒駕是犯罪行為」社會集體意識的國人閱讀，更期待本書有助於未來酒駕防制之政策制定。

——林向愷，悠遊卡公司董事長、臺大經濟系教授

身為這本書的總審訂者，我認為這本書提供了清晰的歷史脈絡，讓我們更了解糾葛在酒駕這個核心事件裡面，許多錯綜複雜的利益關係，和各個團體，運動人士間的愛恨情仇。所以誠懇推薦所有想進一步了解酒駕問題的朋友們，從本書出發，一起思考臺灣反酒駕運動的可能發展方向。

——林子忻，臺大醫院創傷醫學部主治醫師、TADD 監事

我們對於酒駕從早期的不違法，演進到行政罰，最後到入罪化，這個過程是伴隨著國外立法例引進、民意輿論支持、重大傷亡事件發生等，一步一步透過行政與立法機關推動完成的。可見在酒駕議題上，正確的知識與觀念是最重要的。

本書詳細介紹了美國酒駕立法的演進，其中有許多有趣的脈絡與故事，透過醫師群體和實務專家來導讀引介這些知識觀念，非常引人入勝。臺灣喝酒的人多，酒駕為何不應容忍，無論喝不喝酒的人都值得閱讀本書。

——林達，臺北地檢署檢察官

當自己成為酒駕惡行下的受害者家屬，才知道我們社會對酒駕行為仍充斥著近乎冷血的包容，酒駕者可以擔任立委、可以奉派駐外做為臺灣門面的使節，更有層出不窮的法官輕判案例。每個酒駕加害者都是故意犯，當社會給這些兇手機會的同時，曾想到他們有給無辜受害者活著的機會嗎？

——林睿傑，臺中市文山國小教師、酒駕受害者家屬

酒駕零容忍不是口號。

酒駕在臺灣處在一個道德與法律的拉鋸戰中。令人感慨的是，終於有個酒駕防制協會成立，很認真地思考各項防制機制，期許降低酒駕率，不要再發生酒駕傷人悲劇。卻有人冷嘲熱諷，認為酒駕是微罪，不應受罰。這本書讓我們了解美國酒駕防制脈絡，探討了各項政策與相關利益團體，也讓我們看清因酒駕傷人或自傷的嚴重性，他山之石可以借鏡，期許酒駕零容忍不再是口號。

——紀惠容，勵馨基金會執行長

本書詳述美國百年來的反酒駕運動，極具閱讀參考價值。其中諸多問題已普遍在台灣發生，而國人也同樣已普遍無法容忍酒駕。

生命何其可貴，感謝臺灣酒駕防制協會持續推動，大家一起致力建立「喝酒不開車，開車不喝酒」的現代生活文化。

——洪美華，中華電信基金會執行長

過去 10 年，全臺因酒駕傷亡的國人超過 10 萬人，導致無數家庭破碎，甚至犧牲了一位優秀的臺大醫院曾御慈醫師，但並未讓全民警惕到酒駕零容忍。

酒駕是全民公敵！經由《酒杯裡的謀殺》一書中述說美國推動酒駕防制運動的經驗借鏡，期待臺灣酒駕防制社會關懷協會能堅定立場，號召團結認同「酒駕零容忍」理念的公民你我，一起持續致力於建立「喝酒不開車」的生活文化。

——范有偉，德勤財務顧問股份有限公司總經理

「酒駕」，為何比「恐怖攻擊」更難消滅？

「恐怖攻擊」之所以恐怖，是你永遠不知他在何時、何地、針對何人下毒手！

「酒駕」何嘗不是如此？

「酒駕」比「恐怖攻擊」更恐怖的是，他沒犯罪動機，隨機出現不可測，一個善良正常的人，因為「酒駕」，下一秒可能變成無情駕車殺手。可怕的是，世界上大多數國家，只要「繳稅」，賣酒都是合法的，縱使大家都知道「酒精是致癌物」；2015 年全球因交通事故殘害致死 50 多萬人，50%以上與「酒駕」有關，

臺灣 2016 年也有 9 萬多件的「酒駕」違規！

頑強的「恐怖攻擊」出現不過十數年，「酒駕」殺手在美國卻已存在百年歷史，有鑑「酒駕」根深棘手，這本記載美國百年「酒駕」

發展歷程的《酒杯裡的謀殺》，冀望有識之士，洞悉「酒駕」問題的複雜詭異，共謀良策，滅此百年惡疾。

臺灣近年對「酒駕」抓得緊，防範「酒駕」的共識也夠強烈，但看了本書，卻會大開眼界，原來自由社會裡，「酒駕」已不單純是「酒駕」，酒客、酒商、自由主義者、律師、學者、醫師、媽媽、政客……糾結了一團愛恨情仇，人類社會與人性之複雜性，突顯美國百年「酒駕」的重要與珍貴。讀透了，除了更認識「酒駕」殺手的無知，喚起最多的，應該是明知不可禁絕而戮力防範，正是智者、仁者、勇者，存在的價值。

——高志明，義美食品股份有限公司總經理

其實，酒駕與每個人都有關。隨時可能會影響到你。
林口交流道旁的醫院，每天總有救護車送來，
酒駕新聞轉換成的一個個傷患，很心痛。
這本書討論了之前美國社會如何面對處理酒駕問題。
讓我們可以認真思考，我們的開始。

——袁國慶，林口長庚醫院外傷急症外科主治醫師

如果我們相信世界會變得越來越好，除了相信之外，找一群志同道合的人一起坐而言，然後起而行，慢慢就會覺得力量累積大到你無法想像的程度，而這正是臺灣酒駕防制社會關懷協會從無到有的歷程。這本美國酒駕防制運動百年史中譯本的出版也正是協會力量的另一個里程碑，這本書不只是文字上的翻譯而已，更有意義的是不同領域的工作者持之以恆的用讀書會的方式產生出眾人的智慧。

有點硬的書，卻有著滿滿的熱情與酒駕零容忍的堅持。推薦給對美好社會還有期待的你。

——許立民，臺北市政府社會局局長
臺大醫院創傷醫學部主治醫師、TADD 創會志工

酒駕對於在急診工作的第一線醫護人員是個令人痛恨的行為，我們常常必須目睹酒駕者造成自己或受害者的重大傷亡，造成社會成本及醫療資源相當巨大的損耗。臺灣酒駕防制社會關懷協會的讀書會能夠經由不同的面向及多位導讀者，讓協會成員更了解此一行為背後隱藏的深層意義，更經由不同專長的成員對話來取得未來對防制酒駕策略的共識。

——許以霖，成功大學醫學院附設醫院國際醫療中心主任

酒駕殺人傷人，不該全民買單！

開車抽菸，通常不會傷人殺人；但酒後開車會。臺灣有菸害防制法，卻無酒害防制法。監察院調查，每天有 1.3 人因酒駕死亡、25.5 人因酒駕受傷，每年醫療費用達 26.5 億元，他們可能是你我的父母、兄弟姊妹、妻兒子女。看看美國，想想臺灣。

——許宏志，臺灣綠色養生學會理事長
嘉義長庚醫院復健科主治醫師

任何一起酒駕事故都不應該發生！然而，「心存僥倖，鑄成大錯，後悔莫及」往往是許多酒駕肇事者的寫照。

臺灣酒駕情況嚴重，並非法令不夠嚴格，而是需要更多的企業加入倡議的行列，對內規範員工切勿以身試法，對外影響大眾切身之感，宣導「酒駕零容忍」的觀念，建立「酒／駕分離」的生活習慣，早日達成零酒駕的目標。

——許章賢，臺灣醫界聯盟基金會董事
國際扶輪 3480 地區前總監

我身為酒駕執法者、酒駕被害人，我要呼籲國人，酒駕害人害己，絕對不可以酒駕。

在我以往處理車禍事故的經驗中，酒駕的人常常有自撞路邊護欄、電線桿，或摔入水溝的情形，死亡比例非常高，若未死亡也可能癱瘓或失能，換來的是家人一輩子的煎熬與折磨。不過最可惡的是，酒駕肇事高速撞擊，每每造成無辜用路人的死傷，幾乎每個星期都有類似的新聞出來，我就是最好的例子，我的命是撿回來的，但是，我卻失去了一條腿，更讓愛我的妻子與父母親傷痛。

令人遺憾的是，每個人都不希望成為酒駕的被害人，卻常常放任自己的至親至愛酒駕，讓其暴露在危險中，也放任他們可能去傷害無辜的用路人。為了我們最愛的人，除了從自身做起之外，大家更積極地阻止身邊的人酒駕，這樣可以保護更多人。

——陳昭宏，新北市蘆洲分局員警、酒駕受害者

酒駕對國人生命財產的危害，已形成一個極為嚴重衝擊社會的問題，酒駕明明是一個可預防的行為，為何難以遏阻？我們是否要從源頭來思索酒精對人的危害問題，制定《酒害防制法》。

世界衛生組織發布的《2014 酒精與健康全球狀況報告》中顯示，2012 年全球因使用酒精造成 330 萬人死亡，平均每十秒鐘就有一人因飲酒死亡。根據醫界指出，目前證實有 36 種疾病因酒精的危害有因果關係。50% 以上的家暴與酒精使用有關，而酒駕則是害人害己，更是無可逆轉。

——陳曼麗，立法委員

總是要從許多受害者的悲慘故事，才能吸引國人關注公共議題！美國「反酒駕媽媽」（Mothers Against Drunk Drivers, MADD）是一群酒駕受害者的媽媽們所成立，努力推動反酒駕運動長達 30 年，才被美國國民接受酒駕絕不可容忍。臺灣因為曾御慈醫師的不幸，成立臺灣酒駕防制社會關懷協會（TADD），積極為失控的酒駕到處奔走。

希望藉由這本書作為借鏡，訂定一套國家防酒駕機制，讓不幸的酒駕受害者與家屬得到慰藉。酒駕零容忍！不要再發生酒駕憾事了。

——陳藹玲，富邦文教基金會執行董事

臺灣社會氛圍對酒駕已到達零容忍的狀態，《酒杯裡的謀殺》記載美國在酒駕防制運動上的發展經驗，有助於現階段我們防制酒駕的策進與推展；然以保險「風險管理」的觀點來看，遏止酒駕的重點在於事前防範，而非事後懲罰，社會應該投入更多資源建立民眾正確的駕駛觀念，以共創零酒駕社會，守護幸福家庭。

——陳忠鏗，新安東京海上產險董事長

酒駕是潛在的犯罪行為。

與飲酒有關的犯罪事件裡，以交通事故最為常見，譬如：美國的高速公路死亡事故中，65-70% 與酒醉駕駛有關，而在臺灣平均每年死於酒駕的人數高達 300-400 人。為什麼在酒精的作用下，駕駛機動車輛會對自己、他人、家庭、公共衛生、社會安全有如此嚴重的危險性，本書有精闢深入的探討，值得推薦一讀。

——陳喬琪，馬偕紀念醫院精神醫學部資深主治醫師
馬偕醫學院兼任教授、前臺灣精神醫學會理事長

本書的原書名 One for the road 是美國俚語，全文是 One drink for the journey（喝了酒再上路吧），這樣的文化多年來造成無數家庭家破人亡！本書描繪了美國 1890 年以來反酒駕運動的興起及其與美國社會的撞擊，期許本書對臺灣的反酒駕運動，提供動力與借鏡。

——陳亮妤，成癮科醫師、美國約翰霍普金斯大學公衛博士

當代取得酒精的容易度，超越人類歷史上任何時代。酒精與酒駕可能傷害到任何人、任一家，和任何社區，所有人都應關心。你我可從本書介紹的美國經驗，及世界上累積的證據得到啟發、產生行動，推動保護我們家園的政策！

——張書森，臺灣大學公共衛生學院助理教授

酒駕，已成為嚴重的社會問題。酒駕上路不僅危害自己的性命，更會造成無辜的用路人受害，多少家庭因而破碎。

為了防止酒駕行為持續攀升，作為立法委員，我們在國會提案修法，一方面提高酒駕相關罰鍰，一方面增加同車者的責任，希望能有效降低酒駕的再犯率。此外，透過本書的出版，也盼能喚醒國人對於酒駕防制的重視，別讓類似悲劇再度上演。

——黃國昌，立法委員

酒駕，

一個遙遠又貼近的身影，酒後膨脹的信心踉蹌在薄冰上，失控彷彿就會出現在道路的轉彎處；

一個陌生又熟悉的課題，未休的熱議伴著論述逐漸成形，一一迭起在歷史的翻頁處；

本書攬照史料，回顧與反思並進，期許在晦暗中亮出一個政策上的穩健未來。

——黃名琪，臺北市立聯合醫院松德院區主治醫師

悲劇每天上演，無法防患於未然嗎？預防永遠勝於治療。酒駕入獄約受刑人 3 成，在微罪不舉，酒駕標準適量放寬舒解監獄壓力與超標者重刑重罰，如何拿捏立法修正，尚有待努力！

——黃政勳，佳揚生物科技股份有限公司董事長

酒駕是明知故犯。酒駕肇事的後果不堪設想，更是多少無辜受害者家庭無法承受的痛。

預防，才是根本之道。我們要喚醒每個人從珍惜自己的生命做起，進而體認到飲酒者的家人，同伴，餐飲業者，都足以是防止酒駕的關鍵，大家一起來防止飲酒者當下的酒駕行為。喝酒不開車，真是人人有責。

——黃俊美，酒駕受害者家屬、TADD 理事

交通事故頻繁，死傷慘重堪稱所有天災人禍之首，透過加重罰責與酒駕入刑的修法，在全臺警察嚴格執法、嚴密路檢、綿密開單後，交通事故死亡人數雖有降低，但是仍無法使酒駕絕跡，酒駕仍是許多生命戛然而止的主因。

重罰顯然不是防制酒駕的萬靈丹，我們除了嘆息扼腕之外，或許真該向美國借鏡了！

——葉毓蘭，亞洲警察學會秘書長

酒駕肇事，造成了許多社會的悲劇，中外皆然。臺灣酒駕防制社會關懷協會促成《酒杯裡的謀殺》一書中文版的問世，以美國百年來防酒駕的歷史，供臺灣借鏡，是值得一讀的好書。

——詹鼎正，臺大醫院竹東分院院長、TADD 監事

酒之為物，少量怡情，過量則酒駕車禍，只是其一，家暴傷害如影隨形，因此酒後切勿開車，平日不酗酒，家庭幸福。

——楊志良，亞洲大學榮譽講座教授、前衛生署長

「勸君更盡一杯酒？勸酒追酒不可取；健康飲酒安全回，珍惜自己愛他人」，臺灣社會喜飲酒助興，105 年單單 1 到 10 月，已經造成五千多人死傷，更造成數千個家庭破碎。負責任的飲酒應成為全民運動國人共識，酒駕大使江春男的風波，其不以為然的態度及不妥適的公共形象，讓他丟了新加坡代表一職，更彰顯不論是哪種酒駕，它都不可被容忍。社區大學長期以活化社區、解放社會力為目標，對公民社會之建立實責無旁貸！對酒駕之防制，也有責任透過社大平臺，協助宣導與落實！防酒駕，全民上路！

——蔡素貞，臺北市社區大學聯合會理事長、松山社區大學校長

美國酒駕防制從上世紀 80 年代開始，臺灣則自 2014 年倡議，不管要從法律嚇阻，還是公衛管制著手，都要喚起「醉不上道」的全民共識，更進一步內化成為社會安全的重要內涵。鑑古知今，本書有助於大眾了解整個歷史脈絡，讓我們邁開步伐，一起走得更遠！

——蔡宏斌，臺大醫院整合醫學科醫師

交通部長期以來致力於推動不酒駕觀念，除透過法令、宣教、執法等措施來防制酒駕，也尋求民間團體協力推動，近年來酒駕死傷人數雖然逐年下降，但一件酒駕事故影響一個家庭以上。

政府是以「零容忍」的態度進行酒駕防制工作，如何深根宣導教育、結合學校及民間團體倡議做到酒前酒後不開車，不能只靠強化執法取締、提高見警率達嚇阻功效，對於酒駕者責任 - 延長酒駕道安講習時數，自費參加講習，完成酒癮或酒精戒治或刑度量刑更為嚴謹，達成酒駕零容忍之目標。

——謝界田，交通部道路交通安全督導委員會執行秘書

談到酒駕，美國過去幾乎有著和臺灣一樣悲慘傷痛的歷史，在 1960 年代，因為一連串酒駕事件殺害了許多無辜的生命，全美國都憤怒了！於是，政府給予大量經費，而科學家努去研究發展各種防制酒駕的辦法與工具，包括酒器與各項法規，著名的「哈登矩陣」也誕生於此。

這是所有公衛研究者不能錯過的一本精彩好書 ！

——簡立建，臺灣外傷醫學會理事長
美國約翰霍普金斯大學公衛博士

|專文推薦|

不再有下一個酒駕犧牲者

柯文哲

打開記憶，時間回到 2013 年 5 月的夜晚……

星期二晚上十一點，我還在辦公室改作業。總機轉來警局之電話，我負責的創傷醫學部曾御慈醫師因車禍被送進亞東醫院，情況危急。警方尚未聯絡到家屬，所以先通知臺大醫院。我衝出醫院搭上計程車趕到亞東醫院，嚴重頭部外傷深度昏迷，已經插管，右手右大腿骨折。電腦斷層顯示：嚴重腦挫傷併瀰漫性腦水腫、後腹腔出血。因血壓持續不穩，只好直接推進手術室進行手術止血……。開到一半時，我看到螢幕上的腦壓數值已超過 70mmHg，心裡一沉，知道腦壓太高、大勢已去了。

望著手術室內搶救你的醫師、護理師，手術臺上躺著的你連腹部傷口都還開著。我只能在心裡說：孩子，原諒我，老師盡力了，但是我沒能把你救回來。

曾御慈醫師，32 歲，臺大醫院急診後送病房主治醫師，照顧臺大醫院傷病最嚴重的病人。她是感染科醫師，也負責愛滋病人的長期照護。在這個自私功利的社會中，一個願意奉獻自己去照護社會最弱勢病人的好醫師，在過馬路時，被一個酒駕闖紅燈的人撞死！

對肇事者再多的責難又有何用，也挽不回她的生命。

但是我們還要讓這種悲劇繼續發生嗎？

面對問題是解決問題的第一步。酒駕肇事不同於一般交通事故，酒駕肇事者因受酒精影響，判斷力及行動力都不正常，常是踩著油門往前衝，每每波及無辜，一場酒駕肇事，往往造成至少兩個家庭的破碎，不僅傷害無辜的人，肇事者本身也要面臨法律制裁和財務之賠償。

我認為酒駕防制，一定要用國家、政府的力量來根本解決酒駕問題。

本市在 2015 年 7 月成立跨局處酒駕防制專案小組，採三級預防架構，除加強查緝，抑制市民酒駕行為外，更希望建立「酒／駕分離」之社會規範，要喝酒就不要開車，以杜絕酒駕之發生。目前各局處通力合作，透過公部門橫向合作、與民間部門策略結盟，提升臺北市民反酒駕意識。我們的經驗是：

一、初級預防：整合觀傳局、交通局、教育局、勞動局、民政局、社會局等單位，透過捷運燈箱、公車廣告、媒體報導等，經常性宣導反酒駕，並辦理校園、社區鄰里及團體宣導活動，增加市民對於酒駕防制之重視，進而提升市民反酒駕意識。

二、次級預防：透過財政局、市場處、商業處、衛生局、勞動局等單位，在特定場所、對特定對象進行酒駕防制倡議（如：針對餐廳及賣酒業者舉辦販酒飲酒安全課程、鼓勵餐廳提供代客叫車服務及酒後代駕資訊、推廣酒後代駕服務、將酒駕防制納入工地勞動檢查項目等），並加強酒駕肇事路段之酒測臨檢，以降低酒駕發生率。

三、三級預防：對於酒駕者辦理酒駕防制講習；市立聯醫松德院區啟動酒駕公共危險罪服刑者介入計畫，針對酒駕肇事之酒癮患者提供諮商、醫療及戒斷服務。另協調地檢署發派酒駕累犯至殯儀館易服勞動役，以降低酒駕再犯率。

另外本府於 2016 年 7 月完成具體修法建議及說帖，向立法院建議修訂道路交通管理處罰條例、道路交通安全規則等相關規定，將酒後不得駕車的行政義務範圍擴及「共同搭車者」，透過法令賦予搭車者行政義務，讓其勸阻酒後駕車之行為或拒絕搭車，以遏止酒駕之不良風氣。

雖然政府已經提高酒駕肇事的刑責，仍需有完整的事前防範措施與徹底建立喝酒不開車的風氣，才有可能真正達到防止酒駕，這是要長期的努力。

我認為，警政署應該逐月公布各縣市酒駕傷亡的統計報表，加強各縣市政府努力處理酒駕問題。

酒駕零容忍是應該追求的目標，在每一個酒駕事件裡，傷亡者與悔恨的肇事者都是無盡的悲劇。這一本關於美國酒駕防制運動百年史的書出了中文版，希望從別的國家的經驗裡，找到讓臺灣可以更好的方法。

希望有一天，不再有下一個酒駕犧牲者了……

本文作者為臺北市市長、臺灣酒駕防制社會關懷協會創辦人

｜專文推薦｜

喝酒是大代誌

陳為堅

酒在人類日常生活裡，一直扮演多重角色。酒既是食材，也是飲料。一千八百多年前，曹操在他廣為後世流傳的〈短歌行〉（寫於公元 208 年）中一開頭便說：「對酒當歌，人生幾何？譬如朝露，去日苦多。」數千年來，酒就一直是社交活動、典禮儀式中，用以增進氛圍的媒介。

隨著十九世紀蒸餾酒技術的發現，開啟了酒的工業化生產以及商品化推銷，酒的消耗量也跟著大增。當人們對酒的印象，仍常停留在助興、舒壓、無傷大雅的觀感時，不當的酒精使用，比如酒駕、酒後暴力行為、無法自拔的渴求、戒斷症狀的出現、對身體各項器官的傷害等，已對人類健康造成巨大的疾病負擔。

但是要充分量化酒精使用對人類健康的疾病負擔，直到最近才有比較好的指標。如果不只考慮死亡，也把失能考慮在內，則不同危險因子或疾病對社會造成的影響，可用失能調整生命年（disability adjusted life year, DALY）來表示。在一項全球疾病負擔（Global Disease Burden）的研究中（Lim et al., 2012, Lancet 380: 2224-2260），比較 67 種不同的危險因子（或叢集），它們對全球人口造成的全部失能調整生命年中，酒精使用所造成的比率愈來愈高。在 1990 年時，酒精使用佔 2.4%，排第 7 高；到了 2010 年，酒精使用則佔 4%，升到第 5 位。

《酒杯裡的謀殺》（*One for the Road: Drunk Driving Since 1900*, by Barron H. Lerner, 2011. Baltimore: Johns Hopkins University

Press）這本書所談的，就是美國民眾在過去一百年來，如何從對酒駕的輕忽，到逐步透過國會立法，對酒駕採取更積極的防制措施。

國人對酒駕肇事的態度，隨著一些受害者家屬的努力，在法規與執法上，也比以前也更加重視。以警政署提供的資料為例，從 2007 年到 2016 年的 10 年間，全臺酒駕引發人員傷亡（包括當場、24 小時內、或超過 24 小時之死亡）的交通事故，從 2007 年的 9,888 件，逐步增加到 2011 年的 11,673 件的最高峰，之後才逐步下降到 2016 年的 5,695 件。而每年酒駕死亡人數，則是從 2007 年最高的 576 人，逐年下降，2011 年是 439 人，2016 年則是 102 人。受傷人數則是從 2007 年的 12,199 人，增加到 2011 年的 14,281 人 最高，然後下降到 2016 年的 6,993 人。也就是說，這 10 年間，酒駕造成傷亡的車禍案數減少了 42%，死亡人數減少了 83%，而受傷人數減少 43%。

換句話說，過去 10 年間，雖然酒駕致死案數改善較多，但是仍有不少酒駕引發的受傷事件。如果要進一步降低酒駕的傷害，必須進一步改變國人對喝酒一事輕忽的態度。

我們人口中，喝過酒的比率愈來愈高。以最近三波全國調查（2005 年全國健康查，2009 年全國健康查，以及 2014 年全國物質使用調查）來說，12 ～ 64 歲人口中，飲酒的盛行率從 45.4%（2005 年）、56.5%（2009 年）到 58.8%（2014 年），可說節節上升（Chen WJ et al, 2017）。

由於酒在我們社會裡有多種功能，不但具有儀式性功能，也是各種食物調理的材料，加上我們的敬酒文化，使得我們社會往往忽略了酒精使用疾患（持續地飲酒而導致各種傷害、渴望、心理依賴、身體依賴與戒斷症狀等）的嚴重性。我們曾經針對一家綜合性醫院的各科（精神科與產科除外）住院病人，調查他們的酒精使用疾患（Chen CH et al, 2004, Gen Hospital Psychiatry, 26:219-225）。結果發現，高達 16.5% 的住院病人，符合酒精使用疾患的診斷。但是，其中只有 25.4% 的病人有被醫療人員注意到他們的酒精使用疾患。換句話說，這些住院病人的醫師也不會針對他們的酒精使用疾患進行治療或照會處置。

未成年的酒精暴露不但影響腦部的發育，也增加其他高風險行為的參與。雖然「兒童及少年福利與權益保障法」中，明訂兒童及少年不得飲酒，也規定任何人均不得供應酒予兒童及少年，但其實我們社會很少落實這個規定。以我們的便利商店來說，只有菸品因受到菸害防制法的規定，有明確的主管機關（衛福部）在督導，因而另行將菸品擺於不能直接拿取的地方。但是各式各樣的含酒飲料，如啤酒、水果酒等，則與各式冷飲擺在可自行拿取的冷櫃中。對於購買含酒飲料者，服務人員甚少會要求確認年齡。

因此，兒童青少年喝過酒或自行買酒的比率相當高。在一項針對 2,630 名國小學生（四年級與六年級生，10 ～ 12 歲）的調查（Chen KH et al, 2011, Drug Alcohol Depend 114:127-133），發現高達 36% 的學童已喝過酒。未曾喝過酒者，有 6.7% 曾經自行買過酒；若是喝過酒者，則有 20.8% 曾經自行買過酒。而這些學童自行買酒的地點，最多是到便利商店（約 65%）與雜貨店（約 58%）。

這種不設防的購酒便利性，也反映在另一項有關學校周遭便利商店密度與學生半年內飲酒經驗的研究（Wang SH et al, 2013, Addiction, 108:2081-2088）。我們利用全臺青少年物質使用調查所蒐集的 387 間國、高中，共 52,214 名的青少年。以地理資訊系統，計算在收案學校方圓一公里內（大約走路 12 ～ 15 分鐘的距離）的便利商店數，依照學校周圍的便利商店密度區分為低、中、高三種。我們使用多層次分析，考慮了個人和環境的一些干擾因素的可能影響，包括性別、國中或高中、年級、蹺課經驗、單親家庭、抽菸、打工與零用金高低等。結果顯示，相較於學校附近便利商店密度低的學生，學校附近便利商店密度為中與高等級的學生，其最近半年內有喝酒的風險，分別增加了 4% 與 8%。

依照此研究的估計，學校周圍有比較多便利商店者，學生在過去半年有喝酒的機率的增加雖然看起來不是非常高，但這個效應是全校平均來算。因此，受影響的學生數目其實不容等閒視之。便利商店的林立，對我們的生活確實帶來方便，但伴隨而來非預期的可能影響，也值得注意。

我們若要減少喝酒造成的各種負擔，包括酒駕肇事，必須嚴肅看待酒的使用。美國人一百年來為了防制酒駕的社會動員，給了我們很好的啟示。

本文作者為臺灣大學公共衛生學院院長

｜專文推薦｜

讓駕駛者都「零酒駕」的開往幸福家門

陳敏香

2013 年 5 月 28 日晚上 10 點多，愛女曾御慈醫師在回家的路上，於離家咫尺之距的斑馬線上，被拒絕酒測臨檢而闖紅燈的酒駕者詹震山，以時速 80 多公里撞飛 10 多公尺，導致腦部嚴重受創、腹腔受損、右腿骨折，警方獲報到場，曾醫師被送往亞東醫院急救，5 月 31 日轉進臺大醫院加護病房期待奇蹟出現，然而 6 月 2 日第二度診斷腦死，我們悲痛地決定拔管，將她的心、肝、肺、皮膚、眼角膜及骨骼等有用的器官全部捐出，讓一向視病如親的她，直到最後還能救活好幾個人，讓她的愛遺留人間。

我來不及跟她說再見。一個正值青春年華、未來生命價值無限的善心醫師，被一個漠視生命價值的酒駕者輕易地剝奪了寶貴的生命，讓我到了耳順之年竟然要被迫承受白髮送黑髮之痛，後半生被禁錮在心牢裡，對女兒日夜地思念。

御慈是個貼心柔善、勤勉踏實的女孩，勇於追求夢想，挑戰困難，幫助弱勢者是她始終秉持的理想，在她過世後我整理她的遺物時，看到她國二時在週記裡對「生命的意義」的詮釋，她寫著：「我們來到這世界，就是擁有生命，就應踏實地走向目標，就好比一朵花，盡其所能地綻放最美的一面，供人欣賞，也讓飢餓的昆蟲飽食那香甜的花蜜。最重要的——盡其所能。盡其所能的使生命充實，盡其所能的在生命裡幫助那需要生命的人。」

今天在這個看似富足的社會裡，如果連走在斑馬線上都會失去生命，焉談安居樂業？曾醫師的離世，讓國人驚覺酒駕肇事造成太多家庭破碎，帶來被害者家屬無法彌補的傷痛，在 2013 年 6 月通過所謂曾御慈條款的刑法修正案，提高酒駕肇事致人於死亡、重傷者的刑責，但是酒駕肇事者被依公共危險罪移送法辦重罰重判者仍然有限，對社會無法引起警惕嚇阻的效果。酒駕受到許多社會及文化因素的影響，只靠警力查緝總有漏網之魚，不能防範於未然，最重要的是要建立「酒駕零容忍」的社會集體意識規範。

柯 P 和臺大醫院同仁在盡力搶救御慈卻無能為力後，心痛不捨，覺得一個生命不該這樣白白沒了，發生的已無法改變，但防範很重要，希望這樣的悲劇不再發生，於是眾人在 2013 年 12 月 7 日成立了臺灣酒駕防制社會關懷協會，邀我擔任理事長。愛護疼惜孩子是父母的天命，我想這是很有意義的事，可以救人無數，符合御慈的個性和理念，所以把哀傷思念轉作心靈的力量，化成倡議酒駕防制的動力。

感謝御慈的師長、同事和對酒駕防制議題關心的企業、朋友的情義相挺，協會同仁的奉獻，希望從家庭、學校、社會、政府各層面的努力，透過教育、立法，宣導倡議來防制酒駕，讓喝酒不開車能落實於公民素養中，讓駕駛者都「零酒駕」的開往幸福的家門。

而這本《酒杯裡的謀殺》一書的翻譯出版，就是許多倡議酒駕防制工作的另一階段的開始。

本文作者為臺灣酒駕防制社會關懷協會理事長

|導　讀|

酒駕，沒有標準解答

黃俊雄

許多社會議題受到關注，往往是經過長期的漠視、忽略、容忍，一開始難以爭取到社會的關注，最後才由幽微的角落，慢慢綻放出一兩朵彌足珍貴的花朵。更不幸的是，多數受害者常是市井小民、弱勢族群，酒駕議題就是一個明顯的例子。

社會值得關注的議題何其多，酒駕問題有什麼特別不同之處嗎？為何與你我切身相關？

本書作者提到，讀者看到他對於酒駕的憤怒，直覺以為他的親人可能曾遭受酒駕之害，但其實不然。他主要是看到美國社會對於酒駕的默許與輕忽，不得不感到急切，因為身為一個父親，子女正處於接觸酒類與駕車雙重「樂趣」的青少年時期……

用最自私的角度來看，酒駕與我們每一個人都可能有關，因為每個人都會與車輛相遇，終其一生，你或你的家人，都有遭遇酒駕者的機會。

本書是針對美國一個世紀以來所犯下的罪行——酒駕——所做的百年歷史回顧與反省。為何酒駕這麼具爭議性？至今每年美國仍有一萬五千人因酒駕死亡，每個周末夜，馬路上仍有約百分之十二的人酒駕上路，也就是說每晚估計有超過四十人會因酒駕死亡，這可能是任何一個用路人。

「死一個人是悲劇，死一百萬人則只是個數字。」這是史達林的名言。雖然冷酷，但這句話的確道出了一種普遍的心理現象，那就是人類似乎無法掌握太龐大而顯得太抽象的災難。就像我們以前對於軍中虐待感到無關痛癢，但是當全國民眾共同檢視洪仲丘的巨大傷痛後，突然都能感同身受了……

▌第一章　酒駕的發現

本書的首章就說到自有駕駛行為以來，就有酒駕的問題。在汽車發明之前就曾發生過火車酒駕的嚴重車禍。自從汽車於 1890 年代問世後，隨著其銷售量不斷倍增，酒類與汽車的交會，終成了不可避免的火花。

1905 年富商之子巴比・胡克駕駛一輛大型敞篷車，以高速撞上了二十二歲的貧民瑪格麗特・伯特威索，導致她頭顱破裂死亡。這位花花公子雖成為加州首度以重罪起訴的酒駕者，但是審判時陪審團僅花了五十二分鐘，就豁免了胡克的殺人罪。這類不起訴的案件比比皆是，檢察官往往提出認罪協商以換取減刑、罰款便結案。

人們不憤怒嗎？輿論媒體不發聲嗎？但縱然有些努力，成效卻極有限，而歷史也來到了一個關鍵的轉折點……

美國是清教徒建國的國家，傳統上抱持著簡約、節制的觀念。自我放縱、喝到爛醉自然是不被允許的。因飲酒衍生的各種社會問題，如犯罪、賭博、酒駕等等，被視為罪大惡極，終至於 1920 年正式開始全國禁酒令。要注意的是，這個法令雖禁止酒類的製造、運輸、販賣與公開飲用，卻不禁止持有與私下飲用。

禁酒派勝利了嗎？剷除酒精真的可以禁絕酒駕？在 1920 至 1933 年這段禁酒令時期，確實飲酒比率有下降，酒駕造成的傷亡也有減少，但是禁酒令衍生的私酒、非法酒店、黑幫犯罪等問題不斷，而日益多元的美國社會也使禁酒的絕對道德權威快速崩解，再加上合法銷售酒類的誘人稅收，這麼多因素作用下，1933

年小羅斯福總統正式宣告禁酒令正式走入歷史。而自廢止禁酒令後直到今日，若有任何人提出不利酒類銷售的提議，都會被冠以「新禁酒主義者」這個充滿諷刺意味的標籤。

再度開始公開賣酒後，酒駕造成的死傷比率果然直線上升，政府看到了這樣的趨勢，也試著宣導民眾反酒駕，但重獲飲酒自由的美國社會，普遍認為應酬飲酒後酒駕實難避免應可容忍，在這樣的社會氛圍下，政府的反酒駕宣導毫無成效。

而另一方面，評估酒醉程度的方式，進入了另一個科學客觀的時代——印第安那大學哈爾格教授發明了最早的酒測儀。雖然酒精的影響在低濃度時就已經出現，但是如何訂定「法定血中酒精濃度」就引發了極大的討論，最重要是「自證法」的爭議，意思是不論其實際身心狀況如何，只要血中酒精濃度超過標準，駕駛者本身就構成犯罪（舉例來說，酒駕者被檢測出酒測值超標，但實際上他仍未有任何其他違規或肇事，這樣就能認定他犯罪了嗎？）。

在法律面，美國全國安全協會及美國醫學會終於在 1939 年訂出酒測標準如下：

- 低於 0.05%：不起訴
- 高於 0.15%：起訴
- 介於 0.05% 至 0.15%：唯有當環境條件與生理檢測結果「確定證實此種影響」才起訴

以現在角度來看，這實在是個與酒商妥協的標準，導致許多明顯酒駕失能者被釋放，造成執法者的困擾，甚至乾脆不做酒測，以輕罰了事。為何訂出如此標準，除了委員們擔心被視為禁酒令的翻版之外，最好的說明莫過於：「放有罪之人自由，好過無辜之人被定罪。」

終於，1949 年出現了引爆點，著名的小說《飄》的作者瑪格麗特．米契爾遭酒駕者（已經二十二次交通違規的累犯）開車超速撞擊並拖行，四天後傷重不治。美國全國瞬時為之嘩然，但是義憤僅僅曇花一現，在漣漪稍緩之後，美國公路酒駕依然，無辜的傷亡者仍一天天累積著……

第二章　科學與政府加入戰局

進入 1950 至 1960 年代，酒駕大爆發，有人稱這時期為「酒駕的黃金時代」！隨著二戰結束，郊區住宅林立，加上公路路網的發展，汽車工業也欣欣向榮，駕駛汽車馳騁於公路上，不但象徵行動力，更是表現美好人生與自由美國的意象。公路上餐館也紛紛出現，且由於賣酒不受限，酒後上路變多了。而酒商也持續提高廣告預算，行銷飲酒為男子氣概的形象。酒駕在此時空背景下，迅速增加且造成層出不窮的傷亡慘劇。

以當時的周末夜為例，美國公路酒駕比例高達百分之十幾，由於數目龐大，法院往往私下給予犯罪協商，罰金了事。因此，許多被逮捕的酒駕者或累犯，縱使明顯失能，卻因酒測值未達標準又被釋放或僅罰鍰。由於早期的酒測儀體積龐大，往往要將嫌犯帶回警局才能進行酒測，除了缺乏時效外，其準確度也頻頻被質疑。諸多原因導致警方對於酒駕執法意興闌珊，「反正我們逮捕的那些人最後還是被法官放了！」

甚至部分自由派法官還提出了不得對意識不清的酒駕者收集血液，認為違反美國憲法第五條修正案的沒有自證己罪的義務，這樣的觀點，可以說是宣布酒駕乃憲法賦予爛醉酒客的權利。足見這個時期的美國社會確是極度包容酒駕，加上酒商推波助瀾，導致酒駕全面風行。

但還是有人持續努力，有一位保險公司總裁蒲里邁（William N. Plymat）學生時就組織「學生禁酒社」反對飲酒，而他的保險公司也只承保不喝酒的人，更多次公開批評酒測標準寬鬆，「0.05% 的血中酒精濃度確定會使某些人喪失駕駛能力，到了 0.10% 則所有人都確定會失能。」

1954 年伯肯施坦（Robert F. Borkenstein）發明新一代的吐氣酒測儀，其構造簡單、體積小、易攜帶、且可靠性高。這個革命性的發明，讓酒測歷史進入了一個新的時代。

同時期，威廉・哈登（William Haddon Jr.）醫師，也是位傑出的公衛學家，更是處理公路交通事故的先驅，堅持以科學來處理交通事故與酒駕問題。他有個重要研究證實：超過 70% 的酒駕事故中，酒駕者的血中酒精濃度都高於 0.05%，遠遠超出想像。他清楚地指出另一項社會長期的誤解——「酒駕導致事故純屬意外」——他認為，這類「可預防」的事件絕不能稱為「意外」，而是「可預期會發生」的事故。「如果全國安全協會都能預測一個周末假期中可能死於車禍的人數，這樣的死亡能有多意外呢？」

由於哈登思考酒駕及交通安全幾十年來沒有進步，因此高瞻遠矚地倡議應該提高汽車安全係數，指定駕駛，建立更好的交通體系。為了貫徹他的想法，哈登在 1966 年成立並負責新的國家交通安全局，除了加強交通安全基礎建設外，還頒布了許多法規命令，如改進化學檢測程序，死亡車禍強制採檢血中酒精濃度，降低酒駕血中酒精濃度容許值為 0.10%，以及推動默示同意法通過，規定「當酒測遭拒時，可以直接吊銷駕駛人駕照」。

但是另一方面，雖然 1960 年酒精失能的緩衝上限從 0.15%

降為 0.10%，但是全美只有兩州實行，這顯示主流社會干擾因素仍多——大眾漠不關心、社會極度寬容酒駕、法律體系鬆散、汽車和造酒工業富含敵意。

雖然有人一直在努力，但是公路上每天仍然持續上演著酒駕死傷的悲劇，一股憤怒的母性力量即將要爆發……

第三章　反酒駕媽媽接掌大旗

從媒體的角度思考：以前為何不藉著受害者悲慘的故事來喚醒公眾注意呢？到了七〇年代，眾多反對種族隔離、反越戰、女性主義運動、消費者運動等等運動風起雲湧，使得反酒駕的社會底層聲音，終於經由媒體的傳播，掀起一股狂風巨浪。

開第一槍的是新聞記者朵瑞絲．艾肯（Doris Aiken）。1977年，當時身為三個孩子的母親，在看到當地兩位青少年被血中酒精濃度 0.19% 的酒駕者撞成一死一重傷時，她憑著關心社會議題的記者直覺，打電話給檢察官詢問這名駕駛是否被吊銷駕照或關起來，得到的回答是：「沒有，我們不會沒收駕照或把人關進牢裡。」、「這是一樁意外事故。他不是蓄意這麼做，而且他大概也覺得很不好受，你不該捲進這檔事。」這種事不關己的態度，激起她投入反酒駕的決心。

她集結了愈來愈多的受害者及家屬，於隔年成立了「驅逐酒醉駕駛」（Remove Intoxicated Drivers, RID）這個公益團體。這團體持續藉由監督法庭、寫信和打電話給議員和法官、經常性的新聞記者會、公布酒駕者造成的傷害，以吸引媒體的關注；同時提醒這個社會：已經過度重視酒駕者的權益，卻忽視了受害者與家屬的心聲。她決定要反轉這個失衡的天平。

第二位關鍵人物是另一位傷心的媽媽辛蒂．蘭沐（Cindi

Lamb），1979 年 11 月 10 日她開車載著五個月大的女兒蘿拉外出購物時，被酒駕累犯開車撞上，兩人都受到重傷，而她女兒蘿拉更因脊髓損傷造成肩膀以下完全癱瘓，須終身坐輪椅。幾經思考後，辛蒂最終決定要為女兒做些努力，開始在媒體上奮力訴說著這個國家對於酒駕的漠視。於是，當可愛的蘿拉在螢光幕前出現，而她的媽媽訴說她女兒再也沒法感受到她的擁抱時，所有人都動容了。

第三位憤怒的母親是萊特娜（Candy Lightner），她十三歲的女兒卡莉．萊特娜走在路上被酒駕者撞死，而這名酒駕者不僅是四次酒駕累犯，而且上一次被捕還是兩天前！當萊特娜詢問巡警，這名酒駕累犯是否會去坐牢時，巡警坦白以告「女士，如果他有在看守所待上一秒鐘，就算妳運氣不錯，更別提坐牢了……制度就是這麼運作。」

辛蒂．蘭沐與萊特娜原本都是平民，卻成了美國史上最成功的反酒駕團體「反酒駕媽媽」（Mothers Against Drunk Drivers, MADD）的創始人。她們全心投入反酒駕，情感豐富，辯才無礙，透過媒體迅速打響了反酒駕媽媽的名號，無數的人父人母、名人及政治人物都成了他們最堅實的支持者。

在 1982 年 4 月 14 日，反酒駕運動推升到了新高。雷根總統在白宮玫瑰園宣告「對於高速公路上發生這樣的殺戮（指酒駕），感到憤怒」時，萊特娜和艾肯都在場觀禮。接著酒駕議題總統諮詢委員會成立了，並於同年十月簽署了第一項聯邦酒駕法案，促使各州將血中酒精濃度標準明訂為 0.10%，並加重酒駕刑罰。後來更將合法飲酒年齡提高至 21 歲；到了 1985 年根據報導，酒駕死亡的人數由每年 25,000 人減少為 17,000 人。在禁酒令後五十年的劣勢，反酒駕運動終於反守為攻。但是，真的一帆風順了嗎？

第四章　運動的成熟與分裂

一項社會運動成功與否，不只在初期的勝利，也在其延續的強度與廣度。幾十年的蟄伏，反酒駕運動終於成功地發動一次攻擊，但是很快地運動內部就出現問題。「反酒駕媽媽」被質疑財務管理不善，以及接受酒商的金錢贊助，而學者們也對於她們有關酒駕流行病學資料的可信度，提出許多質疑。

八〇年代反酒駕運動的重心放在道德譴責、懲罰及嚇阻酒駕者上，但酒駕問題卻牽涉到更多的因素，因此到了八〇年代中期，許多學者再度提出公衛控管模式，強調降低酒類的可及性（藉由限制銷售與廣告、提高酒稅等）、推行代駕制度、加強大眾運輸、提高道路與汽車的安全性、更好的外傷醫療服務等等。這些都屬於「預警原則」(precaution principle)，反對者便質疑：到底有多少科學證據支持這些措施？

業者的反制力量其實一直存在，當「驅逐酒醉駕駛」的艾肯熱烈地參與「停止廣電酒促計劃」之後，據說，全國廣電協會私下封殺了「驅逐酒醉駕駛」與她，使得他們在廣播電臺和電視上全面消失。但諷刺的是，「反酒駕媽媽」及「反酒駕學生」(Student Against Drunk Driving, SADD) 這兩個長期接受酒商贊助的團體，卻是不支持「停止廣電酒促計劃」的。

除了業界持續掣肘反酒駕，到了八〇年代後期，公眾的眼光也開始轉移，這時反酒駕運動出現了一位強力救援者——新任公衛服務兵團指揮官庫普（Everett Koop）。他在 1988 年舉辦的全國性會議時，刻意降低業界（酒業、廣電業）的參與席次及影響力，以及強力主導許多公衛預防措施正式成為政策。

第五章　律師、自由意志論者與酒商說客反擊

八〇年代末期達到高峰的反酒駕，九〇年代迎來了批評者的回擊。

酒商強烈地質疑反酒駕的這些措施是新禁酒運動復辟，批評試圖禁絕飲酒是不對的。自由主義者對於「駕駛人酒測值偏高就認定行為違規」這樣的邏輯不能苟同，對於路上臨檢酒測也認為有侵犯自由與人權之慮，並認為限制飲酒自由如同限制使用槍枝、禁菸、強制戴安全帽一樣，都是侵犯個人自由。法界人士質疑酒駕的刑罰過重，超過比例原則，尤其是對於未造成傷害的酒駕者。更有甚者，有些法界人士甚至出版許多類似「酒駕教戰手冊」的書籍，教導酒駕者如何避免入罪，逃過這個他們認為不可容忍的「有罪推定」法令。

縱使如此，反酒駕運動仍持續前行——九〇年代後美國多數州已執行酒駕吊照；藉由威脅凍結州際高速公路預算之手段，2004年所有州酒測值都降為 0.08%。統計數據也呈現好的走向——酒測容忍值降至 0.08% 後，平均酒駕傷亡降低 5% ～ 16%；飲酒年齡調高至二十一歲後，酒駕傷亡降低了 3.8% ～ 24%。

第六章　越來越多的悲劇

由八〇年代前社會對酒駕極度寬容的態度，經過二十年後，美國多數人已接受酒駕是不應容忍的，這點對反酒駕運動者是值得欣慰的。

但是作者在此章藉由更多新的酒駕事故，提醒讀者們酒駕仍無所不在，也證明此種行為尚未能完全解釋與預防。美國目前每年死於酒駕仍有大約 15,000 人之譜。琳賽・蘿涵、梅爾・吉勃遜、小甜甜布蘭妮等名人的酒駕例子就可見一般。而新的世紀還

有許多新的挑戰，諸如3C產品造成的分心駕駛，2007年紐約五位高中啦啦隊女隊員，因為駕車時回手機簡訊而導致全部身亡，也是全國轟動的新聞。

縱使反酒駕在法律面還有一些推進的空間，例如將酒測容忍值降至0.05%等等，但是面對目前的瓶頸，法律嚇阻明顯已走到極限，由更多的公衛管制來著手，如改善大眾運輸、普及代駕制度、降低酒類的可及性，阻卻酒駕者開車的新科技手段（如點火自鎖裝置）等等，應該是未來努力的目標。

或許，酒駕議題在有些人看起來是個哲學問題，並不是非黑即白的是非題，而作者在最後，也提供了一個哲學論述：

「要求人們承受重大不便以免致他人於死，並非有違常理。」（美國哲學與生物倫理學家波妮・史坦波克〔Bonnie Steinbock, 1985〕）

酒駕，就像其他複雜的社會議題，可能沒有標準解答，或許也不會完全消失，但是，藉由這本書，讓我們可以進一步洞察這個難題的今昔，同時，也向這些消逝的靈魂與奮鬥過的人們致敬。

本文作者為臺大醫學院附設醫院新竹分院創傷外科主任

｜中文版出版說明｜

反酒駕是人權運動

臺灣酒駕防制社會關懷協會

酒駕是自殺，酒駕是無差別殺人。
因為人命關天哪！
反酒駕是一項人權運動，也是一項文化運動。
反酒駕對抗的是傷害生命的犯罪行為。
反酒駕宣導的是珍惜生命的愛的教育。
「零酒駕」的目標看似遙遠不可期，
卻也是凡是身為一個人都完全明白的道理，
只要我們仍然相信，
這也是凡是身為一個人都完全認同的理念，
「零酒駕」的目標一定會實現。

在犧牲了一位臺大醫院的曾御慈醫師之後，這個社會有什麼改變？

酒駕肇事致人於死亡的最高刑罰修法提高為10年，是為「曾御慈條款」。她的老師柯文哲醫師與許多認同預防倡議的人士共同創辦了臺灣酒駕防制社會關懷協會，而一夕白髮的曾媽媽陳敏香女士出任理事長，這項反酒駕的社會運動於是揭竿而起。這項搶救更多人免於酒駕傷害的完全利他的社會運動，由眾多已受害的當事人及家屬再次站出來見證，無非是要喚醒眾人的良知良能，大家一起重建「酒駕零容忍」的生命價值防線，在這個社會樹立一項新的文明指標。

透過Q版柯P、花媽的代言「愛家人不酒駕」，高捷少女「愛的叮嚀，愛無價不酒駕」，大甲媽祖「有交代，喝酒不開車」，還有「我是爸爸，我不酒駕」，KUSO版的「完命關頭酒」種種倡議活動，我們與社會大眾初始展開一連串愛的生命教育的對話。

是巧合也是無可迴避的際遇，2016年8月發生的名人酒駕事件，引起社會諸多議論紛紛，此項對抗國家權柄者的抗爭過程，一舉將現階段的反酒駕運動推向與社會大眾對話有關「酒駕零容忍」的價值核心。這個成立不到三年的小小的酒駕防制公益團體，面對排山倒海的各方議論壓力，秉持對於社會的承諾，承載受害者及家屬的團結支持，還是突破既得權勢者的重圍，硬是撐過來了。

其實，酒駕不僅僅是酒駕，酒害才是這個非常嚴重的社會問題的源頭！

世界衛生組織會員國於2010年一致決議通過「全球酒害防制策略」，該套策略的十大重點是：增加酒精課稅、減少酒精銷售據點、提高買賣酒精的年齡限制，以及採取有效的禁止酒駕措施，還包括於健康照護機構裡分別篩選酒精使用條件，並提供簡短的介入計劃，以改變飲酒的有害模式，治療酒精使用障礙，調整或禁止酒精飲料的銷售，以及進行酒害相關的宣傳和教育活動，以支持有效的政策措施。

而有66個會員國已於2012年分別制訂酒精使用相關政策。此項「全球酒害防制策略」已揭櫫防制酒精對人類危害的大方向及可執行的策略，試問：臺灣何時制訂「酒害防制法」？

短短的三年間，反酒駕運動滾動出諸多無心插柳柳成蔭的小小的倡議果實，此刻順利翻譯出版《酒杯裡的謀殺》一書即是其中之一。

臺大醫師林子忻與市立聯醫醫師黃名琪在 2016 年 4 月啟動了每月一次的讀書會，即以研讀此書英文版為主，歷經八個月後再啟動翻譯出版中文版計劃，在此向號稱反酒駕史上最強讀書會的夥伴們表達敬意與謝意，也深慶我們一起在反酒駕運動的行列中建立了堅定的夥伴關係，這些夥伴是王幼玲、宋宜蕙、林子忻、范瓊月、袁國慶、許立民、陳正哲、陳芳儀、陳亮妤、陳敏香、陳靜芳、張書森、黃名琪、黃兆麒、黃俊雄、簡立建，以及工作團隊夥伴王儷潔、高淑真、林美娜。

Content

前言

你有沒有想過，在宴席上喝了點酒之後，你得多醉才會被認定是酒醉駕駛？答案可能會令你大吃一驚。

如果你有閒有錢且年滿二十一歲，可以試試底下這個實驗。上 Amazon.com 買支吐氣酒測儀（Breathalyzer），有一種獵酒鷹牌輕巧型的，不會太貴而且評價不錯。使用前先詳讀使用說明，以便取得精確讀數。例如，喝過最後一杯酒之後二十分鐘內不得使用吐氣酒測儀，因為口中殘留酒精可能導致讀數不自然地偏高。

接著，選擇你要喝的酒：蒸餾酒、葡萄酒或啤酒。如果你喝蒸餾酒，你的一份是一小杯，相當於 1.5 盎司。葡萄酒的話，你一次喝 5 盎司。喝啤酒的人應該以瓶來算。

然後找個朋友來幫你。請這位朋友不要喝酒，他或她的角色是如果你喝得太醉，無法記錄自己喝酒時所發生的狀況，就中止實驗。還有，這項實驗開始前務必要禁食兩小時，空腹做的效果最好。

如果你是男性，接下來這個小時喝三份酒——蒸餾酒、葡萄酒或啤酒都可以。如果你是女性，喝兩份。這個小時結束時，向你的朋友描述你有什麼感覺，坐著講、邊走邊講都要。請你的朋友引導你討論最近的新聞事件，看你表現如何。試試高速公路巡警隊的老招數：念出 Methodist Episcopal*。最後，如果你願意的

* 譯註：基督教美以美會名稱。

話，坐上你的車，想像在此刻這種狀況下開車。請不要真的開上路喔。

根據體重、新陳代謝能力和個人對酒精的耐受度，人們對這項實驗的反應會有很大的差異。不過，大多數人會有點興高采烈，覺得「陶陶然」或「搖搖晃晃」。他們會注意力不佳、判斷力不佳，而且反應慢，比較沒辦法執行複雜的任務。坐在駕駛座上的他們，如果沒有障礙物的話，可能開得還可以接受，但遇上意外狀況，像是行人跑過街道、車輛無預警煞車或切進前方車道，他們的反應會慢半拍或不靈活。

美國不同於其他許多國家之處，在於人們喝這麼多酒再開車是百分之百合法。他們絕大多數的血中酒精濃度（blood alcohol level）低於 0.08%，這是目前的駕駛法定上限。當然，如果警察攔下這樣的駕駛人並要求進行路檢清醒測試（road sobriety test），而駕駛人表現不佳，還是有可能依酒醉駕駛（driving while intoxicated, DWI）加以逮捕。但即使到這地步，如果血中酒精濃度檢測結果低於 0.08%，這種人最後還是不會定罪或受罰。

現在該進行實驗的第二步驟了。假設你喝了兩份以上的酒，這會讓你的血中酒精濃度上升到大約 0.12%。這時候，大多數酒量不大的人都會，呃，茫了，或掛了。他們會覺得頭暈、沒什麼自制力，而且注意力不集中。他們的肢體動作會不靈活，而且可能腳步蹣跚且口齒不清。

我們希望，任何在這種狀況上車模擬駕駛的人都能察覺到，打這種主意是荒唐到了極點。儘管如此，1933 年廢除禁酒令之後這數十年來，駕車不穩被攔檢且血中酒精濃度達 0.12% 者，依酒醉駕駛定罪的機率並不高，除非駕駛人運氣夠差，造成人員傷亡。為確保逮捕及後續可能的判刑成立，駕駛的酒精濃度得要更高才行：0.15%，相當於空腹喝六杯以上的酒。一直到 1960 年代，才有幾個州把他們的法定血中酒精濃度降為 0.10%。而且，不管是降了多少，酒醉駕駛人即使導致無辜受害者體傷，也不保證會有實質的懲罰。

不太想嘗試這項實驗？沒關係。但無論你是駕駛人或行人，都應該關心。根據估計，儘管過去數十年來宣導反酒駕、數百萬人遭逮捕，加上許許多多駭人聽聞的故事，每年還是有超過八千萬車次是由失能駕駛人（impaired driver）所操控——這發生在一個以保護公民免於傷害為司法及公衛體系目標的國家。很少有人出門時期望自己的人生因一名酒醉駕駛人而遭遇災難性的改變，但這種情形每一秒鐘都有可能發生。

很多讀過本書初稿的人都就我對酒醉駕駛的道德憤怒有所評論，他們馬上就假定我曾因某人酒醉駕駛而失去心愛的人。謝天謝地，我還沒有。我這麼激切，或許是出於身為幾名青少年的家長，他們或者已經在開車，或者在不久的將來會開車。但在我看來，我所述說的歷史得不出其他結論。至於你是否同意，且讓我們拭目以待。

Introduction

導論

傷害何在？

1984 年 6 月 3 日，《紐約時報》長島版讀者有機會拜讀當地薩福克郡社區學院副教授凌克的讀者投書。凌克的投書標題為〈飲酒與駕車可並行不悖〉，文章一開頭，描述他如何在上周六晚間合法酒醉駕車回家。接著他繼續寫道：「我在那之前的周六，還有再前一個周六，都酒醉駕車回家。打從我拿到駕照開始，過去 25 年來，大概已經成了相當一貫的模式。」但凌克寫道，他從未被攔下來或逮捕，他有很多朋友也同樣如此。因此，他得到一個結論：酒醉駕駛是有可能一路平安。[1]

凌克這篇文章出現的時機並非巧合。那幾年，美國對於酒醉駕駛及所造成傷害的關注激增。「反酒駕媽媽」（Mothers Against Drunk Drivers, MADD）成立於 1980 年，是最知名的運動團體，但早兩年創立的「驅逐酒醉駕駛」（Remove Intoxicated Drivers, RID）則以紐約為大本營。這位副教授稱許這些團體帶起酒駕議題，並推動通過更強有力的法令，但他擔心他們可能做得有點過火了。

凌克的投書觸及了一系列的議題，這些議題終將妨礙反酒駕聖戰的發展。例如他和他的朋友似乎能夠帶著醉意開車，暗示著酒駕或許不是這麼嚴重的社會問題。凌克也強調適量飲酒的概念，拿他自己童年飲酒的經驗與歐洲的情況做類比，歐洲的兒童從小就學會「明智且負責任地」享受酒飲。與此相關的是「負責任飲酒」的概念，其中所蘊含的意思是適量飲酒不會造成傷害性的後果，這個概念將一再被援引，因其無關乎酒駕，遂可為人接受。[2]

凌克的文章也帶有自由派的味道，削弱了另一類可能出現的反對意見。他寫道，「反酒駕媽媽」、「驅逐酒醉駕駛」和各州立法機關所提的某些主張，是「嚴重侵害絕大多數紐約人權利及自由的嚴酷手段」。相較之下，真正的自由「蘊含著自我監督的實質責任」。凌克把當前的做法拿來與早期的反酒運動做類比，這並不令人意外。「且讓我們畢其功於一役，」他宣稱：「把導致禁酒令和基督教婦女禁酒聯合會（Women's Christian Temperance Union, WCTU）這類蠢事的心態所衍生有關酒飲的迷信與迷思剷除掉。」[3]

不知道《紐約時報》收到多少封回應凌克的信。可能有一些表示支持，但刊登出來的那三封信作者非常反彈。一位作者指出，1983 年有 25,000 名美國人死於酒類相關的車禍，光是薩福克郡就有 97 人。尤其令人遺憾的是，身為教授居然公開提倡酒後駕駛（drinking and driving），他再加上一句：「對年輕人的危害甚鉅。」另一篇回應文寫道：「把我嚇得半死的是，凌克先生毫不掩飾的態度。」[4]

本書是第一本有關美國酒駕及酒駕管控作為的歷史著作，針對一般公民所犯下最具爭議性的罪行之一，做了一世紀之久的長篇紀錄。[5] 乍看之下，酒駕屬於最明確的罪行：失能個人明知故犯，讓自己坐在一旦失控就會造成破壞的交通工具駕駛座上。但正如凌克投書所揭露，這種觀點衝撞了其他因子，顯而易見的是美國人愛喝酒、愛開車，比較抽象的則是對於不受規限與個人自由的熱愛。

本書所講述的故事涵蓋一群立場相異的個人：

- 醫生及為酒精成癮者辯護的人：他們在禁酒令廢除後的年代推廣了「酒精成癮」這個帶有同情意味的概念；
- 科學家和政策制定者：他們最先將酒駕概念化為重大卻不知為何一直被漠視的公共衛生問題；

- 酒精飲料業代言人：他們推廣負責任飲酒的觀念，同時小心翼翼地確保其產品持續販售；
- 媽媽們及其他酒駕受害者：她們對於罰則寬鬆的怒氣，最後變成純道德性的憤恨；
- 學院派：他們雖然反對酒駕，卻也對某些賦予新興運動正當性的統計數據提出質疑；
- 自由意志論立場的批評者：他們嘲諷「反酒駕媽媽」這類組織為父權式和新禁酒主義；
- 酒駕者本人：他們從明星運動員到工廠工人、家庭主婦都有，全都明知故犯地做出既違法且道德上有問題的行為。

有一個老笑話是這麼說的：所謂保守派，就是有人請他喝過酒的自由派。或許可以同樣這麼說：自由意志論者就是從未在酒駕車禍中失去至愛的人。當然，重點在於熱血堅持的信念比較可能是奠基於情緒，而非理性。因此，酒駕的這段歷史不會改變任何人關於此一主題的信念。

那些原本就激烈反對失能駕駛的人，他們從這些故事中看到的是無謂的死亡與錯失的機會。在他們看來，不管是對哪一種酒後駕駛的寬容想法，始終是不知所云。另一方面，其他讀者則會在凌克的文章中找到共鳴。儘管他們或許不會對他的實際行為給予喝采，但還是傾向於對他那兩項非常「美國式」的主要論點表示諒解：個人責任與拒絕政府介入公民生活。就像老派籃球術語說的：「沒人受傷不吹哨。」即使本書最終改變不了幾顆腦袋，但還是提供了一個機會，顯示我們是如何變成一邊譴責酒駕、一邊加以寬容的社會。

應酬飲酒與酒醉駕駛

反酒駕的歷史和汽車一樣古老。二十世紀初期，某些地區的州級和地方級立法機關通過法律，把失能駕駛定為非法，但禁令變來變去。汽車業與酒飲業謹慎地避免讓這個問題被描繪成非黑即白。美國在二次大戰後隨著州際高速公路系統而來的郊區化，有助於將汽車——以及開車的行為——轉變成重要的文化與經濟活動。汽車這「自由機器」，成了那些住在郊區和鄉下地區的人工作、訪友時最主要的運輸模式，而以本書來說，最重要的是去餐廳和酒吧。從城裡的酒吧出來，腳步蹣跚地走路或搭巴士、地鐵回家，是一回事；而名符其實地「喝一杯再上路」，在或者失能、或者爛醉如泥的狀態下上了駕駛座，則完全是另一回事。[6]

真要說的話，喝酒甚至比開車更具美國特色。禁酒令從 1919 年通過沃爾斯泰德法案（Volstead Act）持續到 1933 年廢除，所代表的只是禁酒力量的短暫勝利，他們認為酒是萬惡之源——不只是酒駕，還包括當眾醉酒、懶散、疾病和犯罪。歷史學家們曾主張，禁酒令確實成功降低了酒精相關的社會和醫療問題的發生率。但在 1933 年之後，鐘擺將遠遠地擺盪向另一端，重重打擊政府對酒飲世界的干預。與此發展同步的是酒精成癮說興起，這一派主張喝酒的問題不在酒，而在喝酒的人。那些濫用酒精的人不再被視為罪人，而被看成是有病，是疾病的受害者。酒精成癮是一種病，這概念的立意當然很好，卻不免破壞了反酒駕運動的努力。[7]

喝酒開車的不只是那些酒精問題嚴重的人，還有「應酬飲酒」（social drinker）的中產階級，而乍看之下，這種人似乎一點都不像廉價酒吧裡遊手好閒的酒鬼或其他刻板印象的醉漢。有些人可能是酒精成癮者，但並非全部都是。不管怎麼樣，這些人很少讓警察局、法官和陪審團緊張，他們通常讓這些輕率駕駛者繳完罰款就放人，後來又加上去「酒駕班」上課。這些人的座右銘似乎是「若非上帝眷顧，上那兒去的就是我了」，一旦面對無可反駁的證據，證明某人曾陷數以百計的人們於險境、甚或已令某些人體殘或身亡，他們寧可視而不見。長期擔任《華盛頓郵報》專欄作家的雅德禮（Jonathan Yardley）在 1981 年寫道：「帶著酒意癱在駕駛座的人們多半不是罪犯者流……而是和善的中產階級老百姓，就像你和我。」[8]

當然，像**應酬飲酒**這樣的用語，本身就是或可稱為「社會建構」之物。應酬飲酒的人被逮到酒醉駕車時，往往視之為原本模範生活中思慮不周的單一個案，但其實這很少是單一個案。專家們喜歡指出，第一次被逮到酒駕的人就像凌克一樣，這種事之前大概已經做過好幾十回。然而，為了替這些特定個人妝點形象而選用的語彙，正反映出社會看待他們的寬容態度。**意外**一詞也是如此，這個詞一直到 1980 年代都還是描述車禍的常見用語。意外，意味著這是上帝所主導的不幸，並非能夠——或應當——避免之事。

即使當第一代吐氣酒測系統開發出來，意味著警察現在可以把嫌犯到底有多醉加以量化，但這種對於酒駕相對漠視的態度依然不為所動。在那之前，警察只能憑藉一系列的敏捷度測試，全都是主觀判斷。但有了 1937 年哈爾格（Rolla Harger）的酒醉測定器（Drunkometer）和 1954 年伯肯施坦（Robert F. Borkenstein）的吐氣酒測儀（Breathalyzer），越來越有可能知道失能與酒精到底有多大的關聯。

然而，大多數酒醉駕駛（Driving While Intoxicated, DWI）法

令所選擇的讀數反映了時代的保守趨向。輕率駕駛被抓到，加上血中酒精濃度高於 0.15%——相當於每 1,000 毫升血液有 0.15 公克酒精，或是空腹八杯酒——便以酒醉來認定，而比這更低的濃度值雖然還是常常帶著明顯醉意，卻被視為只是不具決定性的證據。結果，大概有好幾百萬的美國人，沒辦法在警察面前走直線，卻能以自由之身走出警察局和法院——還上了自己的車。「安全性的利益顯然代之以對加害者不尋常的關懷，」日後有一位評論者如此寫道：「此一舉國之窘及舉國之恥不僅在於傷亡日增，而更在於詭異地接受此種傷亡為生活常態。」[9] 相較之下，斯堪地那維亞這個國家把他們的推定酒醉標準訂得比較低，介於 0.05% 到 0.08% 之間。

酒駕的歷史也是感受與現實相抗衡的故事。在血中酒精濃度（blood alcohol content, BAC）出現之前，辯護律師及其委託人往往都能成功地質疑執法警察的證詞。即使有了血中酒精濃度之後，質疑依舊。被告及其律師辯稱，新機器不準，有經驗的駕駛能夠在血中酒精濃度高的情況下安全駕駛，而且這種測試侵犯美國人民的憲法權。當二十世紀到來，各州與聯邦法院，包括最高法院，必須對這些競爭性主張做出裁決。

打從一開始，就一直有運動團體指控酒駕問題被小看或漠視。這類團體當中最大的一支，屬於浸信會及往昔禁酒運動所留下的奮鬥成果，他們毫不掩飾地採取了道德觀點。喝酒又開車，就和其他酒精相關的不當活動一樣，根本就是錯的。1953 年有一位精神科醫師，也是一位化學家，寫了《酒控方向盤》（*Alcohol at Wheel*）這本小冊子，簡明扼要地論及酒駕之惡，和四分之一世紀後「反酒駕媽媽」所提出的論點相同。[10]

1960 年代中期，一種不同的路線興起，也許可稱之為流行病學路線，這個路線最初是由新成立的國家高速公路安全局所主導。如果說艾森豪總統的名字是與高速公路系統有著切不斷的連結，那詹森總統任內就是終於認真面對州際公路所帶來的龐大問題，包括開快車、車禍和車禍創傷。

本書探討這種種的努力，尤其是第一任交通界「沙皇」哈登（William Haddon Jr.），他透過汽車傷害預防這塊更大的透鏡來研究酒駕。哈登的研究取向搭配他所受的公衛訓練，聚焦在酒駕的流行病學研究，研究其發生方式並探討其成因。1950 年代後期，他與日後成為總統顧問及紐約州參議員的年輕人莫尼漢（Daniel Patrick Moynihan）在紐約州衛生部工作時，首次處理酒醉駕車問題。由於「反酒駕媽媽」及其他受害者權益保護組織在 1980 年之後引起公眾注目，聯邦和各州政策制訂者早年那些幾乎被遺忘、有正面也有負面的作為，受到了特別仔細的檢視。矛頭指向美國的車子和道路安全性不佳，這些人寄望於現代化的改革，像是安全氣囊和點火自鎖裝置（ignition interlock device）來降低酒駕死亡率。

但這樣煞費苦心地投入審慎的科學研究，卻越來越無法撫慰酒駕的眾多受害者。不論你信不信，每年與酒精相關的死亡人數與車禍件數分別達 25,000 人與 80 萬件之譜，進入審判的案例卻似乎異常地少。對警察、檢察官和法官來說，酒醉駕駛處以當庭釋放或較輕的罪名，根本是稀鬆平常的事。吊扣駕照並不常見，更別提入監服刑了。

不僅如此，這種罰則寬鬆的傳統甚至擴及到受害者重傷或死亡的案例。儘管數十年來，有些法官、律師和社會評論家主張，酒醉駕駛致人於死者應以殺人罪（manslaughter）*、甚至謀殺罪（murder）起訴，但這種情形很少見。交通工具致死罪（vehicular homicide）就常見得多，通常可處以易科罰金、撤銷駕照或微罪判決。「我只是覺得，這些人有的已經承受比我所能施加還要大的痛苦。」一位抱持同情的法官如此坦言。[11]

更引人矚目的是，到了 1990 年代，書店和圖書館充斥著指導讀者如何避免酒駕定罪的書，撰寫人通常是那些辯護律師。當然，美國法律制度保障那些無法排除合理懷疑而定其罪的被告，但這些書冊的數量與內容令人瞠目結舌。代表性的書有《如何避免酒駕定罪》與《酒駕辯護的脫罪之道》，教讀者如何騙警察、把陪審團耍得團團轉，有時甚至還教讀者逃離車禍現場。類似的材料也出現在網路上。想像一下，教人如何避免因縱火、詐欺或虐童被定罪的資訊，應該會招來排山倒海的負面評論。相較之下，那些酒駕脫罪的人卻把這件事當成榮譽勳章般佩掛起來。

對酒駕的態度轉變

在通俗文化中，酒醉、有時還有酒駕，一直是茶餘飯後的談笑之資。民謠歌手、詞曲作者派克斯頓（Tom Paxton）在他 1973 年那首〈派對不就那樣嗎？〉寫了如下歌詞：

可能是威士忌，
或許是琴酒，
可能三、四箱半打裝，
我不知道，
但看看我這一團糟。
我的頭像顆足球，

＊譯註：指非預謀殺人，下文皆同。

我想我快死了。
告訴我，我啊我啊我，
派對不就那樣嗎？

1978年的喜劇電影《動物屋》裡，四個兄弟會男生晚上外出喝酒，最後把其中一個男生的哥哥借給他們開的車撞爛了。雖然教務長告誡其中一個男生，提醒他們「小子，人不能又胖、又醉、又蠢地過一輩子」，但當然了，電影以粗魯無禮的手法所傳達的，恰恰是相反的訊息。

電視名人如迪恩・馬丁（Dean Martin）和傑奇・格里森（Jackie Gleason）設計出一些劇中角色，他們扮演這些角色時會喝酒，而且看起來醉醺醺，通常是為了引人發笑。最出名的電視醉漢大概是佛斯特・布魯克斯（Foster Brooks）這位天才喜劇演員，他在現實生活中滴酒不沾。布魯克斯在1970年代人氣大漲，當時他固定上《迪恩・馬丁秀》和《迪恩・馬丁名人大審秀》演一個迷糊醉漢。關於喝酒開車的插科打諢不算限制級。有一回，布魯克斯在一齣滑稽短劇中扮演一個顯然是醉醺醺的班機駕駛，和迪恩・馬丁相約酒吧，要在起飛前喝一杯。底下是一段經典對話：

馬丁：你是怎麼當上班機駕駛的？

布魯克斯：我本來是個公公公公車駕駛，但我不幹了。路上太太太多醉鬼了。[12]

造酒業及販酒牟利的相關行業，從未以這種態度寬容酒駕或一笑置之。他們在整個二十世紀一直強烈捍衛酒類的廣告與販售權，但他們所使用的語言和影像——這些語言和影像把啤酒、葡萄酒和蒸餾酒的飲用與美好生活連結起來——簡直就是在鼓吹如酒駕這類不負責任的行為。然而，在此同時，施格蘭（Seagrams）和其他一些造酒廠開始率先參與「解決問題」[13]——也就是推廣適量且負責任飲酒，並承認他們的產品可能會被濫用。

這種策略與菸草業的策略成了對比；菸草業在得知真相很久之後依然堅稱香菸無害，直到受了壓力才開始參與管控作為。造酒業的作為是出於利他，或只是想攏絡反酒駕運動人士及其他批評者？

很難知道酒駕受害者，以及他們的親人，到底是怎麼看待美國國內對於酒駕這種自由放任的態度。除了周而復始的訴訟或報上文章，少見公眾對酒駕執法這種顯而易見的漫不經心有所討論。而因為常有人說受害者是「錯誤的時間出現在錯誤的地點」，於是很弔詭地，可能有人會怪罪受害者製造出導致自己傷亡的環境。由於缺乏任何形式的有組織運動，那些被酒駕傷害的人各自既心酸又令人憤怒的故事，多半還是藏在心底。

但「打落牙齒和血吞」的時代已經過去了。拜民權運動、討人嫌的越戰、1960 年代女性主義和 1970 年代消費者運動興起之賜，美國人開始對他們覺得無法接受的權威行為提出批評。有了女性主義健康書《我們的身體，我們自己》（*Our Bodies, Ourselves*）質疑男性宰制生育過程、乳癌婦女拒絕全乳切除及早期環保運動的榜樣，社會上有權有勢的人對文化規範的壟斷也受到抨擊。這種大致上算是自由派的運動吸引了報紙和電視節目的關注，與體制對抗者的故事也得到熱烈報導。

來看另一個憤怒的團體：有孩子傷亡於酒駕者輪下的媽媽們。當然，並非所有投入運動的人都是媽媽，並非所有受害者都是小孩。這些人也並非全都位於政治光譜的左翼。在 1980 年代、雷根擔任總統的同一時期，有一個比較保守的運動分支崛起，所關心的議題如毒癮、家暴、胎兒權益保障、犯罪率上升。推動這些議題進展的動力，有很多源自於受害者權益的概念：相對於那些受苦受難的人，法律制度過度關注於犯罪者的權利。因此，在這些議題裡面，著重於逮捕和起訴的酒駕管控，是再自然也不過了。

事實證明，在這樣的環境下，酒駕受害者——往往是小孩——的個人故事運用起來格外有力。「以前我不相信痛苦有可能到這種地步，也不相信我會絕望到這麼深刻的程度，」聖地牙哥一位喪子的婦女如此寫道：「我覺得自己被矇得好慘。」[14]「反酒駕媽媽」和其他反酒駕團體大量運用這類紀錄。的確，這些故事如此哀傷且深深打動人心，讓人很難理解為何以前這麼少引起公眾注意。

一般而言，這些故事循著可預期的情節發展：一名恣意妄為、不加注意的酒駕者，往往是之前多次酒駕定罪的累犯，撞死一名無辜（且沒有喝酒）的受害者。這些敘述的核心概念在於當時所發生的狀況並非意外，而是某人刻意漠視法律及正派行為的有意識行動。這些敘述是道德寓言，既純粹又簡單，代表著退回到禁酒令時期對飲酒過量的非難做法。

這些故事的範型是「反酒駕媽媽」創立者萊特娜（Candy Lightner），這位加州婦女的十三歲女兒卡莉在 1980 年被一名酒駕者撞死。那名男子之前已因酒駕定罪多次，每次都獲得輕判。最奇怪的是，他最近一次遭逮捕才僅僅兩天前而已。法官不僅放他返家候審，甚至沒有沒收他的駕照。諸如此類的種種故事所引發的憤怒——首度觸及美國大眾——大得驚人，但可以理解。

「反酒駕媽媽」並非第一個對抗酒駕的草根組織。1978 年，一位名叫朵瑞絲・艾肯（Doris Aiken）的記者在上紐約州＊創立了「驅逐酒醉駕駛」。但「反酒駕媽媽」（後來改名為聽起來比較溫和的 Mothers Against Drunk Driving，原來的組織名稱是 Mothers Against Drunk Drivers，比較具有針對酒駕者人身攻擊的意味）快速取得道德權威地位，成為全國最有名的酒駕之敵。這樣的成功一部分源自萊特娜的個人魅力。有吸引力、具媒體經驗且從不放棄，萊特娜激發出大量的同情。

到了 2000 年，「反酒駕媽媽」和「驅逐酒醉駕駛」等其他組織、州議員、媒體一起合作，帶頭制訂一系列設計來嚇阻酒駕的防制新法。其中之一是要州政府降低可接受的血中酒精濃度上限——先是 0.10%，接著是 0.08%——這麼一來，吐氣酒測儀所得出的科學發現終於開始轉換成適當的公共政策。然而，更重要的是，新的運動創造出酒駕的全新文化意象，不是什麼血統純正的反政府美國人或喜劇角色，而是一個罪犯，既純粹又簡單。

是不是因為「反酒駕媽媽」及其他組織的努力，才讓美國的酒駕死亡從 1980 年的 25,000 人降為 1992 年的 17,000 人？這樣想滿好的，因為對這些運動團體的努力是一種讚揚。查爾斯・吉伯遜（Charles Gibson）在 2000 年的《早安美國》節目中訪問萊特娜時，令人動容地提到有 11 萬人因卡莉之死而活了下來。[15]

但證諸反酒駕運動的道德論與流行病學路線之間持續存在的緊張關係，這樣的說法並非無人質疑。不斷有學術界人士，包括社會學家、統計學家和公共政策專家，跟進哈登的腳步、重振他的路線，針對酒駕相關車禍與傷亡的標準數據加以仔細檢視——往往也帶有批評。例如，這些研究者有的認為運動人士一

＊譯註：不含紐約市及長島的紐約州地區。

貫誇大酒駕事故的發生率，因為他們做了錯誤的假定：任何車禍只要有人飲酒，酒精必為肇因。也有人主張，酒駕受害者的小故事雖然動人且重要，卻可能讓公眾忘了要採取最有效的公共衛生策略，來處理複雜且多變的問題。這些衝突對研究資金與媒體關注有重大影響，有時還導致反酒駕運動內部關係緊繃。

但不可否認，這項運動還是成果豐碩。到了二十一世紀伊始，酒駕不再是可以開玩笑的事。1980 年代有好長一段時間，運動人士使酒駕成為全國最受關注的健康議題之一（另一項是愛滋病）。而即使實際數字和肇因論定有相左之處，酒駕率及相關傷亡還是明顯下降。一連串的介入措施，從更嚴格的法令到更可靠的刑罰、酒駕攔檢點、點火自鎖裝置，代表反酒駕之戰的策略成功。

然而，一如常例，「反酒駕媽媽」和其他運動團體的成功招致反撲。各種批評指控「反酒駕媽媽」把錢用於建立自我維繫的官僚體系、向造酒業收取妥協金，最有趣的是指控他們私底下是新禁酒派，不只反酒駕，還擴大打擊面要反飲酒。「反酒駕媽媽」成了網路名嘴和出版刊物如《現代酒鬼雜誌》（*Modern Drunkard Magazine*）的出氣筒，他們運用自由意志論來主張美國人擁有不可剝奪的權利，可以喝得醉醺醺，然後說不定還可以試著開車回家。

要對這些指責進行評估有其困難，而這些指責對於反酒駕努力的影響或許是象徵多於實質。但有一件事很清楚：這場運動吸引目光的時間不會太長。隨著數十種公衛議題競相登場，包括一些以交通安全為核心的，像是公路飆車和開車使用手機之類，酒駕死亡減到最少的目標——這在 1980 年代似乎如此迫切、甚至有可能達成——又成了僅僅是諸多重大社會議題其中一項。

如本書第一章所述，美國的酒駕歷史隨著汽車使用成長，從二十世紀初就開始了。然而一直到 1930 年代，才有針對此一問題的實質性科學研究。這些早期研究一致證明，即使是少量酒精都會導致駕駛失能。此一研究成果因酒醉測定器的引入而得到強化，這是第一部能夠利用吐氣測量血中酒精濃度的機器。第一章的結尾提到酒駕歷史中被遺忘的一個事件：大家所喜愛的瑪格麗特·米契爾（Margaret Mitchell），也就是小說《飄》*的作者，在 1949 年死於一名疑似酒駕者輪下。有一陣子，米契爾之死看似會激起全國性運動、嚴厲制裁酒駕者，但這種眾志成城的局面終究沒有成形。

第二章涵蓋了 1950 年代和 1960 年代，當時郊區與州際高速公路的增長使得酒駕大爆發在所難免。雅德禮後來回顧自己從這時期開始的「開車暢飲」，他的評語是：他能活下來寫這件事，真是「奇蹟」。[16]但其他人就沒這麼幸運，因為傷亡一直增加。不過，救兵已經上路，先是以呼吸酒測器的形式出現，接著是〈巨流市研究〉（Grand Rapids Study），第一項針對各血中酒精濃度下之駕駛風險遞增，明確加以量化的研究計劃。這項研究促使聯邦政府開始把酒駕定位為公衛緊急事件。

然而，如第三章所示，一直到有「公開現身」的受害者與倖存者，堅持說出他們令人動容的悲劇性故事，才有了真正的反酒駕運動。「驅逐酒醉駕駛」與「反酒駕媽媽」是兩大運動團體，但還有「反酒駕學生」（Students Against Drunk Driving, SADD）與「反機動車輛酒駕聯盟」（Alliance Against Intoxicated

* 譯註：電影《亂世佳人》原著。

Motorists）。這些運動人士把受害者權益的概念套用在哀嘆的父母及其死去的孩子這類形象上，證明他們非常擅長吸引媒體、進而為公眾所注意。

造酒業此時也加強其反酒駕的努力，主要是提倡負責任飲酒，可能的話，也試圖左右草根運動組織的決策。此章以雷根在1982年成立酒駕議題總統諮詢委員會（Presidential Commission on Drunk Driving）作結，酒駕議題站上了舞臺的中心。

但打擊酒駕的方法是否不只一種？第四章對此問題給了肯定的答案，依序列舉早期學術界為解構酒駕問題及轉移管控作為重心所做的努力。把反酒駕運動重新概念化為公衛而非法律秩序議題的努力，也是出現在1980年代中期。政治進步團體如「公共利益科學中心」（Center for Science in the Public Interest, CSPI）不斷強調預防措施的重要性，如限制酒類銷售與廣告，藉以降低酒類的可及性，從而減少酒駕的機會。

但造酒業及其盟友進行了反擊，鼓吹他們熟悉的主旋律：飲酒的個人選擇與個體責任。酒駕是一種需受懲罰並悔過的道德及法律過失？抑或是一項需要加以研究並預防的公衛問題？而如果兩者皆是，這種二分法是否對此運動造成了難以補救的阻礙？這種種的緊張關係在1988年爆發，當時的公衛服務兵團指揮官庫普（C. Everett Koop，該單位為聯邦衛生部下設軍職公衛專責部門）舉辦了一場研討會，遭到某些業界團體抵制以示抗議。

衝著反酒駕運動人士、尤其是反酒駕媽媽們而來的反撲，在1990年代全面開打。批評者來自四面八方，從業界到質疑酒駕有多少實際傷害的學術研究人員，再到聲稱有權不受打擾的自由意志論者。這麼說並不誇張：對著那些試圖管控酒駕的女性所發的怒氣，有時連這些女性當初對殺子兇手的憤恨都相形見絀。像

1997 年威爾斯王妃黛安娜死於酒駕車禍這樣的事件，非但沒有推動建設性的改變，反而使得「反酒駕媽媽」運用宣傳手段推動訴求的做法暫緩進行。但正如第五章所詳述，隨著科學家就各種介入手段的效果進行分析得出實質的資料，運動仍有持續進展。最值得一提的，是 2004 年全美五十州都把法定血中酒精濃度降為 0.08%——雖不是通常會開始失能的 0.05% 濃度，但接近了。

第六章檢視酒駕問題得到認定超過一百年、終止酒駕的改革運動開始三十年後的今日酒駕現況。此章講述一個又一個的故事，像斯托沃司（Donte Stallworth），這位運動員酒駕撞死人，卻只在監獄裡服刑不到三十天；還有黛安・舒勒（Diane Schuler），這位母親不知為何喝醉酒又吸大麻而恍神，還開著箱型休旅車載五個小孩，造成她自己和四個小孩死亡。這些故事不只證明酒駕無所不在，也證明此種行為依然難以解釋、預防和懲罰。每當網路上有人宣稱酒精相關的道路死亡事故是「謀殺」，就會有其他評論者引據當時情有可原的因素，有時甚至把酒駕者說成是真正的受害者。

或許，沒有什麼比創立「反酒駕媽媽」的兩個女人故事，更能說明酒駕的曖昧與矛盾。萊特娜和辛蒂・蘭沐（Cindi Lamb）兩人的女兒都死在酒駕者輪下，只不過蘭沐的女兒蘿拉是癱瘓了六年才過世。1990 年代初期，這兩人都在造酒業工作，正是這個行業的人所製造並大力促銷的產品間接導致她們女兒死亡。我們將會看到，萊特娜和蘭沐絕非懵懂無知，她們的所作所為都有很好的理由，但真的把以前的同事們嚇壞了。

針對酒駕所撰寫的最佳文章之一出現在 1985 年夏季號的《哲學與公共事務》（*Philosophy and Public Affairs*）。在這篇文章中，哲學家與生命倫理學家波妮・史坦波克（Bonnie Steinbock）

細細鋪陳，美國社會在預防酒駕及酒駕、甚至導致傷亡時施以懲罰等方面的不當作為。她以含蓄的用詞做了總結：「要求人們承受重大不便以免致他人於死，並非有違常理。」[17]本書以酒駕為例所講述的，正是此一極其合乎理性的命題如何一再遭到漠視的故事。

CHAPTER

1

酒駕的發現

大概是自有駕車以來，就有酒駕。甚至在 1890 年代發明汽車之前，操控交通工具者失能的問題就已經被公開討論過了。但「無馬之車」在美國的道路上快速倍增，很快就使得酒駕問題成為一項迫切的課題。

「新的」社會問題之認定，可以提供一個倏忽即逝的機會，探討這個社會的所謂反射式反應。在這數十年間，得知有些人喝醉酒還決定要開車，美國人有何想法？他們是否為之不寒而慄？是否認為這無可避免？可以接受？在某些條件下可接受？

立場鮮明的利益團體很快便就此議題發表意見。當然，這個時期有非常多關於酒的新聞。二十世紀的前二十年，美國見證了禁酒運動的勝利，在 1919 年憲法第十八條修正案及其授權立法——沃爾斯泰德法案（Volstead Act）——通過時達到全盛期。對禁酒派而言，酒駕是「惡魔蘭姆酒」及其他酒精飲料所導致的另一項罪證確鑿之惡。但當憲法第二十一條修正案在 1933 年推翻禁酒令、宣告容許飲酒，也就表示美國人願意容忍酒駕、甚至為之美言，儘管此一立場從未如此明確陳述。社會對酒駕的容忍持續了將近五十年，直到 1970 年代的公民運動興起。

這個故事最諷刺的面向之一，是隨著二十世紀到來，針對駕駛人失能與否的判別能力大幅提升了。血中酒精濃度及其他科學創新雖被用來對明顯酒駕者課以重刑，但為這些人免除罪責的情形也不在少數——即使無辜受害者因這些魯莽的胡作非為而死亡。

美國人極為興奮地歡迎新型汽車。汽車年銷售量從 1900 年全年總計八千輛，躍升至 1920 年的八百多萬輛。新的交通工具讓人們短時間內進行長距離運輸，並且迅速成為身分地位的象徵，但也帶來不安。在城市和鄉間的道路上，汽車顛覆了日常的生活節奏。畢竟，這個時期的初級運輸模式，也就是馬拉車，移動緩慢。雖然發生過涉及馬匹或牲畜的意外，但行人或其他駕駛人通常會讓路給脾氣拗的馬兒。

當然，其他機動化運輸方式已經存在幾十年了，最有名的是城市裡的軌道電車和穿梭城市間的火車。操控這些交通工具的人不時爆發的酒醉問題已經是眾所周知。〈列車長喝醉了〉，這是1887年1月10日的《紐約時報》新聞標題，內容是關於發生在德拉瓦州境內的威明頓與北方鐵路一列兩節火車車禍。不到一個星期前，一名技師涉嫌造成俄亥俄州蒂芬市附近的巴爾的摩暨俄亥俄鐵路一樁駭人的意外事故，十六人死亡。「據說泰勒這名技師已經喝醉了，」《華盛頓郵報》報導：「他那班列車上的煞車員也說兩人前一晚喝了四杯。」[1]

這類意外事故已經開始引起評論家如專欄主筆們的注意。在〈關於飲酒與酒鬼的一些道德〉一文中，《波士頓全球報》專欄作家霍華對蒂芬車禍事故的評論是：這場車禍的受害者「在恐怖的熔爐中活生生給烤了，他們有些人的頭和手臂掉出車外。」霍華接下來的陳述突顯出本書一再提到的兩難：「一方面，有這麼多人說人有權利為所樂為，〔但〕另一方面〔也〕說到社會有責任限制個人為所樂為，如果他們之所樂帶給公眾福祉不快、痛苦、損失的話。」[2]

在這類事故發生當時及後續民、刑事訴訟期間，報章雜誌及專業期刊都出現了許多評論文章。這類案件的刑度依所產生損害、當地法令及檢察官好惡，差異甚鉅。隨著汽車數量增加及越來越多人酒駕，同樣的情節一再上演。酒醉駕駛應該視為交通違規，或是更重的輕刑罪？如果駕駛的過失導致人身或財產損害，這種評斷應否有所改變？最後，如果有人死於酒駕者輪下，適切之刑責為何？是殺人罪嗎？或是如某些人所主張，明知處於失能狀態而駕駛，依照定義，這是置人命於險境，因而為謀殺罪？

這些問題不易回答，也確實爭議至今。但那些涉及酒駕、尤其是名人酒駕的車禍，當然引起了大眾的注意。1904 年的《酗酒季刊》(*Quarterly Journal of Inebriety*) 有一篇經常被引用的文章，報導了那一陣子發生的 25 件「酒精相關汽車意外事故」，這些事故導致 23 人死亡。「酗酒及適量飲酒的人，」作者做出結論：「是最沒有能力駕駛動力車輛的人。」[3]

這個時期有一個特別惡名昭彰的例子，發生在 1905 年的洛杉磯。3 月 26 日，一輛由已故電車富商胡克之子巴比．胡克所駕駛的「大型敞篷車」，撞上了二十二歲、「沒沒無聞且身分卑微」的行人瑪格麗特．伯特威索。伯特威索被拋出一百英呎外，幾天後過世，死因為顱骨破裂。胡克在住宅區超速，時速可能高達五十英哩。

《洛杉磯時報》非常詳細地報導這則新聞，一方面因為二十一歲的胡克是惡名昭彰的上流社會花花公子，也因為這個案子是加州首度以重罪起訴酒駕者。最後查明，車禍發生前，胡克和他兩名玩伴一直喝著隨身瓶裡的威士忌。地方檢察官對胡克控以殺人罪的重刑，這項罪名的定義是以非法手段非故意致人於死。另一方面，在審訊進行期間，胡克的母親提出每年給付伯特威索之母 400 美元以為補償。這項賠償條件被接受了。

本案於 1905 年 7 月進入審判。出庭作證的人包括照料伯特威索傷勢的醫生和形形色色的目擊者，包括車禍發生前伯特威索才剛下車的那輛電車列車長和司機。雖然電車司機推估胡克的車速為每小時四十英哩，但胡克車上的乘客巴伯勒卻證稱胡克專注於路況且沒有超速。胡克本人在 7 月 12 日出庭，告訴陪審團他已盡一切可能避免撞上伯特威索，他一直到最後一刻才看到她。「就算再考慮上一個星期，我的動作也不可能有一丁點的修正。」他如此陳述。[4]

經過四天審判，陪審團只花了五十二分鐘就豁免胡克的殺人罪。《洛杉磯時報》推測，胡克的律師成功動搖了檢方目擊證人的可信度，從而製造合理的懷疑。先不管精確細節如何，巴比．胡克和瑪格麗特．伯特威索之間的衝突，可視為二十世紀美國所發生數以十萬計類似事件的象徵：某個既要喝酒、又要抓方向盤的人，以輕率魯莽的態度駕駛汽車，造成無辜受害者傷亡。儘管此類案件中有許多駕駛人都被查出有罪，但不起訴是司空見慣，就像檢察官提出以認罪協商換取減刑的訴訟程序一樣，有時可能僅僅罰款了事。

胡克一案之所以成為代表性的酒駕案件，在於此案與其說是一項探求事實的任務，不如說是一場遊戲。《洛杉磯時報》記者的評論是，在審判期間，胡克泰然自若，幾乎是料定會無罪開釋。胡克在判決後離開法庭時，還吸紙菸、吐煙圈呢。往後的數十年間，辯方律師將成功操弄法律制度，赦免這些他們明知有罪的酒駕者——其中有很多人還是累犯。

而事後證明，巴比．胡克就是這樣的累犯。1907 年 12 月 29 日，根據《洛杉磯時報》的報導，他開車撞進洛杉磯一處路口的人群中，差點輾過一名婦女。之後當警察要逮捕他時，他加速逃逸。雖然文中沒提到飲酒，但胡克顯然並未從兩年前的伯特威索悲劇中學到任何教訓。[5]

《洛杉磯時報》在審判前對胡克的評語，全然不似陪審團最終那般寬容大量。一篇社論寫道，汽車「操控在因飲酒以致不穩之手，或是因飲酒以致遲疑不決又輕率魯莽的腦袋，對公眾而言顯然是重大的危險。」接著，作者又對於使用**意外事故**一詞，來描述「握有控制權之人粗心、無能、輕率或爛醉」所導致的行為，表示有所質疑。[6] 儘管如此，接下來的數十年，依然是把酒駕所導致的汽車車禍視為意外或命中注定。

從禁酒到解禁

由於巴比．胡克這種不起訴案例成了常態，地方政府官員試圖訂定更有執行力的法律。例如 1909 年的麻薩諸塞州，州立高速公路委員會針對「操控汽車時不加注意或受酒類影響」，處六個月以下有期徒刑，併科 200 美元以下罰金。[7] 紐約州議員凱倫（Albert S. Callan）提出一項法案，一方面授予汽車駕照，另一方面又對酒醉駕駛處以重刑。

儘管凱倫法案字面上嚴格，但沒幾年就被批評太過寬鬆。紐約市有一幅報紙漫畫，畫一名醉得東倒西歪的駕駛撂倒了整排的婦女小孩，警察卻呆站一旁。那輛車上的標語牌寫著「笑話一場的凱倫法」。1912 年有一名紐約市法官這麼說：「這很荒謬，竟然有人可以喝醉酒在曼哈頓區的街上開車，而且不只這一區，還免於 25 美元罰金。」[8] 另一名法官傾向於初犯者至少要關五年。

不過，隨著 1910 年代到來，除了加重刑罰之外，似乎還有一個辦法可以解決酒駕的問題：徹底剷除酒精。到了 1915 年有二十個州禁止販酒，禁酒運動的推展終於達到全盛期。隨著沃爾斯泰德法在 1919 年通過，從法律上來說，全美國都「滴酒不沾」。且不論禁酒運動有何期望，但酒並未因新的憲法修正案而消失，反而轉入地下，出現在非法酒店和私人住家。不過，由於酒更難弄到手，而且公開飲用可能觸法，喝酒的情形還是有所減少。[9] 雖然這個時期少有特別針對酒駕的統計資料，但酒駕似乎也減少了。對這個議題的關注也是如此。

然而，到了1928年，即便「不喝酒」的總統參選人胡佛（Herbert C. Hoover）擊敗了「喝酒」的史密斯（Alfred E. Smith），禁酒令依然是來日不長。當小羅斯福（Franklin D. Roosevelt）在1933年成為第三十二任總統，他第一波作為就包括推動廢止沃爾斯泰德法，並於當年12月5日實現。

情勢如此扭轉，有幾個原因。首先，正如研究酒精成癮的歷史學家連德（Mark E. Lender）和馬丁（James K. Martin）曾為文提過，美國社會日益多元的特性導致「不喝酒共和國（sober republic）的道德權威快速崩解」。此外，由於美國陷入經濟衰退，合法銷售酒類的稅收極其誘人。最後，在一群啤酒業者、蒸餾酒業者及其他商業領袖所組成的反禁酒修正案協會（Association Against the Prohibition Amendment）鼓吹下，國人多數認定禁酒令已經徹底失敗。沃爾斯泰德法促成了私酒、「浴缸」琴酒*及幫派經營的非法酒店蓬勃發展，與酒相關的敗德惡習似乎因而增加——而非減少。不喝酒的人當然不同意，並預言開放合法飲酒將助長之前導致國家試行「崇高實驗」的相同問題。[10]

當趨勢與「滴酒不沾」的心態背道而馳，有越來越多的文學和電影幫酒和醉酒說好話。酒在費茲傑羅（F. Scott Fitzgerald）1925年的爵士年代小說《大亨小傳》（*The Great Gatsby*）中扮演著舉足輕重的角色，也緩解了海明威（Ernest Hemingway）1926年《妾似朝陽又照君》（*The Sun Also Rises*，又譯《太陽依舊升起》）和1929年《戰地春夢》（*A Farewell to Arms*）等書中角

* 譯註：私酒業者以家中浴缸盛裝琴酒來販售。

色的憂鬱及疏離。史密斯（Thorne Smith）1926 年的小說《塔普》（*Topper*）在 1937 年拍成由卡萊·葛倫飾演的電影，以浪漫手法刻畫嗜酒的柯比夫婦，喬治和瑪莉安，兩人因喝醉酒的喬治開車撞樹而死。對於柯比夫婦之死，親朋好友們倒不怎麼悲痛，這對夫婦最後變成性情和善——而且依然醉醺醺——的鬼魂回來了。「活得歡樂死得快，」劇中一名角色如是評論。「他們就喜歡那調調，也得到他們想要的，」另一個角色若有所思地說道。[11]此外，1930 年代電影《瘦子》（*The Thin Man*），片中的主角查爾斯夫婦尼克和諾拉，喜歡互相比試可以一口氣喝下多少杯馬丁尼酒。

除了此一再續前緣的酒精之戀，另一項因素是輿論改變。或許是禁酒令時期對酒的執著所引發的反作用力，美國人逐漸把焦點轉移到酒精成癮者和酒精成癮這種新「疾病」。從 1937 年新成立的酒精問題研究委員會（Research Council on Problems of Alcohol）、1943 年的耶魯酒精研究學園（Yale School of Alcohol Studies）*、1944 年名為全國酒精成癮教育委員會（National Council for Education on Alcoholism）的志工機構到 1935 年的戒酒無名會（Alcoholics Anonymous），長期背負罵名的醉漢得以重新做人——不再是得為自身誤入歧途的行為負責的罪人，而是疾病的受害者——因此需要的是治療，而非輕蔑嘲弄。

「我們關心的是，」自己也是酒精成癮痊癒的全國酒精成癮教育委員會主席瑪緹·曼恩（Marty Mann）為文指出：「名為酒精成癮的疾病及其受害者，也就是那些不幸受苦、被稱作酒精成癮者的人們。」防止因酒精成癮導致「數以千計不必要之死亡」的

* 譯註：即今之羅格斯大學酒精研究中心。

時機已經到來。[12]

如果說，治療酒精成癮之病是禁令廢除後預防飲酒過量的一種策略，那麼另一項策略就是強調適量飲酒。1934 年，新澤西州有一位律師、同時也是政治人物，名叫寇畢（Everett Colby），組成了適量飲酒委員會（Council of Moderation），這個志工組織試圖鼓吹公眾享用酒類要適量。寇畢把酒妖魔化，希望在喝與不喝之間取得折衷。畢竟，除了向美國人民保證，廢除禁酒令並不等於回到公然酗酒和下流酒館那種「不堪回首的往日」，我們還有其他更好的辦法嗎？[13]

酒精成癮與適量飲酒的二元概念得到酒飲業的支持。蒸餾酒業者以及其他的酒精飲料製造商，正小心翼翼把他們的產品重新引入對酒還是沒什麼信心的美國，有一個概念引起了他們的興趣：只有一小撮有病人口在濫用他們的產品。的確，造酒業的各個部門開始默默提供資金給「研究委員會」和「耶魯學園」，而兩者日後也對酒精成癮概念的研究客觀性提出了質疑。這種做法試圖轉移人們對於「酒乃萬惡根源」這個概念的注意，使其他不喝酒的人，像是基督教婦女禁酒聯合會及其他新教教派的成員，對新「科學」抱持高度懷疑。結果，這些大多曾被視為體現社會行為準則的人，在某些圈子裡漸漸被當成狂人看待。

另一方面，認為多數人飲酒態度正確的看法，促進了酒類在廣大人口中銷售增長。在接下來的幾十年間，之前不碰酒或私下喝的美國中產階級盡情地暢飲。歷史學者派翠西亞・摩根（Patricia A. Morgan）曾為文指出，**適量**一詞「成了行銷、公關與廣告……的關鍵策略」達數十年之久。[14]

1930 年代以降的酒類廣告強調適量的種種好處。例如，造酒業在 1933 年所成立的遊說團體蒸餾酒研究中心（Distilled Spirits

Institute）提出「良好行為準則」之說，大力鼓吹這一類的口號：「生產威士忌的我們說：飲酒要適量。」這些作為的帶頭公司是施格蘭父子企業，這家公司刊登報紙廣告，把施格蘭的消費者描繪成有文化教養的人，飲用經繁複混調的威士忌且不喝醉。「飲酒過量的人，」施格蘭發言人裴佛（H. I. Peffer）聲稱：「一個就夠難看，飲酒適量，千人也不覺得怎樣。」[15] 裴佛毫不隱瞞這些廣告是一種策略作為，用以協助蒸餾酒業「永續經營」，但施格蘭母公司負責人、也是這波宣傳背後的創意發想者布朗夫曼（Samuel Bronfman），似乎也確實有意行銷一種更安全、可為社會接受的產品。施格蘭甚至公開讚揚演員雷・米倫（Ray Milland）*，在《失去的周末》（*The Lost Weekend*）片中扮演窮途末路的酒精成癮者，而這部 1945 年的好萊塢電影並未隱瞞其反酒傾向。[16]

酒駕者的分類

如果討論的是喝酒的人可能傷害自己，是可以大談酒精成癮是種病、適量飲酒的重要性；但要是傷及旁人，說這些有什麼用？這可不是一個學術問題。廢除禁酒令不久後所累積的資料顯示，酒類越來越容易取得，酒駕問題加速惡化。以芝加哥為例，1934 年前六個月因酒駕所致傷亡，比 1933 年前六個月高出四倍。同樣是 1934 年，洛杉磯官員報告「自廢除禁酒令以來，酒駕大幅增加」，因酒駕而死也增加了 40%。《洛杉磯時報》一篇社論寫道：「過去這一年，這些交通事故追根溯源起來，直指貪杯的汽車駕駛受烈酒影響所致，其增加速率令人憂懼，就算還沒讓這個國家酒醒，也已為之震撼。」[17]

* 譯註：威爾斯演員，《失去的周末》一片讓他贏得奧斯卡最佳男主角獎。

那麼，這個社會要拿酒醉開車的那些人怎麼辦呢？某種程度上要看是誰在酒駕而定。大體上，針對那些既喝酒又開車的人，已經出現兩種不同的分類方式。一種是區別酒精成癮和所謂應酬飲酒，另一種是區別爛醉如泥和稍稍失能的駕駛，這些分類之間有某種程度的關聯。專家們相信，酒精成癮者比較可能喝得很醉，而應酬飲酒則是「陶陶然」而已，不過也不是每次都如此。

仔細來看的話，1930 年代出現的反酒駕用語是不接受任何一丁點的酒後駕駛。《洛杉磯時報》寫道：「掌控汽車方向盤的醉鬼，差不多就和引信點燃的一綑炸彈一樣安全。」「才剛喝過酒的人沒一個是安全的駕駛。」加州高速公路巡警隊隊長如此表示。[18] 儘管施格蘭和其他造酒商再三叮嚀一般駕駛人飲酒要適量，但那些決定喝完開車的人沒這個打算。施格蘭在 1935 年推出的一系列廣告倡導「更安全、神志更清醒的駕駛行為」，語氣堅定地宣言「酒精與汽油不並存」。之後的廣告再次重申：「此一信念必須分享給，每一位讀報的人與每一位駕駛車輛的有識之士。」[19]

全國安全協會（National Safety Council）也對酒後駕駛期期以為不可，這是個非營利的非政府組織，成員包括企業與個人，是美國從 1930 年代到 1970 年代首屈一指的酒駕權威。全安會在 1931 年創立時的宗旨是預防職場傷害，創會團體包括鋼鐵公司與鐵路公司。當全安會逐漸擴張其保護傘及於非職場議題，如高速公路安全，酒駕遂順理成章地成為關注焦點，尤其是在廢除禁酒令之後。

全安會在 1936 年設立酒精及其他成癮藥物委員會（Committee on Alcohol and Other Drugs），沒多久就以「喝酒不開車」為口號發起教育運動。多年後，全安會最為人熟知的，就是那些評估各

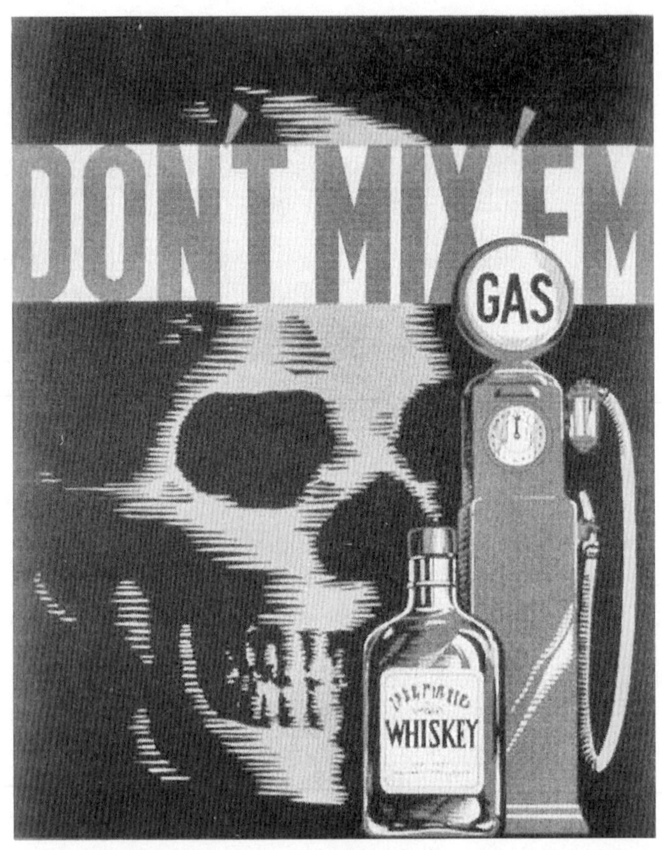

羅柏特．拉申曼（Robert Lachenmann）繪製的工作計劃管理局出版品，提醒酒駕的危險性。承蒙國會圖書館提供。

個周末假期將有多少美國人死於車禍的警示廣告。

全安會將職場意外歸咎於人為錯誤與機械災害，但最後參酌工業安全先驅海因利施（Herbert W. Heinrich）的研究成果，主張勞工之不安全作為是較常見的肇因，這些作為包括「態度不當」和「缺乏知識或技能」。全安會對企業責任相對低估，致使若干史家認為該組織受業界掌控，且全力保護商業利益。似乎可以確定的是，全安會聚焦於勞工個人責任，與該組織管控酒駕的努力前後呼應，強調馬路上那些難搞的酒精成癮者所造成的問題——這和汽車製造商在安全措施上斤斤計較或造酒業推廣飲酒的做法相反。[20]

這種把酒精成癮視為疾病的新說法，對起訴酒精成癮駕駛的作為產生多大干擾，很難加以釐清。一方面，即便學術機構與戒酒無名會在推疾病說，還是很難讓大眾馬上接受。然而，新的關注焦點可能引發對於酒精成癮者某種程度的同情，而且已經對某些法庭產生影響。更具體來說，同情的程度已經到了治療酒精成癮者的根本病因比較重要，處罰他們酒駕似乎只會有反效果——這個論點在 1970 年代初由酒精濫用與酒精成癮國家研究院（National Institute on Alcohol Abuse and Alcoholism, NIAAA）第一任院長做了最明晰的闡述。

對於應酬飲酒後決定開車者的執法態度，也帶有類似的寬容心態。這種情況有一個解釋，是源自**酒醉駕駛**一詞本身的常見用法。如果**酒醉**駕駛人是道路上的威脅，這意味著問題最大的就是那些酒喝最多的人——也就是酒精成癮者。

但**應酬飲酒**一詞同樣應該細細斟酌一番。這個詞的出處並不清楚，但早在十九世紀末就用於描述某些人一邊喝酒、一邊從事其他活動，如外出用餐、上戲院或看運動賽事。和喝酒喝到醉的酒精成癮者不同的是，這種人飲酒，表面上不是以喝醉為目的，而是為了從事前述活動時可以更加盡興。就這樣，**應酬飲酒**一詞保有正面的意涵，暗示這種人既合群又無害。由此推論，如果他或她造成某種型態的混亂，當然是絕無僅有的失誤。尤其當喝醉酒的「應酬飲酒者」與當地檢察官和法官是相同的社會階級，這些官員因而不免要另眼相看、拉朋友一把時，這些先入為主的說詞更是屢見不鮮。巴比・胡克一案很可能就是在這種情況下被定了調。

酒醉測定器登場

如果酒精成癮和應酬飲酒的分類方式，證明了同樣無助於制裁酒駕者，或許實際的酒醉程度可充當更好的參考指標。也就是說，一定有某種失能程度所代表的危險顯著到令社會無法接受。話雖如此，麻煩的是，在這個年代，這類評斷在本質上就是主觀的。

自從最早的酒駕法令在二十世紀初載於書面以來，警察執行的路邊攔檢根據駕駛人在一系列測驗中的表現，如自報身分、回答問題、走直線、應付一連串要求時是否保持平衡且舉止清醒，對酒醉程度做基本判定。另一項最受歡迎的測試是要求駕駛人念出 Methodist Episcopal 以暴露酒醉後的口齒不清。因為這些調查結果憑仗的是警察的片面之詞，駕駛人事後可以就當時所發生狀況提出反駁，打個比方，這是一個大到足以讓辯護律師開著車通過的漏洞。而且，似乎總是可以找到有不在場證明的證人，來發誓說該駕駛喝不超過兩杯。

但科學即將大幅改變情勢。憂心警方檢測淪於主觀的研究人員從 1920 年代開始，就一直在研究各種確認酒醉程度的檢測法。菲德馬克（Erik Widmark）是首開先河的科學家之一，這位瑞典醫師與生理學家在 1910 年代後期發展出一套機制，可以量化指尖血液樣本中的酒精濃度。他也提供套件給警方，讓他們能夠採集酒駕嫌犯的血液。菲德馬克的方法和此一領域踵步其後的科學家所提的那些方法一樣，都會被某些人批評為不夠精確，但多數專家相信，這個方法能夠可靠地估算出攝取了多少酒精。[21]

下一個重大進展是酒醉測定器，1931 年由哈爾格（Rolla N. Harger）這位愛抽菸的印第安那大學生化學家發明，1937 年開始可供使用。哈爾格的偉大成就在於駕駛把氣吹進他的裝置，就能估算血中酒精濃度；這是一顆連接到一系列化學物質的乳膠氣球，這些物質隨酒醉程度不同而變成各種不同顏色。有了這種檢測法，就不需要抽血了。當時對於新裝置能達到何種成果頗抱期望，期望在起訴酒駕被告時能減少模糊空間和反對意見。

「酒醉測定器的運用，確保依機動車輛酒駕法所進行的起訴公正可靠，並且免除出錯的機率。」一名底特律警察如此陳述。評論者對此往往如是評論：科學已於此時進場。就像《紐約時報》記者所寫的：「在取得酒駕案的證據方面，科學逐漸取代了臆測。」[22] 哈爾格很快就在印第安那大學開了一門課，教導執法官員和其他人士如何使用這部機器。1939 年 1 月，由於有了酒醉測定器的經驗，印第安那州通過全國第一部法令，訂出各種血中酒精濃度與酒醉程度之間的對應關係。哈爾格把酒醉測定器的專利權利金全數捐贈印第安那大學基金。

甚至在有辦法檢測血中酒精濃度之前，科學社群就已經有共識：酒精的影響在低濃度就已經出現了。「許多研究人員已經證明，」俄亥俄州醫師甘恩（Herman M. Gunn）在 1938 年寫道：「大多數人即使攝取小量酒精都會產生足以干擾各種心理功能的抑制效用。」甘恩還說，這種失能狀態使得飲酒者比較「容易發生意外」。[23] 然而，這是否意味著喝酒的人絕對不得開車？這些人還能不能安全操控汽車？有沒有可能，如果他們「喝得有點多了」，其實會更加小心注意？

要對這類問題提出確切的答覆，唯一的辦法就是憑藉科學的研究，而此時的科學研究有血中酒精檢測的新技術可供運用。首開先河的研究人員之中，有一位名叫海瑟（Herman A. Heise）的威斯康辛州醫師。早在流行病學廣泛興起之前，醫師——以及美國醫學會（American Medical Association）——支持這種類型的公共衛生研究不算罕見，不過，醫學院課程普遍還是沒有酒精成癮、當然也沒有酒駕這類主題。

海瑟與酒駕之間有過一段饒富興味的私人關連。1917 年，一位年輕醫師服役於喬治亞州歐苟索普堡醫療隊，為那些趕在午夜宵禁前衝回家而發生車禍的軍人驗屍。雖然那是血中酒精檢測發明前的年代，海瑟還是得出結論：喪命的那些人體內「全都是滿滿的酒精」。[24]

在海瑟初期研究中，有一篇發表在 1934 年的美國醫學會年會上，之後刊登於《美國醫學會期刊》（*JAMA, Journal of the American Medical Association*），內容是一群志願者在未駕車狀態下受試。首先，他給了他們 30 cc（1 盎司）的威士忌，並要求他們用打字機打各種文件。「這組的所有受試者，」海瑟的報告說：「都測出有效率變差的問題，一般來說是犧牲準確性而換得速度增加。」海瑟測得這組人的血中酒精濃度與尿液酒精濃度，並未超過 0.02%，意即 1 公合（dL）* 血液中有 20 毫克（mg）酒精，只比負值高一點點。

海瑟接著轉而針對酒駕問題，給他的受試者五倍分量的威士忌，並且讓他們坐上駕駛座。他事先已經請賓州聯合鎮鎮長封鎖幾條街，並出動警方從旁保護，他當時擔任該鎮的警局醫師。有趣的是，結果證明海瑟的受試者能夠做到基本的開車動作，甚至能通過標準的路檢清醒測試。但他的報告上說，一旦增加各種障

* 譯註：又譯分升，等於 0.1 公升或 100 cc。

礙與複雜的要求，「反應時間就稍微長了一點，而且所有受試者都表現出未能察覺到判斷力和掌控車輛的能力有了變化。」海瑟還說，研究中的所有受試者都承認失去方向感，而且時或興奮、時或沮喪。他們的血中酒精濃度全都低於 0.10%。[25]

美國以外地區的檢測也揭示出攝取少量酒精後的失能狀態。例如，德國德勒斯登的研究人員發現，輕率駕駛者有 20% 測出 0.02% 的血中酒精濃度、49% 測出 0.05% 的濃度（兩瓶半的小瓶啤酒），而 87.5% 測出 0.10% 的濃度。《愛丁堡醫學期刊》（*Eidinburgh Medical Journal*）一篇 1937 年的論文依據倫敦西敏寺醫院的資料提出報告，發現介於 0.01% 到 0.08% 之間的血中酒精濃度導致了以下行為：「克制力變弱、反應時間延遲，而且判斷力、注意力和控制力都削弱。」日後的研究將證實，一般來說，0.05% 的血中酒精濃度會導致處理資訊和理性決策的能力喪失。[26]

在此同時，研究人員試圖量化並分析那些已證實為酒駕者的血中酒精濃度，尤其是那些車禍涉案者。在聯合鎮所進行的另一項研究中，海瑟回顧了該地區兩年間所發生的 119 件車禍。他發現，其中 74 件車禍（62%）與酒精有關。此外，199 名傷者中有 155 名（78%）、17 名死者中有 10 名（59%）要算在酒精相關的車禍上。海瑟透過報紙投書和公開演講，試圖警告大眾不該輕忽「幾口小酒」。[27]

後來到了 1930 年代，伊利諾州埃文斯頓市交通研究中心的侯爾孔（Richard L. Holcomb）進行了更複雜的個案對照研究，針對埃文斯頓市車禍涉案駕駛，與相同時段使用相同路段的其他駕駛，比較他們的血中酒精濃度。他發現，發生車禍的那些人有 25% 飲用了足以令其駕駛能力喪失的酒精（0.10% 的血中酒精濃度），相較之下，他的控制組只有 2%。結論是：酒駕者發生車禍的可能性要高得多，而如果他們的血中酒精濃度是 0.15% 以上，這種可能性就高出了 33 倍。[28]

失能駕駛的準則

那麼，這些資料是如何用於創造更公正、更有效的酒駕法律？歐洲，尤其是菲德馬克的故鄉斯堪地那維亞，已經開始著手於此。1936 年，挪威採用一項全國性法律，認定在血中酒精濃度高於 0.05% 的情況下駕車，約略相當於一小時內空腹喝下兩到三杯威士忌或兩到三罐 12 盎司裝啤酒，即構成刑事犯罪。瑞典在 1941 年跟進，選定以 0.08% 的濃度為標準，後來在 1957 年降為 0.05%。丹麥和芬蘭也非常仰仗血中酒精濃度檢測與嚴刑峻罰。

這些法律即我們所知的**自證法**（per se），意思是超出所述限制本身就構成犯罪，無論在押嫌犯身心狀況如何。這些壓低的法定血中酒精濃度，加上違犯者隨後受到相當嚴格的刑罰——往往是監禁——就成了赫赫有名的斯堪地那維亞式酒駕對策。雖然有人批評這是國家父權主義，但似乎有著實質的嚇阻效果。舉例來說，在 1935 年到 1959 年間的瑞典，酒駕定罪案件從 1,225 件增加到 8,190 件。同一期間，涉及酒精的機動車輛車禍比率降低了 40%。

「當一個男人參加可能提供酒精飲料的宴會，而如果他沒好命到有個開車不喝酒的太太，」本身也是酒駕研究者的挪威律師昂迭納斯（Johannes Andenæs）寫道：「他會把車留在家裡，或是飲用時以最小量為限。」其他人則搭計程車。在斯堪地那維亞國家，喝醉酒的人要求警方把他連人帶車送回家，顯然是可被接受。[29]

隆德大學法學學者克特勒（Hans Kettle）把這個模式歸源於

瑞典著名的烏普薩拉大學的法律哲學，亦即「刑事法可用於教育或創造道德」。此一策略之核心乃嚇阻之概念。以酒駕這個例子來說，那些先前因酒醉駕駛被逮捕過和其他可能這麼做的人，會因為有被嚴懲的可能性而「三思」。《紐約時報》一位記者在斯德哥爾摩北方一座外役監獄，與正在伐木的一名土木工程師、一名保險代理人和一名裝訂工人面會。這些人為了 0.15% 左右的血中酒精濃度，正在服一到三個月徒刑。[30]

這些嚴刑峻罰的動力有一部分來自於崇尚節制的文化，尤其是當節制能增進安全時。當美國跌跌撞撞地從禁酒轉向解禁，禁酒駕駛聯合會（Union of Temperance Drivers）創立於瑞典，旨在勸阻酒後駕駛，主要是靠公共教育。1934 年，該組織與挪威、芬蘭和丹麥的團體結盟，組成斯堪地那維亞無酒交通聯合會（Scandinavian Union for Non-Alcoholic Traffic）。這種開車前自願避免飲酒的概念令哈爾格印象深刻，他很惋惜美國沒有類似的組織（或哲學）存在。[31]

到了 1938 年，美國的情況是全國安全協會和美國醫學會旗下各委員會同心協力，研究機動車輛意外事故與酒醉程度檢測的問題。這些委員會包括對酒駕感興趣的醫師、科學家和行政官員，委員名單有所重疊。例如海瑟任職全安會的委員會，也是醫學會的委員會主席。到最後，醫學會的委員會提出一系列報告，也得到全安會委員會的贊同。

第一份醫學會報告發表日期為 1939 年 5 月，詳細列出容易導致意外的「身心瑕疵」，包括各種疾病、視覺缺陷、睡眠不足，甚至是「弱智」。但海瑟和同僚們相信，美國高速公路「大屠殺」的主要肇因是「酒精成癮」。委員會引用侯爾孔的資料、把血中酒精濃度與「不良效應」關連起來的其他研究及印第安那州新法律，建立一套架構以指導想要管控酒駕問題的警方和其他官員。儘管批評者覺得這些標準極其寬鬆、甚至會有反效果，因而不時表示反對，但委員會的判斷標準對長達數十年之久的美國酒駕政策影響至鉅。

簡言之，委員會定義了三種不同的情況：

一、低於 0.05%：不以酒精影響下駕駛為由起訴。

二、高於 0.15%：應以酒精影響為由起訴。

三、介於 0.05% 到 0.15% 之間：唯有當環境條件與生理檢測結果「確定證實此種影響」方才起訴。

換言之，委員會刻意在失能與未失能之間創造出「有彈性的寬鬆區域」，讓地方官員有很大的轉圜餘地，來決定是否要逮捕並起訴那些嫌犯。[32]

歷史研究的精隨，在於理解為何特定的歷史時刻會做出特定的決策。就像歷史學者費舍（David Hackett Fischer）所寫的，歷史是在研究「活生生的人們實際做出的一系列真實的抉擇」。[33] 從這種分析角度來看，醫學會和全安會的準則是一個很棒的個案研究對象：這套準則後來由全國交通法規統整委員會（National Committee on Uniform Traffic Laws and Ordinances）編纂整理，大部分內容最終獲得全國四十八個州（阿拉斯加和夏威夷兩州當時尚未加入聯邦）採用。

即便委員會主席海瑟做了許多突破性研究，舉證血中酒精濃度**低於** 0.05% 時的失能，也即便委員會引用侯爾孔的研究，顯示車禍風險在血中酒精濃度接近 0.15% 時升高許多，委員會仍然頒布了只能稱之為高度寬容失能駕駛的準則。

關於醫學會與全安會的委員會決策過程，當初審訂時所公布的相關資訊很少。由於眾所周知，人們對酒精的耐受度存在差異性，委員會成員偏好緩衝區的想法。即便已知某些個人在 0.02% 或 0.03% 就失能，還是選定 0.05% 為底值。委員會寫道，選擇 0.05% 以下不起訴，「以保護不喝酒或飲酒節制的駕駛。」[34] 這個讓**飲酒節制的駕駛**——「應酬飲酒」的同義詞——免於受罰的決定，將為那些想讓駕車與飲酒（表面看來有所節制）成為其社交生活一部分的非酒精成癮者，劃出一塊延續至今的例外區。

以 0.15% 上限來說，二十年後，當醫學會正在制定化學酒測法操作手冊時，有更多的資訊曝光。參與這項工作的海瑟把握機會，針對曾引發頗多爭議的 1938 年審訂，提供了更多的歷史內幕。由海瑟、特納（Ralph F. Turner）和穆勒柏格（Clarence W. Muehlberger）共同撰寫的操作手冊解釋，一開始所選定的上限是 0.11%，但因為這個濃度的豪飲酒客中「有一些人耐受度高」，改提 0.13%。結果，醫學會和全安會的委員會決定要訂得更高，0.15%，因為血中酒精濃度檢測有誤差值，也因為「可能在某處會發現某人比美國境內實驗者所看過的任何人都更有耐受性。」[35]

委員會成員完全了解，0.15%「高得非比尋常且極為保守」，海瑟及其同事如此寫道，但他們為了合理化自己的決定而拿來作文章的，不只是耐受性，還有個人自由。「美國生活方式的基石之一，」化學檢測操作手冊如此解釋：「在於以個人自由為要件，個人在多數人認可的法律限制範圍內有最大的自由為所樂為。」換一種方式來講，他們選擇尊重美國司法傳統，「此一傳統相信，放有罪之人自由，好過無辜之人被定罪。」[36]

海瑟和當初 1938 年醫學會與全安會聯合委員會的其他成員，以及國內關於酒駕傷亡的專家們，他們對自己所做的決定真正的想法為何，如今難以得知。畢竟他們知道，即使侯爾孔的初期資料不夠明確，但 0.15% 血中酒精濃度的 33 倍肇事機率，意味著 0.10% 到 0.15% 的那些人造成車禍的可能性高出了幾十倍，因而絕對沒有資格掌控方向盤。關於聯合委員會的心態，有一個線索來自他們自己的一篇後續報告，這篇 1942 年提出的報告陳述道：「駕車這份工作如此風險，即便在最佳情境下，也沒有任何駕駛人在法律或道德上有權刻意使其駕駛能力有任何程度的降低。」[37]

此一陳述顯然完全抵觸先前的決定，當時的決定等同寬縱輕微失能的駕駛行為，並為那些血液酒測顯示明顯酒醉者大開方便之門。委員會成員當然了解，由於定 0.15% 為上限，那些爛醉如泥的駕駛將免於受罰而繼續酒駕，而其中有很多人早就在駕駛座上造成過嚴重傷害。也就是說，委員會譴責這些人道德破產的同時，又把車鑰匙還給他們。後來，海瑟略有悔意地說 0.05% 到 0.15% 的區間是他的「私生子」。[38]

震驚全國的悲劇

歸根究柢，醫學會與全安會聯合委員會的決定是一組特殊歷史情境的產物。委員會成員對於廢除不久且頗受批評的禁酒令實驗知之甚詳，因而在逮捕起訴失能與酒醉駕駛人這一點上，實在是失之過寬了。正如專研酒精成癮的史丹佛大學神經科學家紐曼（Henry W. Newman）日後所解釋：「我們不想看到在此出現禁酒令的翻版，以及隨之而來的厭惡反感和禁酒所衍生的特許執照，而在某種程度上，此一做法至今依然盛行。」[39]

紐曼甚至一度主張，如果酒駕者還能把車開得比沒喝酒但技術很爛的人要好，那麼以酒駕定其罪並不恰當——按照這個標準，幾乎所有酒駕者都可以全身而退。[40] 還有，重要的是別忘了，這兩個主其事的組織，醫學會和全安會，骨子裡就是保守派。此外，一直到 1930 年代，全安會的成員都還包括造酒業代表。

雖然沒有書信往來的文件證明他們影響了醫學會與全安會聯合委員會的審議過程，但可以合理假設他們曾經反對比較嚴苛的酒駕標準，而正當酒類產品再次被認定為合法之際，這樣的標準原本有可能減少美國酒類的銷售量。的確，日後試圖降低法定血中酒精濃度並允許警察隨機攔檢駕駛人血中酒精濃度時，酒飲業將明確表示反對。

當然也可以辯稱，海瑟、他的委員會同僚、印第安納州州議員，以及頒布這些依血中酒精濃度為據之新法者，他們認為清醒測試會進一步確認血中酒精濃度中等者的酒醉程度，從而達到懲罰與嚇阻的效果。然而，實務上所發生的狀況恰恰相反。酒駕者及其不算稀客的律師們，抓住委員會用語上曖昧不明之處，主張應該給血中酒精濃度介於 0.05% 到 0.15% 之間的那些人自新的機會。1950 年於斯德哥爾摩舉辦的第一屆酒精與道路交通國際研討會上，哈爾格告訴與會者：「實務上，我國很少有人低於 0.15% 而被定罪。」[41]

如此一來，既然很可能認罪協商或當庭釋放，警方和檢察官對於起訴這類駕駛人就變得不太帶勁。加州高速公路巡警隊有一名警長甚至停止採檢血中酒精濃度，唯恐明顯喝過酒的人據以脫罪。[42] 因此，諷刺的是，設計來區別安全與不安全駕駛的客觀科學，實際上卻使得此一區隔更加模糊。一直到 1950 年代後期、1960 年代初期，州政府——最後是聯邦政府——所屬機關才真正開始修正已成常態之現狀，也就是對於每年害死數十萬美國人的問題格外的容忍。

這並不是說問題就沒了。批評者——主要是之前主張禁酒的人、某些媒體人和衛生官員——仍一本初衷，繼續痛罵酒駕。然而，這些人多半只是「和同道中人相濡以沫」，把他們關心的事說給其他早已被車禍慘狀嚇壞的人聽。駕駛失能導致某人死亡或傷殘並未提高公眾對酒駕的關注，地方報紙把車禍事件和司法審判的進展——如果有審判的話——壓下不報導。難就難在讓大眾持續關注這個議題，事實證明這是件幾乎不可能的事。

酒駕案例有時會引起全國關注。有一個這樣的例子，就是瑪格麗特．米契爾令人傷感的故事。這位亞特蘭大的迷人女士在 1949 年 8 月 11 日被一輛汽車撞上時，她那部 1936 年的小說《飄》已經銷售八百萬冊，並且拍成奧斯卡得獎電影。四十三歲的米契爾當時正穿越她最喜愛的、因她的書而舉世知名的桃樹街，和她身為廣告業務員的先生約翰．馬施（John R. Marsh）共同前往戲院。突然間，一輛汽車以 50 英哩時速開在限速 25 英哩的路段上，駕駛人是二十九歲的葛瑞維特，一名交了班的計程車司機，開著他的私家車撞上了米契爾，把她拖行了約有 15 英呎。

傷勢一看就知道沒救了。米契爾一動也不動。美聯社一張鮮明又令人揪心的照片登上全國各報版面，照片顯示在救護車抵達之前、眾人圍觀之下，失去意識的米契爾面朝下躺在街道中央。米契爾被送到亞特蘭大知名的葛雷迪紀念醫院，醫師初判她有腦震盪、腿傷，可能還有內傷。兩位美國南方腦科名醫會診，結論是她傷勢太嚴重，沒法動手術。儘管報紙報導她在 8 月 12 日情況略有好轉，但四天之後，這位名作家病情惡化，雖然緊急送進開刀房，但還是死在手術臺上，死因可能是腦出血。

米契爾的事故是大新聞，上了全國各報頭版。不光是因為米契爾受人喜愛，尤其是在美國南方，而且事後得知葛瑞維特從 1944 年以來已經有二十二次交通違規前科，包括七次超速和五次

「輕率駕駛」。而且，他還承認事故發生前喝了啤酒，雖然他後來堅稱那只是四小時前的一杯啤酒而已。逮捕他的警察後來表示，他們聞到葛瑞維特吐出來的氣有酒味，但顯然沒有檢測他的血中酒精濃度。地方官員先以超速、酒駕和逆向行駛起訴了葛瑞維特。

《亞特蘭大新聞報》、《亞特蘭大憲政報》及全國各報的社論和投書表達了震驚與失望，葛瑞維特先前只受到輕微的懲罰，因此才會繼續開車。1949 年 8 月 13 日的《亞特蘭大憲政報》列出葛瑞維特以往的交通違規清單。該報同一天的社論提出兩項質疑：為什麼他的駕照從未被吊銷，以及他怎麼就是能一次又一次獲准支付同樣的小額罰款？社論作者下了這樣的結語：「此人已經習慣性地陷他人生命於險境達四年之久。」

十天後，《亞特蘭大新聞報》公佈了同一份清單，附上一再釋放葛瑞維特而不吊銷其駕照的法官姓名。「這則美國街道的死亡故事有令人震驚的一面，」德州一位社論作者寫道：「那就是這名被告駕駛擁有因違反交通法規而被警方逮捕二十二次的紀錄。」[43] 儘管一直沒有釐清葛瑞維特眾多犯行是否都發生在他駕駛計程車之時，但還是有一些作者呼籲制裁「危險計程車駕駛」——或許有點諷刺，因為後來的反酒駕運動將會強烈要求酒吧和餐廳為喝醉酒的客人叫計程車。

公眾之中有些人還有滿腔的餘怒未消。有趣的是，儘管有些社論作者斥責葛瑞維特，但大多數的批評都是針對警方與法官的過度寬容與一般大眾的冷漠。「亞特蘭大根本就犯下另一樁謀殺。」《亞特蘭大新聞報》一篇典型的投書這麼寫著。「瑪格麗特．米契爾之死，」《紐約太陽報》專欄作家布恩（Dave Boone）寫道：「違警案檢察官、法官和汽車法規執行官僚出的力，和輾過她的那輛汽車駕駛本人一樣多。」[44] 直接寄給馬施的信件也有類似的論點。「亞特蘭大必定正因義憤而騷動，」南加州一名律師寫道：「憤慨於如此珍貴的生命就這麼毫無價值地逝去。」

1949 年 9 月 19 日那一期的《生活雜誌》刊登了一張照片，上頭是葛瑞維特和兩名裂嘴而笑的警察，這張照片引爆了怒火。「我想知道，」紐約一位女士問：「有二十二次交通違規紀錄，又是造成最偉大作家之一身亡的元兇，這有什麼好笑的？」《生活雜誌》另一封投書把這幅影像稱之為「我所見過最卑劣可鄙的照片」。[45]

葛瑞維特可能喝過酒這一點特別激起眾怒。「我們得採取有效的行動，」《亞特蘭大新聞報》社論敦促「對抗數不清的酒駕者在醉茫茫的狀態下對我們所有人的威脅。」《亞特蘭大新聞報》專欄作家哈里斯（Pierce Harris）拿「我只喝了幾杯啤酒而已」這句常用藉口來嘲諷，並寫下「報導被酒駕者害死的人所需之篇幅與日俱增。」哈里斯也預言，反酒駕運動者會抨擊那些稱頌「啤酒優點」的酒類廣告，尤其是針對年輕族群的廣告。根據哈里斯的說法，打廣告的結果是「令更多市民死於轉動的車輪之下」。《亞特蘭大新聞報》一位敏銳的讀者責備報社編輯，同一份報紙上既刊登反酒駕社論，又放上酒類廣告。「從這些廣告得到的營收，」作者質問：「足夠彌補因你廣告之物以致傷亡的生命嗎？」[46]

駕駛座上的殺手

米契爾案可能是第一樁有機會動員整個國家對此議題採取行動的酒駕致死案件。喬治亞大學的瑪格麗特．米契爾文件檔包括各報社論，如《斯波坎評論報》（華盛頓州）、《聖查爾斯寰宇監督報》（密蘇里州）和《松崖商業報》（阿肯色州），社論標題如〈汽車謀殺必須終止〉、〈瑪格麗特．米契爾被殺〉和〈醉在駕駛座上〉。全國安全協會主席迪爾波恩（Ned H. Dearborn）看出有機會敦促公眾關注酒駕，一如他們關注傷寒這類流行病。「該是我們隔離交通殺手的時候了，就像我們隔離病媒一樣。」他這麼對美聯社說。[47]

在喬治亞州當地，有些人接近馬施，想要利用他妻子的名氣來促成管控酒駕及其他輕率駕駛的措施。喬治亞州福賽斯郡一位男童軍團長的憤怒不只是因為米契爾之死，也因為當地兩名男孩死於酒駕者輪下，他提議「為米契爾默哀一分鐘」，美國人在 1950 年 8 月 16 日正午停下手邊的事，紀念米契爾逝世一周年。馬施同意設立瑪格麗特．米契爾安全基金會，這個設置於喬治亞州的組織致力於針對中學生與大學生的教育計劃，以期減少交通事故傷亡。[48]

米契爾之死也促使報社製作了可能是首次針對酒駕問題的調查報導。1949 年 12 月，《洛杉磯時報》記者德瑞吉（Bill Dredge）撰寫了五篇系列報導。這項調查當然是在洛杉磯和加州進行。從大蕭條時代前來找工作的工人開始，一直到二戰時期，加州人口大幅增加。1920 年，大約有 350 萬人居住在該州；到了 1950 年，這個數字翻為三倍，達到 1,050 萬以上。汽車的數量也相應增加。洛杉磯郡在 1950 年有超過 400 萬人定居於此，缺乏全面的公共運輸系統，這意味著城市與郊區街道——以及後來一條又一條的高速公路——被開車的人和徒步行人給塞爆了。

1949 年 12 月 5 日的《洛杉磯時報》頭版頭條大張旗鼓地寫著：〈酒駕傷亡人數創歷史新高〉。德瑞吉接著說明，洛杉磯警方估計 1949 年將以酒駕罪名逮捕 4,500 人，幾乎是 1939 年的兩倍。但這個數字還只是該市酒駕人數的一部分而已，所代表的「通常是那些醉到控制不了自己的車子、造成車禍、阻礙交通，或是因其他狀況引起眾人注意到他們已經茫到不行了。」不只如此，根據德瑞吉的報導，那些被捕的人上法庭後，受到的通常是「高高舉起、輕輕放下」的易科罰金、緩刑判決，而且一般來說只會短期吊扣駕照。[49]

即使法律明定酒駕為重罪，這樣的寬縱處分還是一再發生。根據德瑞吉的報導，問題在於法令很少被充分運用。《洛杉磯時報》所進行的一項調查發現，地方檢察官只就原先以重罪起訴的 176 件酒駕案當中的 34 件進行追查，而且只有 9 件判決有罪。剩下的 25 件案子，就和那 142 件不做重罪處分的一樣，或者起訴遭駁回，或者改以不痛不癢的輕罪處分，儘管這樣的處分並未反映出實際發生的狀況。這些處分包括輕率駕駛、違規停車、車胎磨損或違反該市的酗酒管理條例，只處以 10 到 20 美元的罰金。

結果，被控酒醉駕駛罪的人只有不到 6% 真的去坐牢。而且，即使檢察官以酒醉駕駛定罪成功，被判有罪的一方還是有可能保有自由之身。舉例來說，要讓三度被判酒醉駕駛的人真的在牢裡待上一天，機會只有 50%。

根據德瑞吉的報導，問題之一在於重罪法的嚴謹特性，要求檢察官必須證明被告有喝醉酒、有開車，同時必須是駕車違規累犯，而且造成另一人重傷。另一方面，早先在 1949 年，加州州議會其實已經限縮了既有的輕罪法，推翻之前酒駕定罪者強制吊扣駕照的規定。根據報紙報導，這種執法無力的結果，就是「兩倍、三倍、四倍、多達十倍的酒駕犯得以藐視法律，開車上南加州高速公路網，致人死殘，破壞並嘲笑法律。」[50]

太誇大了嗎？或許，但德瑞吉給他的報導補上一則鮮明、駭人的個案研究，那是關於一名被報紙毫不隱晦稱之為「死神約翰」的男子。文中描述此人「是個木工，有妻小」，儘管在 1938

年已經害死了兩個人，十年間仍一再酒駕。因殺人罪服刑兩年、1940 年獲釋出獄後，又因酒駕被捕至少七次，包括肇事逃逸、拒捕、無照駕駛。在這些案子中，死神約翰有幾次只付了罰金便獲釋。根據資料，在五篇系列報導時，他出了獄，而且可以自由駕車。原因是「粗心大意的法官、未經思考的檢察官、不精確的建檔系統，以及……朋友們所施加的壓力。」[51]

德瑞吉給他的報導做總結時，提出由這個領域的專家所做的一系列建議：強制吊扣駕照，包括針對累犯永久吊銷；加強運用血中酒精檢測設備如哈爾格的酒醉測定器，以及對此類檢測的法律支持；判處酒駕重罪定讞者入監服刑。此外，接受德瑞吉採訪的專家們呼籲強化「公眾壓力」，協助達成這些更加緊縮的限制。

社會大眾真的有了回應——至少回應了德瑞吉的系列報導。一般市民看到報導內容都嚇壞了，就像他們讀胡克、葛瑞維特及其他登上地方及全國報紙頭版的酒駕案新聞一樣。「您所著手之酒駕者事態，可謂長年來最值得投入的題材。」巴婁・菲雷德斯莊園的一位男士如此寫道。加州蘭卡斯特市一名投書作者認同「死神大步前進」的說法，因為不適當的法令迫使法官做出「低調」的判決。洛杉磯一名男士寫道：「但願，我們冷淡的市民們會大受震撼，因而或可採取必要的作為以消除、至少是削弱這明目張膽的惡行。」他回顧禁酒運動的年代，做出了結論：「大麥約翰＊是我們的頭號公敵。」[52]

德瑞吉的系列報導刊載四年後，巴爾的摩精神科醫師賽

＊ 譯註：John Barleycorn，英國民謠中的虛構人物，是釀酒用麥芽或啤酒、威士忌等酒類的擬人化象徵。

利格（Robert V. Seliger）與俄亥俄州犯罪學家休普（Lloyd M. Shupe）出版一本給「青年及其父母」的小冊子，書名叫作《酒控方向盤》。作者運用取自警方檔案的圖像照片，講述「駕駛座殺手」的故事，酒駕者的汽車「致命猶如上了膛的槍」。在一宗典型的案例中，酒駕者在駕駛座上睡著，跨越車道撞進迎面而來的車流。撞車的結果是害死他自己，還造成另一輛車上的兩個人重傷。駕駛的血中酒精濃度是 0.155%。「我們驚駭於韓戰的傷亡，」賽利格和休普寫道：「對於自家高速公路和街道上慘重得多的傷亡，卻似乎聳聳肩膀就算了。」[53]

首度在廣播和電視上播放的酒駕宣導廣告也是從這個時期開始。最常見的是「喝過頭」這則廣告，講的是湯姆的故事。他在酒吧裡喝得比原先打算的要多，離開酒吧後開車載朋友吉姆回家。接著就撞車了，湯姆失去他的一條腿。同時，吉姆人在手術房，命懸一線。當湯姆得知此事，他凝重而不停地說著：「如果吉姆死了，那是我的錯。如果吉姆死了，是我殺了他。」

幸好，吉姆活了下來，而湯姆極為自責，後悔自己這趟「烈酒高速公路」之旅，並發誓絕不再犯同樣的錯。這段廣告的結尾出現了電視節目《妙爸爸》（*Father Knows Best*）演員羅伯特・楊恩（Robert Young），此人在他事業生涯後期承認自己是酒精成癮者。楊恩解釋，最先受酒精影響的是判斷力和分辨對錯的能力。「同樣那些飲料，既引出你個性中最好的一面，」他警告：「卻也會放大你最惡劣的駕駛習性。」

但，世事皆如此，義憤只是歷史上的曇花一現。楊恩就像賽利格和休普、就像德瑞吉，他說的話大半淪為馬耳東風。不過，到了 1950 年代後期，將首度出現把酒駕問題定性為公衛緊急狀況的呼聲。

CHAPTER

2

科學與政府加入戰局

聽起來或許有點粗魯，不過，說 1950 年代和 1960 年代初期是「酒駕黃金年代」，並不為過。有個人可能會大表贊同，那就是紐約洋基的明星賽中外野手曼托（Mickey Mantle），他不只是個酒鬼，而且認為狂歡後開車回家沒什麼大不了。就像大多數的酒駕者，他運氣一直都不錯，但在 1963 年，喝醉酒的曼托以每小時超過六十英哩撞上一根電線桿，他的妻子瑪莉蓮飛出車外，幸好只需要縫幾針。由於警察有意放水，曼托只付了 400 美元修理電線桿，並沒有被告酒醉駕駛，且這件沒留下書面紀錄。[1]

在這段期間，即使有很多美國人親眼目擊酒醉駕駛所造成的慘劇，其他人則透過媒體聽過這類故事，但因文化、政治和經濟因素都直接或間接地鼓勵酒駕，根本就一面倒地壓制了辨識、逮捕、定罪和懲罰犯人的努力。這些因素包括戰後的繁榮、社區的發展、新的州際高速公路系統、對酒類販售限制的鬆綁，以及酒飲業（尤其是啤酒）聰明的行銷手法。以曼托的案子來說，名氣也幫了一把。

一直到 1960 年代，當時一個有工作狂的政府官僚名叫哈登（William Haddon Jr.），想要把酒駕重新概念化為公共衛生問題，從此才開始有了改變。哈登最先指派給自己的任務之一，就是要人們停止使用**意外**一詞來描述某人喝了酒又決定要開車、然後撞車所導致的事件。

回顧米契爾的故事，可以顯示出戰後管控酒駕所遭遇的某些障礙。葛瑞維特最後進了監牢。地方檢察官一開始要求以謀殺罪起訴，卻被大陪審團（grand jury）駁回，改以非蓄意殺人罪起訴，因為陪審團認定葛瑞維特的行為「嚴格來說並非故意」。1949 年 11 月，陪審團以此罪名將他定罪，刑罰為 12 到 18 個月徒刑，而且有可能假釋。

葛瑞維特最終因為致米契爾於死而服刑10個月又20天。這不光是個寬縱的判決，而且法官讓葛瑞維特在入監之前先回家幾天，把自己的事情打點好，甚至也懶得多費工夫先吊銷他的駕照。想當然爾，期間葛瑞維特開著他自己的車又捲入另一樁車禍，這次撞上了貨車。諷刺的是，他因傷被送進了葛雷迪紀念醫院，之前為他所害的人就在此地捱過她最後的日子。[2]

儘管葛瑞維特一再犯下惡行，他所得到的同情程度卻也引人側目。問題的關鍵之一在於受害者不是酒駕者本人——酒駕相關的死亡事故常是如此。因此，米契爾死了，但葛瑞維特活得可好著呢！例如，1949年11月19日的《亞特蘭大新聞報》社論寫道：「對於葛瑞維特此人，我們寄予至高之同情。他當然不是故意要害死任何人，而終其一生將籠罩在悲劇陰影下。」[3] 葛瑞維特的律師宣揚此種角色定位，聲稱警方犧牲他的當事人、造假說他事發當時一定已經喝醉。葛瑞維特堅持自己的說法，說他只有在撞上米契爾的四小時前喝了一杯啤酒而已。[4]

葛瑞維特自己該做的部分都做了。當米契爾陷入昏迷時，他對報社說，自己一直祈禱她能康復，願意「付出一切代價」，換得當初在他車前的是自己，而非米契爾。葛瑞維特的岳母有句話被引用：「我們是基督徒，每一分鐘都在為她祈禱。」然而，最引人注目的是，葛瑞維特保釋之後，真的和他太太在1949年8月15日現身葛雷迪紀念醫院。他們帶著紅玫瑰和一張署名卡片，上面寫著「休・葛瑞維特夫婦順道來訪」。[5]

儘管米契爾家人明白拒絕，但葛瑞維特的作態清楚表明了當時的社會大眾如何看待酒駕車禍。葛瑞維特非但沒有因愧疚而躲起來避風頭，反倒把這件事當成運氣不好和意外。他或許會說，米契爾是錯誤的時間出現在錯誤的地點。這種宿命論的口吻無疑是受世紀中葉美國普遍的基督教信仰所薰陶，顯現於約翰．馬施所收到的信件之中。「唉，我們所有人都得在某個時候、以某種方式離去，」一位亞特蘭大婦女寫道：「我們不了解她為何得走她當時所走的那條路，但上帝知道，而且為每一件事做了最好的安排。」喬治亞州比優納維斯塔的一位婦女贊同，還提到「死亡該來就會來」，「無須悲歎落淚或思忖上帝之道。」[6]

馬施本人很少公開談及當時發生什麼事，但他說的內容似乎相當溫和。如果因為他妻子的死而通過更嚴格的法規，馬施對一家報社說：「我一點都不覺得太快。」更令人感興趣的，是 1949 年 8 月 22 日《亞特蘭大新聞報》由丹妮兒（Edna Cain Daniel）所撰寫的專欄中引用馬施的一句話。他說：「這是一樁沒必要發生的意外。」專欄作家丹妮兒的確有一套，她向讀者指出，馬施欲言又止的陳述正顯示出他自己「弄不清楚」當時發生了什麼事。雖然人們常將此種事件歸因於「不可逆料的命運」，她寫道，然而錯不在於此，而在於「諸般愚蠢之事，視而不見、粗疏玩忽，我們集體生活方式之暴力、麻木、無意義。」[7]

把車禍看成上帝所為，雖然對於理解一般人的車禍概念很重要，但絕非人們容忍車禍的唯一理由。無論是在亞特蘭大或其他地方，無論你是警察、檢察官或法官，裝作沒看見就是比較簡單。葛瑞維特之前被逮捕二十二次，而且刑罰輕微、甚或無刑罰，都證明了這一點，法官莫名其妙允許葛瑞維特在等待入監服刑期間繼續駕車，也是同樣的狀況。而一般大眾似乎多半不放在心上。《亞特蘭大新聞報》寫道：「我們得承認，輿論壓力，一般都傾向寬大仁慈。」《亞特蘭大憲政報》亦表贊同，提到那些比較不傾向執行亞特蘭大交通法令的法官，明顯得到民眾的選票支持。[8]

在葛瑞維特害死亞特蘭大——甚至是美國南方——最受喜愛的市民之後，民眾卻不怨恨他，這毋寧更加令人驚訝。真要說的話，對葛瑞維特的同情甚至與日俱增。

希柏莉（Celestine Sibley）是知名的《亞特蘭大憲政報》專欄作家，她在 1989 年撰文論及葛瑞維特的案子。她寫道，在 1949 年很少有人相信該車禍不是葛瑞維特的過錯，而她是少數相信的其中之一。希柏莉相信，米契爾看到汽車高速逼近，一不小心撞進車道，而站著不動的馬施活了下來。她在 1989 年的專欄寫道，即使時間過了這麼久，「寫本書還那位計程車司機清白，也滿好的。」希柏莉後來還評論道，她的朋友米契爾也不會希望葛瑞維特去坐牢。1991 年，另一位亞特蘭大記者波曼藍茨（Gary Pomerantz）找到悔恨自責的七十一歲葛瑞維特，寫下另一篇表示同情的文章。[9]

令人頗為驚訝的是，時移日往，米契爾成了有罪的一方。葛瑞維特這名高速衝進擁擠人潮、開上逆向車道且很可能喝醉酒的累犯駕駛，成了受害者。難怪，要將輕率駕駛者視為罪有應得是如此困難——不論在 1949 年、甚或 1989 年都一樣。[10]

過於寬容的罰則

亞特蘭大對於逮捕、起訴酒駕者是又愛又恨，關於這一點，國內各地並無差異。首先，潛在的難題龐大。不管是什麼時候，道路上的駕駛人有很高的比例是剛喝過酒的，以周末晚上來說，估計是 10% 到 20%。把這些駕駛人全抓起來的打算，很難被人力、經費兩缺的地方警察部門列入考量。即使警方變得比較積極主動，地方法院也處理不了大量湧入的嫌犯。准許這些人以較輕的罪名認罪，不僅簡單得多，也更加有利可圖。因為這些輕罪判刑往往附帶有繳給地方政府的罰金。相較之下，把酒駕者關在監牢裡或繼續審判是要花錢的。

根據德瑞吉1949年的酒駕系列報導，洛杉磯明顯偏好罰款。1949年12月7日的文章講述的是另一個累犯喬（化名）的故事，他曾在1944年以時速60英哩開車搖搖晃晃穿過整條皮寇大街，也曾在1949年6月被另一個駕駛人故意把他的車卡在路緣石上，以防他酒醉駕車，五年間至少六次被捕。1948年，他載著妹妹和她十六歲的兒子，在擁擠車陣中飛車追逐。他被攔下時「坦承自己喝了酒、之前曾因相同罪行多次被捕，而且沒有駕照。」這些案件，除了有一回判拘役五天之外，喬全都是繳完10到300美元不等的罰款便獲釋。[11]

不同的駕駛有不同的對付方法。好酒貪杯的，警方通常都認得，可能把他們載回家，叫他們去睡到酒醒。有時，警方乾脆把駕駛人的車鑰匙扔進旁邊的下水道，確保他沒辦法開車回家，但也不會多做處理。應酬飲酒的人因為急轉彎而被攔下時，或許加以警告，叫他們「小心點」，然後就讓他們自己開車回家了。

對於這種寬容的做法，警方給了一個理由是：反正他們逮捕的那些人最後還是被法官放了。酒駕者總是有太多的藉口。例如，那些平衡測試表現差的人抗辯的理由有工作過勞、痠麻或藥的副作用。「這可是少見的例外，」芝加哥一位交通案件法官嘲諷道：「被告既未因藥物而麻痺，也沒有過勞、生病或跛腳。」另一個最受歡迎的藉口是：「可是法官大人，我只喝兩杯啤酒而已啊。」[12]

其他被告駕駛則提出情有可原的處境，辯稱他們不該被吊銷駕照或入監服刑，因為他們需要靠開車來謀生，所以，任何實質的處罰將使他們的妻小頓失所依。辯護律師與品格證人宣誓作證被告的酒精耐受度高、對社會貢獻良多或所謂無可挑剔的駕駛紀錄，並在執行逮捕的警察證詞中找漏洞。

這些策略至少在芝加哥似乎奏效，惹得《芝加哥論壇報》批評地方法官「對酒鬼有情有義」。根據一名紐約警佐的報告，他大概為兩百件案子做證過，但這些酒駕者只有一個被送進監獄。他還說，陪審團也沒有比較好，他們喜歡給酒駕者「再一次機會」，有部分原因是他們偶爾也酒後駕駛。這些無罪釋放的情形與統計調查數據吻合，顯示出美國人雖然一面倒地認為酒駕不對，但過半數對於自願接受血中酒精濃度檢測與強制吊扣駕照仍有所保留。[13]

能夠取得血中酒精濃度升高的證據，可能有助於起訴，但離操作簡便還遠得很。首先，當時國內大多數地區不易取得檢測設備。此外，酒醉測定器是相當大的機器，裝在一個小提箱大小的盒子裡。雖然理論上可以隨身攜帶，但往往還是回警察局才進行檢測，那時駕駛人的血中酒精濃度已經下降。最後一點，律師很快就知道他們可以質疑血中酒精濃度檢測結果的科學基礎，辯稱是某些疾病和藥物導致錯誤的讀數、警察進行檢測的方式不正確，或主觀的清醒測試比數字更準確。

的確，在第一樁試用哈爾格機器的案件中，哈爾格以檢方的專家證人身分出庭，辯護律師堅持要他自己當場在法庭上親身接受檢測，並對檢測結果提出質疑。另一項機靈的策略是要求警察解釋酒醉測定器背後的科學原理，而這種事很少能做到令人滿意。套用一位評論者的話，這些各式各樣的辯護策略在全國各地「好評如潮」；檢方一找出方法擊退這些策略，馬上就有人提出新的。教人如何反擊酒駕指控的書是幾十年後的事，但當時早就有這些策略。[14]

有時，貪污腐敗十分嚴重。根據莫尼漢這位日後在 1950 年代投入宣導反酒駕的未來美國參議員說法，在芝加哥，駕駛把一張 5 美元鈔票擱在駕照和登錄證旁以應付警察逮捕，這招已經行之有年。這種人頂多被控以「危險駕駛」，否則便以付過「罰金」、直接放他們繼續上路。打電話給地方檢察官和法官，有時也有助於做出輕罪判刑或「無罪」裁決。[15]

酒駕管控之難，透露出其為警察與法律事務甚於公衛議題之特徵。這並不是說這兩個領域互不相容。例如，十八與十九世紀的「醫療警察」運用法律手段來強化公衛措施，像是公廁管理規定或感染者隔離。但大眾並未達成酒駕乃威脅美國人生命之迫切性公衛事務這樣的共識。司法體系——至少是在此體系內做事的某些人——能做的，都已經做了。

這種允許危險駕駛上路的寬容態度，與美國社會對於傳統公衛問題的處理方式有顯著差別。例如，同樣是二次世界大戰後的這個時期，發現能成功治療結核病的抗微生物劑，促使衛生官員著手積極推動控制此病的最後溫床——貧民區酒精成癮者。由於民眾或者支持、或者漠不關心，這些官員濫用隔離的權力，來達到他們迫切想要的療效。結果，不具傳染性、對公眾幾無威脅的人被強制拘留數月、甚至是數年。[16] 此外，衛生官員得以繼續放手拘留有傳播其他流行病，如小兒痲痺和傷寒之虞的可疑之人。在此同時，傷害風險往往更為嚴重的酒駕者獲准酒後駕駛，代價卻極其微小。

另一項較不顯眼卻不受司法與公衛手段所限的因素，助長了對於酒駕的容忍，那就是郊區化與汽車文化的增長。二次世界大戰後，美國經歷了人口大轉移。當士兵們從戰場返鄉，藉由軍人復員法案（GI Bill）進入大學、找工作和建立家庭，他們越來越多人選擇住在郊區，而非市區。這包括各項開發計劃案，像是紐約長島的雷維鎮（Levittown），或是從底特律、克里夫蘭和芝加哥這些城市向四面八方擴張的鄉村或城鎮。在提供火車或巴士服務的地區，有些通勤者搭乘火車或巴士上下班，但也有很多人寧願開車。

戰後經濟的蓬勃發展，使得有能力購車的美國人以空前的速率增加，助長這種選擇開車的傾向。從 1950 到 1970 年，全國道路上的汽車數量增加將近 250%，從四千萬出頭增加到只比九千萬略少一些。健全的經濟也鼓勵嬰兒潮世代的年輕家庭更常開車度假旅行。同樣是在 1950 年代，艾森豪政府大幅擴張始於一戰後、二戰前的高速公路建設計劃，促成全國州際公路系統大規模增長。企業家們嗅到新商機，沿著這些幹道開設了汽車旅館、速食餐廳和加油站。郊區家庭坐上他們的車就能光顧購物中心、免下車餐廳和汽車電影院，這些設施在 1950 和 1960 年代大受歡迎。

汽車提供便利的方式，讓人們輕輕鬆鬆就能前往這麼多不同的地點，因而成為戰後時期的代表物。汽車代表著一條道路，走出以「舊日原鄉羈絆」為特色的前一世代。不再被迫一輩子耗在擁擠的城市街坊裡或農場上，有車的人就有個人的行動力，「擴大人生的機會與界限」。[17] 莫尼漢稱汽車為「潛能與力量的核心象徵，相當於早年的劍、馬或矛。」

早在 1934 年，有個加州人寫道：「我說呢，今天的男男女女對駕車自由的熱愛，幾乎超過他們對現代生活中其他一切的熱愛。」戰後小說如凱魯亞克（Jack Kerouac）的《在路上》（*On the Road*）和鄂普代克（John Updike）的《兔子》系列小說，將此概念往前又推進了一步，把駕車能力與人生意義的追尋畫上了等號。[18] 駕車在二十世紀初被視為特權，此時正逐漸變得更像是一種權利。

通用汽車、福特、克萊斯勒，以及其他規模較小的汽車製造商，利用這種種的文化轉型，設計更閃亮、更大且更快的車子，在報章雜誌放上誘人的廣告。歷史學者佛斯特（Mark S. Foster）在《輪上之國》（*A Nation on Wheels*）中寫道，汽車以炫目耀眼的色彩乍現，而「引擎變得更大、更快且更加強而有力」。「美國人想要好車、好看的車、快車、有力有型的車，我們所打造的就是這種車，」亨利・福特二世在他擔任福特汽車公司董事長期間如此表示。

如果配備俗艷尾鰭的凱迪拉克是郊區有錢人的選擇，年輕人則把他們的車改裝成競速賽車，在得到許可的賽車道與未經許可的高速公路上競速。這個時期最著名的電影之一，1955 年經典的《養子不教誰之過》（*Rebel without a Cause*），講的是一場不要命的競速賽車，賽車手開著車衝向懸崖，最後跳車的人贏。莫尼漢認為，汽車是「在一個吹捧冒險但管道不多的社會中，進行冒險的首選」。[19]

啤酒的銷售榮景

酒並非這種汽車迷戀的必要元素，但很多駕駛人都有喝。畢竟，當他們駛出新的高速公路、走次要道路前往城市、小鎮和度假區，慢慢就會找到一些賣酒的酒吧和酒類商店（當時是瓶裝外帶不內用的店）。另一方面，造酒業在禁酒令剛廢除時壓低姿態，且一直在電視和電臺廣告上自我克制，此時在平面廣告上變得比較大膽，到了 1950 年代中期，花在廣告上的錢每年超過一億一千萬美元。這些廣告往往把飲酒與美好生活、男子氣概畫上等號。

許多消費者對這些廣告主題非常當真，像是母親希望滴酒不沾的兒子喝酒，從而成為「男子漢大丈夫，而不是一個娘娘腔。」對酒的敬意日增的另一個指標，是 1946 到 1958 年間多次嘗試在州和聯邦立法禁止酒類廣告，皆以失敗告終。1958 年，全國流通量第二大的雜誌《周末夜郵報》，宣布它長期以來不接受酒類廣告的方針改弦更張。《周末夜郵報》的決定完全是出於帳上盈虧的考量：據估計，雜誌與新客戶合作每年至少可賺七百萬美元。

這一點都不意外。蒸餾酒研究中心、有照酒飲群業公司（Licensed Beverage Industries, Inc., LBI，成立於 1946 年的挺酒公關組織）及其他造酒業者，積極捐款給同情他們的政治人物，並協助全國酒精成癮防治協會（National Council on Alcoholism）這類志工組織製作說帖和擬訂政策。這些文件一貫將酒駕問題描述為肇因於酒精成癮，而非酒精。[20]

烈酒銷售在戰後時期一直在增加，但真正經歷榮景的產品是啤酒。真正推動販售更多啤酒，是從 1930 年代後期開始，當時美國啤酒協會（United States Brewers' Association）設立啤酒產業聯合基金（United Brewers Industrial Foundation），並且延聘公關奇才柏內（Edward L. Bernays）來促銷產品。柏內聘請學者來撰寫書名如《美國家中啤酒》和《送上啤酒就是讚》之類的宣傳小冊。這些出版品所提出的種種說法中，有一種主張是：啤酒與其說是令人酒醉的飲料，不如說是一種「液體食物」。「啤酒」這則條目是這麼寫的：「融合了茶與咖啡的優點，加上牛奶的益處，前兩者有興奮劑之效，後者僅僅是一種食物。」[21]

這些作者在啤酒業的指導下，還把啤酒描寫成相較於烈酒的「安全」飲料，因其酒精含量低。大約要喝下 12 盎司的啤酒（或

5 盎司的葡萄酒），才等於一杯 1.5 盎司威士忌的酒精含量。啤酒業者抬著啤酒受到肯定的安全性當聖旨，更加進取且大膽地進行宣傳，不只在平面出版品上，也在空中電波裡。此外，到了 1950 年代，電視名人包括談話秀主持人史蒂夫・艾倫（Steve Allen），經常事先安排好在節目中津津有味地喝著啤酒。「那嘴皮真是咂咂有聲！」一位電視評論家尖酸地評論道：「如此熱情有勁！」[22]

不只如此，啤酒還成了十幾歲、二十幾歲和三十幾歲美國年輕男性的主流飲品，恰恰是酒精相關死亡率最高的幾個年齡層。同樣的，我們很難找到這個時期有哪個廣告明確提倡開車喝啤酒，但非常確定的是，這些廣告把酒飲和社會成功、幸福、消費商品如汽車之類畫上等號。啤酒業所使用的廣告用語如「啤酒一兩瓶，給你好心情」和「喝啤酒是優美生活的一部分」。

紐約雪佛啤酒有一首廣播、電視廣告歌很有名，直言鼓勵一次喝個幾瓶：「當你要喝不只一瓶，雪佛是唯一該喝的啤酒。」也許，這就難怪賽利格和休普 1953 年的反酒駕小冊會另闢一章，專講「關於啤酒的真相」。他們警告，啤酒「含有一種麻醉劑」，「能夠且確實會令人酒醉」，而且「會令汽車駕駛成為殺人犯」[23]。這些警告一如以往，並未受到重視。

這一邊呼籲更進一步控制酒駕，另一邊則努力要放寬這些規定，兩邊的緊張關係因非自願血中酒精濃度檢測的議題而浮上檯面。有些想給法律安上利牙的司法管轄區開始要求醫師，從喝得太醉或受傷太重而無法表達同意與否的人身上抽血，驗血中酒精濃度。但就如亞利桑那州圖森市警察局長加麥爾報告所言，陪審員非但不體察這種政策對公眾的利益，還「扯後腿」，投票決定無罪開釋明顯酒醉的駕駛人，因為他們認定警察越權。[24] 就連美國醫學會都反對這種做法，擔憂這會讓醫師很容易惹上企圖傷害與毆擊等罪名的官司。

這個議題的爭議性如此之大，使得1957年新墨西哥州的布萊郝普特控告亞柏蘭案一直打到了聯邦最高法院。布萊郝普特涉及一場造成三人死亡的車禍，躺在急診室裡昏迷不醒。應一名懷疑布萊郝普特醉酒導致車禍的高速公路巡警要求，醫師抽血驗了血中酒精濃度，得出0.17%，使得該駕駛依法成了酒駕。布萊郝普特被判處蓄意殺人罪，但他的律師一路上訴到最高法院，主張對失去意識的人採血是剝奪他的正當法律程序。

上級法院以6票對3票維持下級法院判決。乍看之下，這項裁決似乎是對剛開始萌芽的反酒駕運動一次高調背書。「我們的高速公路上與日俱增、大多應可避免的殺戮，」克拉克（Tom C. Clark）法官在多數意見書如此評論：「如今達到唯有戰場上方曾聽聞的驚人之數。」但這項被警界人士稱為「法律解釋大轉彎」的公衛觀點，再次被比較傳統的酒駕觀點轉圜為刑法議題。[6]

這在兩份不同意見書中就看得出來，兩者都引用司法判例以主張對布萊郝普特採血違反申訴人的正當法律程序。當然，華倫法庭*日後將以保護遭逮捕或有犯罪嫌疑者的權利而名留青史，但對於日後將在1990年代風起雲湧的反酒駕運動而言，這些不同意見也預兆著更具殺傷力的自由意志論的反撲。道格拉斯（William O. Douglas）法官獲布萊克（Hugo L. Black）法官共同具名，呼籲採取禁止血中酒精濃度檢測的「自由意志論路線」，認為布萊郝普特的身體已遭「理當保護市民的警方侵犯並傷害」。他還表示，當年制訂憲法者「置某些權利於警力所及範圍之外」。[25]

---

* 譯註：Warren Court，指1953到1969年期間由Earl Warren擔任首席大法官的聯邦最高法院。

最高法院裁決 1966 年史默伯控告加州政府案時，將分裂更甚。在這個案例中，五位大法官的多數意見書支持未經同意便採取血液酒精樣本為合憲，再次強調保護公眾健康的重要性。四位大法官，道格拉斯、布萊克、佛塔思（Abe Fortas）和首席大法官華倫，表示了不同意見，主要是基於非自願血液收集違反憲法第五條修正案的不自證己罪。或許有人會主張，把這種自由意志論觀點應用於被告血中酒精濃度高的案例，簡直就是在宣稱酒駕乃憲法賦予那些爛醉酒客的權利。[26] 難怪提倡改善高速公路安全的公衛官員憂心，這種種的努力會不斷遭受法律層面的質疑。

關於是否該對酒駕者窮追不捨的爭議一直不斷，投入反酒駕運動的一些組織悄悄地開始琢磨比較不具約束性的說詞。具體來說，有照酒飲群業公司、全國安全協會和其他團體已經做出結論：推廣「喝酒不開車」的口號，「大體來說是白費力氣、沒有效果。」在有照酒飲群業公司總裁唐納文（Thomas J. Donovan）看來，這類說詞是一種應該「謹慎避免」的「威嚇手法」。[27] 有照酒飲群業公司接下來逐漸改用比較模稜兩可的「量力而飲」（Know your limits），這暗示著開車前喝點酒是可接受的行為。然而，這句口號將使該團體在 1970 年陷入困境。

除了提出新說詞之外，有照酒飲群業公司也藉由資助研究來影響酒駕論爭。譬如在 1940 年代，該公司提供數筆補助，供全國安全協會研究酒醉測定器及其他在車禍後評估酒醉程度的方法。儘管造酒業的資助在當時鮮少引人側目，但這類財務酬賞對於全安會在血中酒精濃度的正確性、強制執法與宣傳上的客觀立場，形成了潛在威脅。之後，有照酒飲群業公司也將參與贊助那篇可說是最富盛名的酒駕研究論文，1964 年的〈巨流市研究〉，由印第安那大學研究人員伯肯施坦所撰寫，他也是吐氣酒測儀發明人，這東西最終將取代哈爾格的酒醉測定器，成為檢測血中酒精濃度的主要方法。[28]

吐氣酒測儀的誕生

不擺架子、個頭小的伯肯施坦採取了一條有趣的路徑來進行酒駕研究。他是 1912 年出生於印第安那州韋恩堡的營造商夫妻之子，父母雙方都出身於德國家庭。在大蕭條初期完成高中學業的伯肯施坦沒辦法上大學，轉而從事照相技師的工作，主要是沖洗照片，但他也在彩色印刷的領域做出創新的發明，日後為他贏得前往英國覲見伊莉莎白二世的機會。

1936 年，印第安那州警用實驗室聘伯肯施坦為警用攝影師，這份工作讓他親見酒駕車禍相關的慘重傷亡。他在 1958 年離開警用實驗室、出任印第安那大學警學系系主任時，已經升到實驗室部門主管職位，協助建立美國最早的法醫實驗室之一。在此期間，伯肯施坦這位天生的優秀發明家，也為測速器和測謊器的發展開創了新局。

伯肯施坦對測量血中酒精濃度的興趣始於 1937 年，當時哈爾格找上警用實驗室，協助他的酒醉測定器進行實地測試。在接下來的十七年間，伯肯施坦依據他在彩色照相方面的工作經驗，構思出比之前的酒醉測定器更好的一套裝置。接著，1954 年 2 月，他趁著兩星期年假期間，在他家地下室把它打造出來。

用伯肯施坦的話來說，吐氣酒測儀「如此驚人的簡單——兩顆光電池、兩個濾波器、收集吐氣樣本、大約六條電線。」吐氣酒測儀最重要的進展在其小尺寸和可隨身攜帶——警察容易攜帶與操作——以及可靠性。如果操作正確，結果精準且可重現。吐氣樣本通過一個小玻璃瓶，裡頭有重鉻酸鹽黃色試劑，隨吐氣中存在的酒精量而改變顏色。酒測器讀數則以血中酒精濃度單位自動顯示。

吐氣酒測儀的發明只是第一步，這東西最終將被採納為檢測血中酒精濃度的標準技術。伯肯施坦取得該裝置的專利權，一開始負責製造的是印第安那波里市一家小企業，後來換成幾家比較大型的公司，技術也不斷有所改進。伯肯施坦在印第安那大學和全國各地教導警察、律師及其它有興趣的人如何正確使用該裝置。到最後，吐氣酒測儀及原理相近的類似產品成了美國、加拿大和澳大利亞各地的標準配備。[29]

關於新科技如何引進及採用，科技史家就其錯綜複雜過程的撰述已經是汗牛充棟。吐氣酒測儀也不例外。沒錯，這東西提供看似可靠的血中酒精濃度數據，但這些數據會自動被酒駕執法相關的人們接受嗎？而如果被接受的話，會進而有所改變嗎？伯肯施坦是 1954 年 10 月在芝加哥的全國安全協會首度公開展示吐氣酒測儀，並在那兒得到正面的評價：這是一部容易使用且提供一致性結果的裝置。

然而，更有趣的是，專家們以不那麼正式的方式「鑽研」吐氣酒測儀。首先，可以帶著這部機器參加各項科學研討會所舉辦的雞尾酒會，並進行某種個人的「實驗」。例如，1956 年在路易斯維爾舉辦的一場酒駕研討會上，出席人士看著一位同事醉到血中酒精濃度約達 0.08%。有一位同僚事後回憶，在濃度只有 0.04% 的時候，此人已經「明顯無法妥適操控汽車」。儘管如此，那些出席研討會的人同意，這樣的人要是真的去開車，要定他的罪「非常困難」。

有一名銷售員自願參與 1959 年在福坦莫大學舉辦的一場展示，血中酒精濃度 0.14%，這在當時的紐約是合法的，他要耗費兩倍時間才能做出駕駛相關的決定。[30] 這類發現很難引起像海瑟這種人一絲的驚訝，二十年來，海瑟一直喋喋不休地告誡著酒過兩巡就會有危險，如今證據更加明確。但把這種資訊轉譯成政策和法令，卻依然難以捉摸。

其實，伯肯施坦本人是個品酒行家，也很喜歡喝酒。他和妻子瑪喬蕊辦派對並端出照他母親家傳食譜烹調的德國佳餚時，往往會特製一種含酒精的賓治酒。這件事值得細細品味，因為這提醒我們，伯肯施坦從未視吐氣酒測儀為禁止飲酒的儀器，而是能夠協助人們監控自己酒精攝取量。爾後數十年間崛起的許多反酒駕運動者自己也是好酒之人，這一點與他們三不五時就被描繪成新禁酒運動者並不相符。

當然，有些吐氣酒測儀的死忠支持者是滴酒不沾，視伯肯施坦的創新為天賜良機。來自中西部的保險公司總裁蒲里邁（William N. Plymat）就是這樣的人。蒲里邁的青春期是在禁酒令鬆解年代的明尼蘇達州度過，他曾經組織過「學生禁酒社」來反對飲酒。他因為創立這個社團而略有名氣，是 1932 年 7 月 4 日愛荷華州德梅因市禁酒大會上的重要演講人，這場大會日後被稱為「禁酒令的迴光返照」。蒲里邁從法學院畢業後，搬到愛荷華州住，投身於保險業。他在 1947 年創辦「好險相互保險公司」，只承保不喝酒的人，他相信這個政策會讓他能夠提供具有競爭力的費率，但仍賺取可觀利潤。

蒲里邁總是把「點子用光是有罪的」掛在嘴邊。而到了 1950 年代，這位非常成功的執行長心思都放在酒駕問題上，他認為這件事沒人在管，並在國會就此議題出席作證。他也開始參加以此為主題的全國研討會。

有一場這類會議叫作「酒精與道路交通專題研討會」，主席是伯肯施坦，1958 年 12 月在印第安那大學舉辦。在法律執行專題分組討論的問答時間，蒲里邁起身批評，多數司法管轄區採用惡名昭彰的 0.05% 到 0.15% 血中酒精濃度緩衝區。由於 0.15% 已經成了酒醉駕駛起訴的預設值，顯著失能的駕駛慣例上都不會被起訴。蒲里邁接著問在場聽眾，如果車速也有類似的緩衝區，以每小時 60 到 80 英哩駕駛不算有罪，但「會成為某種列入考量的證據」，聽眾們會有何反應？「如果我找你談這項提議，」蒲里邁想像那個情景：「你會大笑著把我轟出此地。」[31]

那麼，蒲里邁的解決辦法是什麼呢？他提出「中間犯」（intermediate offense）的想法，把血中酒精濃度超過 0.05% 的駕駛行為視同違法，自動處以 25 到 50 美元的罰款。只要血中酒精濃度沒有達到 0.15%，這種人不會被控以酒醉駕駛，只會控以「酒後駕駛」且血中酒精濃度已知會導致失能。蒲里邁的結論是，這樣安排的主要優點在於喝酒的人——尤其是應酬飲酒的人——會被告知，喝超過兩杯就有可能使他們超過 0.05%，因而有受罰的風險。聽眾在蒲里邁坐下時報以掌聲。

蒲里邁的時間點恰到好處。1950 年，瑞典卡洛林斯卡研究中心的醫師暨研究員勾德柏（Leonard Goldberg）已經針對三十七名「專家級」駕駛進行了對照研究，給予這些駕駛足夠的酒精以提高其血中酒精濃度到 0.05%，然後要求他們駕車行駛在指定軌道上。與海瑟在 1930 年代所證明者相呼應的是，他發現此一血中酒精濃度「致使專家級駕駛在駕駛表現上退步 25 到 30 個百分點。」勾德柏提到，他的資料很可能反映出對於一般大眾失能程度的低估，因為他採用的是技巧精熟的駕駛，並要求他們完成一系列指定任務。

接著在 1958 年，西雅圖華盛頓大學研究人員的報告指出，

「被灌了馬丁尼酒、曼哈頓酒或威士忌酒」而血中酒精濃度為0.05% 或略高之駕駛，全都顯現出「在駕駛刺激試驗所測試的功能項目上客觀可量測的失能」。「因此，」報告的作者們結論是：「現行法令過於寬大。」或是如報導這則新聞的《洛杉磯時報》記者問的：「難道你沒看過有人喝不到六杯就掛了？」[32] 長期而言，資料會持續證明，即使血中酒精濃度輕微升高，都會導致反應時間、循跡、資訊處理、心理動作（psychomotor）表現和視覺功能衰減。

看過這些資料、聽過蒲里邁的訴求，並且配備有伯肯施坦令人眼睛一亮的新型吐氣酒測儀，一個由哈爾格擔任主席、成員包括海瑟在內的七人特設委員會成立，負責在 1958 年印第安那大學研討會閉幕時草擬一份聲明。即便委員會全體基本上都同意，目前的狀況危險且令人無法接受，這份指出酒駕執法有多麼繁難、爭議有多麼大的聲明，還是開了一整個通宵的會才完成。

到頭來，這份聲明與蒲里邁所提議的相去甚遠。然而，儘管如此，這仍是一份重要的公開證言，指出既有法令與新興科學步伐不一，且法定血中酒精濃度有必要再降低：「基於本次研討會所提出之資料，本委員會之意見如下：0.05% 的血中酒精濃度確定會令某些人的駕駛能力喪失，且當血中酒精濃度增加，這類受此影響的人所占比例漸次升高，直到 0.10% 的血中酒精濃度，所有人都確定失能。」

國家安全協會與美國醫學會曾協助頒布 0.05% 到 0.15% 這個曖昧區間，此時和警察局長協會同樣為此聲明背書，而猶他州和伊利諾州的州議會很快就提出法案，定 0.05% 為中間犯標準。即使像紐曼（Henry Newman）這位加州醫師，一再呼籲不該判血中酒精濃度高但看起來車開得沒問題的人有罪，也同意降低法定血中酒精濃度是有道理的。[33]

轉型為公衛問題

吐氣酒測儀代表著技術上一次重大進展，也是伯肯施坦在漫長的事業生涯中屢獲表揚的主因，包括被選入國際安全衛生名人堂（Safety and Health Hall of Fame International）與全國安全協會伯肯施坦獎第一屆得主。但美國對於酒駕案的起訴並未因科學本身的進步而有所改變。一如酒醉測定器，吐氣酒測儀並非永不出錯，辯護律師緊扣著它可能會有的缺陷與警察使用該裝置的能力施以打擊。

令伯肯施坦不安的是，伯肯施坦、毒物學家佛尼（Robert B. Forney Sr.）、毒物學家暨化學家杜波夫斯基（Kurt M. Dubowski）及其他同行從 1958 年起在印第安那大學開設酒精與安全課程，有些辯護律師上過課之後，真的建構出他們的論證。此外，由於憲法第四條修正案保障免於不合理的搜索與拘捕，只有當警察就檢測提出「相當理由」（probable cause），吐氣檢測才會合法——通常是駕駛觸犯交通法規或發生車禍。

要讓吐氣酒測儀與血中酒精濃度法令能對酒駕產生更有效的懲罰與嚇阻效果，需要一場更廣泛的文化轉型——不把車禍視為難以避免，而是可以預防。這場文化變遷始於紐約州阿爾巴尼郡由哈登帶頭的一群州政府員工。

如社會學家娜珊森（Constance A. Nathanson）所指出，某些議題並非不可避免地變成公衛問題，而是取決於社會過程。[34] 以 1950 和 1960 年代的酒駕來說，這當然是毫無疑義。哈登的研究動力始於全美死亡因素的人口分布轉變。結核病及其他傳染性疾病在二十世紀之初才剛站上死亡名單首位，但慢性病如癌症及心臟病到了 1930 年代便取而代之。人口學者也開始更加關注非嚴格定義之疾病的發病率和死亡率。

因此，1940 年代的報告指出，意外事故是 37 歲以下人口首要死因，而且車禍占了單一意外事故死因當中最大的一塊。值得一提的是，美國的車禍所致單位人口死亡率在已開發國家中屬於最低等級，而且自 1920 年代以來一直在降低。然而，這種車禍所致死亡人數高得令人沮喪——到了 1960 年代，每年約有五萬人。

由於反酒駕作為總是以警察和法院的圈子為中心，所以第一步必須先把減少車禍變成公衛問題的一環。紐約州衛生部長希勒波（Herman E. Hilleboe）在 1940 年代後期便開始這麼做，到了 1954 年，州衛生部已經成立駕駛研究中心，並任命哈登為主任。哈登生於 1926 年紐澤西州橘郡，在二次世界大戰末期服役於陸軍航空軍。一退伍，馬上就進入哈佛醫學院麻薩諸塞科技研究中心和哈佛公衛學院，他在公衛學院與撰寫《意外事故流行病學》那篇開創性論文的作者高登（John E. Gordon）一起研究流行病學。哈登立場堅定地提倡以公衛手段預防疾病與傷害，是紐約州那個位子的不二人選。

哈登跨入以醫學和公衛預防車禍的領域，這對於理解他如何處理此一難題至關重要。其他酒駕專家大多因法令和交通執法的經歷而對此一主題產生興趣，如伯肯施坦、侯爾孔、東尼根（Robert L. Donigan）和西北大學交通研究中心的克瑞莫（Franklin Kreml）。這些經歷讓他們具備出色的第一手知識，但他們是圈內人，在全國安全協會所建立的參數和期望值範圍內安安穩穩地進行研究。哈登的背景引領他發展出不同以往、以流行病學為基礎的酒駕管控模型來改善道路安全，也使他成為願意挑戰教條與傳統的圈外人。

哈登對既有範例的第一項抱怨，是缺乏堅實的科學基礎。警察部門蒐集車禍資料，但其中多數為奇聞軼事類。而且哈登相信，幾乎不曾有人研究過各式各樣針對酒駕的法律嚇阻手段是否真的有效。以他在公衛方法上所受的訓練，他知道如何設計出有可能得出更明確答案的調查研究。他的第一項重大研究在 1959 年 4 月發表於聲譽卓著的《美國醫學會期刊》，考察 1949 到 1957 年紐約州威徹斯特郡單一車輛事故中酒精所發揮的作用。哈登發現，半數駕駛人已經達到法令所認定的酒醉標準，血中酒精濃度 0.15% 以上，另有 20% 介於 0.05% 到 0.14% 之間。[35]

這項研究至關重要，因其有助於鞏固「極高比率的車禍肇因於酒精」此一觀念，這原本是由海瑟、侯爾孔及其他研究人員在 1930 年代所設想的論點。儘管早期就做過這些研究，有些評論者還是一直聲稱，只有 5% 的車禍肇因於酒精。哈登相信，這個數目是對此問題的嚴重低估，而他在威徹斯特的研究支持這個理論。

邁卡羅（James R. McCarroll）與哈登在 1962 年的一項對照研究也是如此。這項發表於《慢性病期刊》（*Journal of Chronic Diseases*）的研究拿紐約市死於夜間汽車意外事故的駕駛，與安全通過相同地點的對照組駕駛做比較。兩位作者發現，喪命的駕駛有 73% 喝了酒，而相較之下，安全通過的駕駛則為 26%（這個數字本身就偏高）。一如預期，前一組當中有將近一半血中酒精濃度極高，最低也有 0.25%，另一組當中有喝酒的人則沒有任何一個濃度這麼高。[36]

要證明酒精在車禍中所發揮的作用，還有另一種方式，就是看看行人死亡率。哈登在 1961 年的一項研究中拿 50 個這類死者，他們多半是在夜間喪命，來和另外 200 個步行通過相同地點的對照組（每一個車禍地點 4 個人）做比較。作為參照底線的飲酒比率還是偏高——對照組為 33%——但那些喪命的人則有 74%。那些喪命的往往有非常高的血中酒精濃度，而其他人則在 0.05% 以下。

這些發現與此一時期出現的其他研究——像是 1956 年德拉瓦州研究發現，車禍相關的死亡有 59% 涉及酒精，而克里夫蘭市的法醫辦公室資料指出，全體車禍受害者有 40% 到 60% 血液中有酒精——都令哈登確信酒駕問題非常嚴重，而且儘管有全安會這類團體的努力，卻沒有引起公眾注意。「為什麼，」哈登質疑：「我們要讓一小撮駕駛人、這些專惹麻煩的酒徒，繼續在狂飲後開車，每年害死幾萬人，而這些受害者很多都是無辜的男男女女和兒童？」[37]

當哈登對酒駕越來越感興趣，他在紐約州衛生部找到一位有趣的盟友：莫尼漢。莫尼漢是 1927 年出生在一個愛爾蘭裔的天主教家庭中，他的童年平靜無波，直到他的父親在 1937 年離家出走。這件事令這家人一夕之間陷入貧困，而莫尼漢、他的母親和兄弟姊妹分別住在幾間租金低廉的曼哈頓公寓和威徹斯特郡。

莫尼漢在 1940 年代的不同時期擦過鞋子、賣過報紙，還在他母親所經營、名叫「地獄廚房」的破爛酒吧裡調過酒。莫尼漢一直是個早熟的小孩，書也念得很好，進過明德學院、紐約市立學院和倫敦政經學院，但他東漂西盪，直到進入政壇，後來從 1957 到 1958 年在紐約州州長哈里曼（W. Averell Harriman）身邊擔任各種職務。

莫尼漢與哈登是在州長的交通安全政策協調委員會上第一次碰面，而莫尼漢馬上就被哈登令人印象深刻的車禍知識給震撼了。這兩人建立了亦公亦私的友誼，儘管他們的個性大不相同：

莫尼漢外向、風趣、活潑，而且喜歡引經據典。剪個阿兵哥平頭、打著蝴蝶領結的哈登是個工作狂，對公職特權或玩弄政治權謀不感興趣。就連最狂熱的仰慕者都承認，哈登有他討人厭的一面，而且對於被他認定為拙劣研究的東西絕不寬貸。1958 年，洛克斐勒（Nelson A. Rockefeller）擊敗哈里曼、害莫尼漢丟了工作之後，兩人依然往來密切。[38]

莫尼漢對統計學有書呆式的狂熱，也是個對政治和公共政策興趣日增的知識份子，他對哈登能將交通安全放進更廣大的公衛脈絡中，尤其印象深刻。特別的是，哈登開始反對使用**意外事故**這個字眼，他相信這使得車禍聽起來像是無可避免，且暗示著無法預防。畢竟，如果全國安全協會都能預測一個周末假期中可能死於車禍的人數，這樣的死亡能有多意外呢？

哈登喜歡在論辯中說，以前的社會把流行病、瘟疫和饑荒，不管是上帝或大自然所引發的，看成是人力所不能及者。而由於公衛成就，像是淨化汙水、篩檢結核病、給小孩接種小兒麻痺疫苗，情況已經有了令人欣慰的改變。照哈登的說法，在人類致病、致命的原因當中，現在只剩下意外事故，還能讓受過教育與未受教育者同以超乎理性的角度鄭重看待。[39]

法令的強化

公衛的預防傳統把重點放在環境與製品上，哈登亦是兩路並進。[40] 以前者而言，他把焦點放在發生車禍的交通工具內部與車禍發生的道路。德亞文（Hugh De Haven）是哈登的貴人之一，這位加拿大工程師以「車禍存活率之父」的稱號聞名。德亞文是一次世界大戰期間加拿大皇家飛行團某次墜機事件的唯一倖存者。他最後的結論是，他那次墜機所造成的死亡除了與墜機本身的撞擊有關，交通工具內部所產生的傷害同樣關係重大，這個現象後來稱之為**二次碰撞**（second collision）。

這項發現讓德亞文開始倡導移除座艙和車廂內尖銳危險的物件，以及路邊可能刺穿打滑車輛及其乘客的不可移動之物體。他後來將之概念化為「人員包覆」（packaging people）的觀念：創造安全的旅行環境，讓人體可以經受得起幾乎任何一種型態的事故。哈登本人則是因其矩陣概念而變得有名，這種矩陣必須針對三個時段中的駕駛人、交通工具和道路進行研究：事故前、事故中及事故後。這種做法提供了事故預防及事故發生時減少傷害的藍圖。[41]

說到製品，哈登，以及心意相通的莫尼漢，把焦點放在美國的車輛上頭，他們相信這些車輛並不安全。這裡的大壞蛋是汽車業，這個產業長期以來聲稱安全「沒賺頭」，而且「妨害生意」，因而拒絕和保險公司及其他有興趣的各方討論安全議題。[42] 正如亨利．福特二世曾說過：「我們可以打造出一輛坦克慢慢爬上高速公路，你們可以開著這些坦克互撞，不會有人弄出一丁點的刮傷……但也不會有人買它。」哈登有一回造訪底特律，和通用汽車主管們談到他對安全性的憂心，卻碰了軟釘子。他對此評論道，這是個「瞎子給瞎子帶路的荒唐例子」。[43]

事情怎麼會一直這樣僵著呢？哈登根據自己的研究指出，原因不只在於底特律的貪婪，也在於既有的交通安全體制，而他早就判定這個體制本身就是**問題**，而非解方。哈登不是喜歡搬弄文字的人，至少和他的同事比起來是如此，但他在 1961 年改寫了孟肯（H. L. Mencken）的一段話：「永遠不會有人因為低估美國安全專家的智慧而破財。除了極少數的一群蠢蛋之外。」[44]

對於宣傳自己救了超過百萬人性命的全國安全協會，哈登特別有敵意。他認定全安會所依據的資料貧乏，對於酒駕或交通安全的思考幾十年沒有進步，而最令人沮喪的是與汽車製造業暗中勾結。心懷寬大時，他指控該團體「任意把組織立場套在別人頭上」。[45] 憤怒時，全安會就是傲慢、無能。

另一個拿低分的組織是美國汽車協會（American Automobile Association）。該組織反對「默示同意」（implied consent）的新法，因為這些新法強制駕駛人因可能酒駕被攔下時需接受血中酒精濃度檢測，等於強迫駕駛人自證其罪，令他們憂心忡忡。哈登也不喜歡交通安全總統諮詢委員會（President's Committee on Traffic Safety），這個諮詢組織的執行長實際上是領汽車業的薪水。由於這些組織很被動，底特律為所欲為的空間相當大。[46]

但哈登是科學家、也是政府官員，所以他在公開場合選詞用字就謹慎多了。他和汽車業代表碰面，也和全安會一起做研究。莫尼漢就是在此處介入，協助宣揚哈登比較突出的論點。莫尼漢在 1959 年轉往雪城大學攻讀博士學位，但同時也從事短期的記者工作。他有一篇文章刊登在 1959 年 4 月 30 日那一期的自由派調查報導雜誌《報導者》（*The Reporter*），標題是〈高速公路上的流行病〉，文中主張車禍是這個國家最重大的公衛問題。

莫尼漢的話說得很直率，他認為，倡導汽車安全的酒駕諸法，「所具備的科學效果就和脖子上圍一條髒襪子來治感冒差不多。」他直指全安會無能，低估每年汽車相關傷害件數多達三分之二，而且在高速公路有「重大流行病」這件事情上嚴重誤導美國大眾。莫尼漢在其他場合說全安會是「馬屁精組織」，並指控汽車業漠視安全疑慮是「肆意貪婪與道德低能」。[47]

從某一方面來想，莫尼漢是哈登意料之外的反酒駕盟友。莫尼漢經常喝酒，不管是工作時或在家裡，到他擔任聯邦參議員後期，這個癖好會越來越常被拿出來點評，偶爾還招致非難。

1959 年底，報紙曲解哈登研究團隊的一項研究報告，得出駕駛人開車前不應喝超過兩杯酒的結論。當時，哈登正為新任州長洛克菲勒效力，莫尼漢從雪城寫了封信給他的前同事：「不過，我真的希望你不是『兩杯論』的始作俑者。你明不明白，這使得像我這樣的人坐實了罪犯之名？如果我們那位蠢到家的浸信派州長不懸崖勒馬的話，他將使得本州半數人口躲在自家打造的防空洞裡，而另一半穿著州警制服來抓這些人。」[48] 莫尼漢是以他的典型作風在大放厥辭、開開玩笑，但哈登把他的話當真，在這封信的邊上草草寫下「報紙錯了，最少要四到五杯」。

哈登一直自在看待這種合作關係，主要是因為儘管莫尼漢鐵定是有喝酒，但他酒後不開車，再次說明了打擊酒駕不必然意味著要打擊酒精。莫尼漢的妻子伊莉莎白在多年後妙語談及他的丈夫：「他不曾因酒駕被捕或掉進廣場上的噴水池裡。」[49] 哈登大力支持的酒駕管控規定中，有一項源起於斯堪地那維亞：讓沒喝酒的人（後來定名為**指定駕駛**）開車載酒醉的人回家。莫尼漢大概就是早期的受惠者之一。

有了州長洛克菲勒支持，哈登的工作開始在紐約慢慢地開花結果。1953 年，該州實際上已經是第一個通過默示同意法，規定地方官員進行血中酒精濃度檢測遭拒時，可以直接吊銷駕駛人駕照。在某些州，拒絕檢測變成審判過程中作出酒醉推定的可採性證據。哈登經常發言關注 0.05% 到 0.15% 的「灰色地帶」，這在 1958 年印第安那大學會議中已經檢視過，駕駛人「攝取足以令其駕駛能力喪失的酒精，但還不足以判定為酒醉。」

1960 年，洛克菲勒簽署一項法令，紐約州將開車時血中酒精濃度高於 0.10% 列入交通違規，算是對此一關注有所回應。初犯判決定讞，罰以強制吊扣駕照 60 天，再犯吊扣 120 天，三犯則吊銷駕照。施行此法五年，紐約每年吊扣超過 3,000 名駕駛的駕照。[50]

部分因哈登努力所致，其他地方強化酒駕法令的動力也有所提升。1960 年，全安會的酒精及藥物委員會針對 1930 年代制訂的三種失能濃度，變更了其中兩種。該會建議舊的緩衝區改為 0.05% 到 0.10%，而表示駕駛受酒醉影響的濃度改為 0.10%，非 0.15%。提供全美五十州交通法令建議準則的〈通用交通法規〉（Uniform Vehicle Code）在 1962 年修改，納入了此一變更。但要不要通過法令以反映此一變更，就要看各州了，而到了 1964 年，只有兩個州這麼做。在這議題上看不到全國性的領導作為，干擾變革的因素實在太多了：漠不關心的大眾、鬆散的法律體系，以及敵對的汽車業和酒飲業。

但要是有人能針對攝取酒精的實質風險取得更確定性的資料呢？此時登場的正是吐氣酒測儀發明人伯肯施坦。1962 到 1963 年，他以印第安那大學為根據地，進行了著名的〈巨流市研究〉，收集密西根州巨流市十二個月內涉及車禍的 9,353 名駕駛當中 6,589 人的資料。

一如哈登的研究做法，伯肯施坦也納入一個對照組，在這個案子裡是 8,008 名開車安全通過類似地點的駕駛。他利用這個極為龐大的樣本規模，得以建立特定血中酒精濃度的風險相關性。例如，車禍風險提高是從 0.04% 的血中酒精濃度開始；到了 0.08%，駕駛撞車的可能性幾乎是兩倍；到了 0.10%，撞車的可能是六倍，而 0.15% 則多了十倍的可能性。此外，伯肯施坦發現，肇事駕駛血中酒精濃度高於 0.08% 的車禍傷損程度更為嚴重。[51]

該研究有一項意外的發現——喝一到兩杯實際上可能會**降低**車禍機率——比起伯肯施坦預示性且重要性高出許多的研究結果，這發現一開始還比較引人注意。在一個總是想方設法要幫酒駕說好話的社會裡，會有喝酒說不定能讓駕駛放輕鬆並增進專注力的觀念，並不令人意外。伯肯施坦的研究資金部分來自有照酒飲群業公司，大概也助長了人們過度關注該研究少許違反直覺的數據資料。不過，到最後，該研究以有力的證據把血中酒精濃度升高與車禍風險升高關連起來，才是其傳之久遠的遺產。

新的酒精與安全標準

到了 1965 年，長久以來全國上下對於酒駕與交通安全的怠慢，終於漸近尾聲。那一年，參議院行政改組小組委員會主席、參議員瑞比柯夫（Abraham Ribicoff）舉行了聽證會；次年，醫學研究院（Institue of Medicine，現在的美國國家醫學院前身）提出一份報告，取了個挑釁的標題：《意外死亡與失能：現代社會中被忽視的疾病》。這些發展接著又促使詹森總統在 1966 年 9 月簽署〈國家安全法〉與〈高速公路安全法〉生效。

詹森也任命哈登為新成立的國家交通安全局第一任局長，後來改為國家高速公路安全局，最後叫做國家高速公路交通安全管理局（National Highway Traffic Safety Administration, NHTSA）。哈登是美國第一任交通沙皇的理想人選，因為他對於如何使汽車和高速公路更加安全很有興趣。雖然詹森挑中哈登，但另一個批評底特律的人，內德（Ralph Nader），也寫了一系列文章，以及 1965 年那本影響深遠的書《什麼速度都不安全》（*Unsafe at Any Speed*），提過許多同樣的主張。即便他們許多論點一致，但哈登這位謹慎的科學家和內德這位善妒的運動人士，有著非常不同的

哈登（打蝴蝶結者）、運輸商務次長波伊德（Alan S. Boyd）和詹森總統（圖右）在1966年10月簽署高速公路安全法後合影。承蒙瑾恩．哈登提供。

做法，而且彼此關係並不融洽。[52]

哈登那個局所隸屬的運輸部新近成立，除了打造交通安全基礎建設，還頒布新的酒精與高速公路安全聯邦標準。運輸部運用高速公路安全法第402條所提供的補助款，督促各州施行一系列規定。這些立法提案包括：改進化學檢測程序，像是死亡車禍要強制採檢血中酒精濃度；法令明訂可接受的酒醉駕駛濃度為0.10%，而非0.15%；以及類似紐約州1953年版的默示同意法。[53]

到了1968年，哈登和他的同事凱利（A. Benjamin Kelley）完成了美國第一份完整討論酒駕問題的文件。[54] 這份182頁的報告回顧了酒駕的歷史、種種管控作為、相關研究，以及迎戰此項難題的計劃。

報告中最重要的資訊之一，是每年有 80 萬件車禍與酒精有關，造成了 25,000 人死亡。此外，作者們煞費苦心地檢視哈登所提供的資料，以及其他為數眾多的車禍資料——複數車輛、單一車輛、致命、非致命或涉及行人——這些資料顯示酒精在車禍中顯然扮演關鍵角色。凱利和哈登的報告也指出，酒精相關的死亡交通事故大約有三分之二涉及「酒精成癮者及其他有問題的駕駛人」，大多是男性。這種人並未被尋常的懲罰手段給嚇阻。

作者主張，除了更嚴厲的法令，還必須提供這些累犯更好的治療。依社會學家古斯菲爾德（Joseph R. Gusfield）的評論，他們不斷以這種方式強調，禁酒令廢除後的觀念是把酒精成癮當成一種疾病（物質濫用），同時卻又重燃禁酒時期對於酒精（遭濫用物質）危險性的憂慮。[55] 這樣一份文件在政府支持下發表，顯然是凱利、哈登及其運輸部同僚想要提出他們正在構想的概念，也就是把酒駕當成重大公衛問題，因為相較於其他死因，這個概念非常不受重視。

《1968 年酒精與高速公路安全報告》（*1968 Alcohol and Highway Safety Report*）從標題到內容都反映出作者的心態。首先，這份文件強調要運用既有的科學方法、呼籲對酒駕的實際比率與成因進行遠比現在更多的研究，並且針對酒駕所製造的問題提供可能的解決方法。其次，該報告是以哈登矩陣（Haddon's matrix）為架構來看待管控作為，這些作為只是更大的公衛計劃當中的一環，而這個計劃是要把駕駛人、乘客、行人和單車騎士「包覆起來」，以「減少車禍傷亡，無論受保護者負有肇責或無辜受害。」[56]

報告的最後一段文字是關鍵所在。儘管凱利和哈登的報告指出「生命、身體與財產損害的悲劇性耗失」，並且呼籲要「竭盡全力抑制酒精對高速公路傷亡與財損的推波助瀾」，但引人注目的是，文中並無道德論用語、憤怒、怪罪，或要求喝酒的人證明自己有責任感。作者當然是很想幫助警察和法院更有效地嚇阻酒駕，但就和那些把酒精成癮視為一種病的研究者一樣，他們也認知到改變個人行為有多麼困難。

「那些一直有喝酒的人，尤其是酒癮大的，」他們寫道：「大概是不太可能遵照合理的安全做法，不論是為了避免車禍，或是為了減輕車禍傷害。」[57] 在哈登看來，必須要做的是運用科學來找出挽救生命的最佳方法，然後迫使華盛頓和底特律共同合作。

正當哈登報告出版之際，葛蘭特（J. Marse Grant）開始撰寫一本討論酒駕的書《酒控方向盤》，並於 1970 年出版。葛蘭特是發行於北卡羅萊納州羅利市的浸信派報紙《聖經紀錄人》（*Biblical Recorder*）主編。當禁酒令的記憶淡去，浸信派和其他團體一樣，依然保留往日對於酒精之惡、尤其是飲酒過量的主張。

不同於哈登和伯肯施坦這類科學家，葛蘭特非常樂於指認誰是受害者、誰是犯人。在葛蘭特看來，酒駕是一場「俄羅斯輪盤」的遊戲，「無辜的駕駛人或行人是當然的輸家。」那些酒後駕車的人是「潛在殺手」，而那些真的害死人的則是謀殺犯。

葛蘭特引用一個路易斯安那州的人說的話，那個人告訴他，有一對夫婦和十幾歲的女兒在一場所謂「意外事故」中被酒駕者撞死。「如果這個人喝醉酒，拿槍把他們的頭打爆了，」葛蘭特的這名筆友寫道：「我們當然會稱之為謀殺，並堅持要懲罰與管控。」其他的犯罪者包括那些製造並販售酒精的人，「在造酒業提出強而有說服力的證據來證明自己無辜之前，都要為它在這個國家的高速公路大屠殺中所扮演的重要角色受人咒罵。」[58]

關於《酒控方向盤》，還有一點值得一提的是，該書收錄多篇詳細明確的故事，這些故事大多是葛蘭特在全國各地數十份教會報紙上以作者之名公開徵求收集而來。有一個例子是一名 4 歲大的女孩看著她母親被酒駕者撞斷頭。在愛荷華州，一名開著牽引機的 39 歲農夫被酒駕者撞死，留下孀妻和六個孩子。在達拉斯，一個之前因酒醉駕駛被逮捕不知多少次的男人，前一天才因酒駕被攔下來，交給他親戚帶回去等酒醒，又開著他那輛小貨車越過中線、撞上對向來車，害死自己和另外兩個人。[59]

這般細述著悲劇慘痛的故事，伴隨著巨大的道德義憤，以一種統計數字、即使是令人震驚的統計數字也無法做到的方式，牢牢抓住讀者的心。同一種型態的呈現方式，將在 1980 年代由反酒駕運動者發揮出巨大的效果。葛蘭特還預告了日後運動路線的其他面向。「沒有任何證言，」他以先見之明寫下：「比得上心愛女兒因酒駕者而失去生命的心碎母親所發出的力量。」[60]

葛蘭特書中第九章的標題是〈我們何時會抓狂？〉但儘管葛蘭特的書在浸信派教會中引起相當多的關注，一般大眾卻沒有注意到。十年後，當傳達訊息的人是一個真的抓了狂的母親時，他們就會注意了。

CHAPTER

3

反酒駕媽媽接掌大旗

思考 1980 年之後「反酒駕媽媽」的崛起與反酒駕運動時，忍不住會想問：為什麼除了葛蘭特之外，以前沒有人想過利用受害者——尤其是孩童——的悲慘故事，來引起公眾注意並推展訴求目標？當然，這個問題是與歷史脫節的，事件是在特定歷史脈絡中發生。一直到 1980 年，政治與文化氛圍才有利於這種憤怒、道德論且透過媒體引導的運動，因而使酒駕在短時間內成為全國最重要的社會議題之一。

第一波炮火是在 1978 年紐約州斯克內特迪發射。新聞記者朵瑞絲·艾肯認識的兩名孩童之死令她震驚，遂創立了「驅逐酒醉駕駛」，這是一個要把酒駕者趕出道路的草根組織。兩年後，加州房地產經紀人萊特娜與馬里蘭州家用品公司特百惠的經理蘭沐，兩人都經歷與自家小孩有關的個人悲劇，聯手帶領了「反酒駕媽媽」。

之後還會出現其他組織，但「反酒駕媽媽」成了運動的主角，而這場運動彷彿在原本平靜的酒駕政策與研究圈子裡扔下一顆炸彈。這些新加入的運動份子是婦女、母親和非此領域專職運動者，這讓一切大為改觀。

這場新聖戰初期亢奮的日子會在 1982 年達到顛峰，雷根總統公開譴責酒駕所導致的「殺戮」，並指派一個總統委員會來研究這個議題。《新聞週刊》寫道，酒醉駕駛是一種「社會認可的謀殺」[1]。的確，打一開始就是各式各樣參與者和利益團體的大混戰，而此一衝突將在接下來的十年間白熱化。但在初期，「反酒駕媽媽」所傳達的訊息強而有力且似乎無人能擋，使之躋身全美最知名且最受愛戴的公益團體之列。

1970 年前後關於酒駕最一針見血的洞見，或許不是出自於「反酒駕媽媽」，而是來自於《瘋》——也就是《瘋》(*MAD*)

雜誌＊。在 1970 年合訂本《和麥瘋一起唱》裡，有一首打油歌的歌名叫〈妝點酒館〉（Deck the Bar），配上聖誕歌曲〈妝飾廳堂〉（Deck the Halls）的曲調來唱。[2] 和所有好的諷刺作品一樣，這首打油歌同時包含了誇張和真實。不是每個人都用酒駕來慶祝聖誕節，但的確有很多人如此：

聖誕暢飲來妝點酒館
啦啦啦啦啦啦啦啦啦！
看那人們全喝到爛醉
啦啦啦啦啦啦啦啦啦！
他們腦袋臭掉一半
啦啦啦啦啦啦啦啦啦！
他們還想開車回家
啦啦啦啦啦啦啦啦啦！
看那路口多麼繁忙
啦啦啦啦啦啦啦啦啦！
四面八方湧來人群
啦啦啦啦啦啦啦啦啦！
他們會合、死傷遍地
啦啦啦啦啦啦啦啦啦！
多有創意的聖誕祝賀
啦啦啦啦啦啦啦啦啦！

酒駕也被看成是難以避免。正如某人直言評論：「人們要去

＊ 譯註：原本是漫畫，後來轉型為雜誌，辦公室遷至紐約曼哈頓的麥迪遜大道，遂以麥迪遜（Madison）的前三個字母大寫為註冊商標。

喝酒，人們也要開車。而如果你去了酒吧，要離開只有一個辦法，就是靠你自己的車。我不認為還有什麼可以做的，你一點忙也幫不上。」[3]

但同樣是在 1970 年，爆發了一場論爭，顯示禁酒令末期以來實質掌控酒駕預防作為的聯盟——全國安全協會、研究學者和造酒業——日益脆弱。這場論爭起於一則刊登在全國各雜誌的廣告，這則廣告似乎暗示空腹喝不超過三杯後駕車是可以接受的。

這幅廣告是造酒業公關團體之一的有照酒飲群業公司想出來的。有照酒飲在 1946 年成立之後這些年來，一般來說，這家公司在關於酒駕方面的發言算是謹慎。但到了 1970 年，部分是因為伯肯施坦的資料看似證明低血中酒精濃度無害，這家公司積極向應酬飲酒的人推新的口號：「量力而飲」。這幅出現在 1970 年七月份《時代雜誌》和《新聞週刊》上的全版廣告，字斟句酌地表示開車前當然最好是不要喝酒。但現實是飲酒「一直為社會所接受」，而且「數百萬美國人飲酒節制且安全駕駛」。在這則廣告中，有照酒飲提供一個「簡單、實事求是」的圖表，教應酬飲酒的人怎麼樣才能做到這一點。[4]

有照酒飲沒有預期到這則廣告會引爆一場大戰，倒也並不令人驚訝。這幅廣告只是把酒駕在美國的既存現況印在紙上而已。在打廣告之前，有照酒飲的確接觸過全安會和醫學會的成員以取得他們認可，這一點在文案中有提到。但這麼公開地說出酒駕是可接受的——而且協助人們這麼做——使得這則訊息格外具有挑釁意味。這就好像一個守了很久的秘密——酒駕實際上是合法的——被說了出來。結果，駕駛失能與合法酒駕之間存在已久的矛盾，終於要接受公開檢視。

廣告隨附圖表是由羅格斯大學酒精研究中心（耶魯的研究計

劃已經換地方）生理學家格林伯（Leon A. Grennberg）博士所製作，他的建議是：體重超過 120 磅的人喝兩杯一盎司半威士忌後可以馬上開車。那些體重超過 160 磅的人喝三杯同樣也能安全駕駛。最後，如果你體重兩百磅，要是你喝完最後一杯能等個三十分鐘，四杯是可接受的。雖然廣告沒有明講，遵照這些指示的人大都可以讓血中酒精濃度低於 0.10% 一點點，所以會剛好在法定上限以下。

有照酒飲所傳達的訊息尤其惹火了蒲里邁，這位愛荷華州保險公司總裁、以前的禁酒派大將，由於他堅持酒駕問題不是只有酒精成癮者，應酬飲酒的人也貢獻不少，因此曾在 1958 年印第安那波里研討會上提議 0.05% 的血中酒精濃度。蒲里邁很快就寄出一封又一封表達其心中不悅的信，首先是寄給全安會和醫學會。兩者重新思考過先前的不當決定之後，都說他們同意蒲里邁的看法，並連繫有照酒飲表達不滿。

1970 年 10 月，蒲里邁緊接著又寄了一封篇幅更長的公文給聯邦貿易委員會，該委員會負責監看誤導民眾的廣告。蒲里邁列舉許多研究報告，這些報告都曾找到在血中酒精濃度 0.05% 以下失能的證據。的確，從嚴謹的法律觀點來看，那些遵從有照酒飲指示的人或許不會成為酒醉駕駛，但這是搞錯重點了。「如果有人喝到剛好低於正常狀況下會判定酒駕的濃度，」蒲里邁的解釋說出他已經說了幾十年的主張：「他在道路上就是個危險駕駛。」[5]

但有照酒飲不知收斂，同一個月又在《出版人指南》打了另一個版本的廣告。不再提及全安會和醫學會，但這次提到運輸部，蒲里邁很快就寫信給運輸部長沃爾丕（John A. Volpe）。蒲里邁就他之前的批評做了補充，提到芝加哥最近的研究發現，400 個因酒駕被捕的人有 80% 屬於應酬飲酒，而非酒精成癮。「我願意指出，」他告訴沃爾丕：「有照酒飲廣告裡的圖表指出的是**法律的界限**，而非開始實質失能的點。」[6]

有照酒飲為了促銷其產品，刻意混淆酒駕資料——混淆法令規定的未失能狀態與安全駕駛的能力——到了何種程度？思索這個問題不是蒲里邁的風格，但佛蒙特大學社區醫學教授、與凱利和哈登共同列名 1968 年報告作者的瓦勒（Julian A. Waller），倒很樂於做這件事。「業界代表不太可能那麼單純，」他寫信給聯邦貿易委員會：「因此，我只能認為他們目前的廣告手法代表一種有意誤導大眾的企圖。叫他們掀開底牌的時刻已經到來。」[7]《基督教科學箴言報》表示贊同，指控造酒業在玩「化身博士」* 的把戲，一方面塑造關懷形象，但又反對可能阻撓其產品販售的酒駕立法。[8]

一波接一波的爭議

運輸部在 1970 年 11 月採取行動。與沃爾丕共事的渥鄂思（Robert B. Voas）寄了一封信給有照酒飲總裁唐納文（Thomas J. Donovan），信上說那份圖表的確「顯現了一個問題」，因為「安全不違規」和「安全不出車禍」之間有重大差異。唐納文則承諾沃爾丕該廣告不會再刊登。接著，沃爾丕在 1971 年 2 月對有照酒飲發表的演講中，公開批評那則廣告無視於法定飲酒限制與安全駕駛限制有「天壤之別」的事實，連蒲里邁都大出意外。「認為自己血中酒精濃度高達 0.10% 還能安全駕駛的人，」沃爾丕警告：「就是會衝過中央分隔島撞上你的車——或是會高速開過行人穿越道害死你兒子、女兒的人。」[9]

---

* 譯註：《化身博士》是一本英國小說，書中主角 Jekyll 博士喝了自製藥劑，就變身為邪惡的 Hyde 先生。

沃爾丕的憂慮道出了黑曼（Max Hayman）博士的心聲，這位加州大學洛杉磯醫中心的精神科醫師是〈應酬飲酒的迷思〉一文作者，這篇文章刊載於1967年11月號的《美國精神醫學期刊》（*American Journal of Psychiatry*）。黑曼認為，所謂應酬飲酒與酒精成癮之間的區別「含糊不清，甚或並不存在。」他主張這一點很重要，因為應酬飲酒的觀念導致喝酒的人耽誤工作、打架或酒醉駕駛被捕時，會把真正的問題加以合理化或否認。黑曼引用資料證明，大多數應酬飲酒的人血中酒精濃度經常超出0.05%，這是一般認定的失能濃度。他的結論是：暗示只有酒精成癮者喝酒會出問題，是一種迷思。[10]

或許是將近六萬人索取格林伯圖表的新聞，終於把沃爾丕給惹火了。但在私底下，運輸部對太過聚焦於應酬飲酒還是憂喜參半，擔心他們為了要把問題駕駛趕出道路所做的努力會失去關注——以及支持。沃爾丕的一位同事威爾森（James E. Wilson）向蒲里邁解釋，沒錯，許多美國人酒後開車，但他們這麼做是有節制的。「只有這樣去理解，」他還說：「我們才能得到支持，瞄準相對少數的主要犯罪群去推行強勢的規定。」[11]在「反酒駕媽媽」的時代裡，針對這套盤算——容忍酒後駕駛以博取支持來減少酒醉駕駛——爭論勢將再起，而且帶著更多的新仇舊恨。

正當這波爭議逐漸平息，另一波爭議又起。1970年的除夕夜，尼克森總統帶有象徵意味地簽署「酒精濫用與酒精成癮全面預防、治療及復健法」生效。其後續發展之一，就是酒精濫用與酒癮國家研究院成立。

酒研院的第一任院長是謝菲茲（Morris E. Chafetz），他是哈佛醫學院及素負盛名的麻薩諸塞總醫院精神科醫師及酒精成癮專家，全心信奉酒精成癮是一種病的觀念。這意味著，他在酒精成癮風險高的酒徒與沒有風險——因而能安全駕駛——的那些人之間，畫出一道明確的區隔。事實上，在後面這群人眼中，他是酒類飲用的熱情支持者。他在 1965 年那本《酒：人類之僕》（*Liquor: The Servant of Man*）一書中寫道，酒精是「可愛之物」、「上帝恩賜」，不會對身體造成「永久、直接的傷害」。謝菲茲甚至寫道，青少年飲酒不會有問題，只要是有節制地喝。[12]

就算這些信念有某種科學效度，但挑中謝菲茲來帶領酒研院，還是一個令人好奇的選擇。雖然酒精成癮說還是有很大的影響力，但已逐漸被公衛說取代，後者試圖避免「酒精問題」不限於酒喝最兇的少數人而擴及全體人口。謝菲茲熱心提倡負責任飲酒，開車之前喝也可以，這讓運動人士想起不久前有照酒飲的廣告爭議，引發質疑酒研院的新院長是不是和業界走得太近了。

蒲里邁告訴《德梅因紀事報》華盛頓辦事處主任，謝菲茲把酒精成癮說成是一種心理問題、影響的是「一小群適應不良的少數人」，他所抱持的看法與有照酒飲的意圖「完全一致」，因而「有助於增加酒精飲料的販售與消費。」的確，有照酒飲發行過一本小冊子來宣傳謝菲茲 1965 年的書，而且他在 1976 年成立健康教育基金會（Health Education Foundation），金主包括美國啤酒協會、安海斯布希（Anheuser-Busch，當時為美國第一大啤酒廠，其下品牌有百威啤酒等，現已購併成世界第一大啤酒公司）、美樂釀酒公司。[13]

這種不以為然的氣氛在一場研討會上爆發出來，那是 1971 年 11 月在密西根大學舉辦的「酒精與高速公路安全公開資訊計劃」研討會。演講人當中有有照酒飲的唐納文，他把有節制的飲酒後開車描寫成不可免而且可接受。可以料想得到，謝菲茲贊同唐納文強調酒精成癮不等於酒，但反對反酒駕運動採取他所認為的強力執法路線，這種做法把酒精成癮駕駛扔進牢裡，然後「做出不利於他們的道德式判決。」

持反對立場的是《紐約時報》旅遊專欄作家弗利蘭德（Paul J. C. Friedlander），他反對某些演講人戴著「柔軟的童用手套」來處理酒駕者。他接著以華麗的措辭詢問與會者，有多少人真的願意在他們從會場回家的路上當面遭遇酒駕者。謝菲茲在做結語時再次批評那些贊成懲罰酒精成癮者的人，提醒他們「正在談論的是**人**，而我們似乎忘了這一點。」這話讓出席研討會的國家高速公路交通安全管理局（高安局）酒精對策辦公室主任郝爾（Willard Y. Howell）聽不下去，他認為謝菲茲對酒駕受害者缺乏關懷，因而加入了激烈的論戰。

伯肯施坦後來形容這段插曲是「慘不忍睹」。弗利蘭德對研討會上的敵意驚訝不已，在《紐約時報》上寫了三篇文章談這事。又一次清楚看出，那些認為酒駕在道德上絕對錯誤和那些試圖做例外切割或有不同見解的人之間，存在著嚴重的裂痕。[14]

酒研院的謝菲茲時代持續了五年。謝菲茲的後繼者諾柏（Ernest P. Noble）是個基礎科學家，一上任就督促酒研院放棄負責任飲酒的想法，這個想法後來被一位同仁批評是「引誘犯罪的標語……設計來教導並鼓勵所有人喝酒。」[15]「你喝得越多，不論是就個人或社會而言，」諾柏表示：「你的問題就會越多。」諾柏也為了他相信是以年輕人為目標的不當產品，例如 Hereford Cow，一種含有 20% 酒精的奶昔，和酒飲業槓上了。

1976 年，緬因州參議員海瑟威（William D. Hathaway）就「酒精的媒體形象」舉行聽證會，他說這些媒體形象把酒精描繪成「魅力、友善、健康、冒險且性感」。委員會要聽取的議題包括提高酒稅和酒瓶貼警語，謝菲茲對這兩項都反對。這些被社會學家薇娜（Carolyn L. Wiener）稱之為「小禁酒令」的議題，到了 1980 年代會有越來越多人提出來討論。[16]

酒精安全行動計劃

來談酒駕。1968 年的報告之後，聯邦和地方都動作頻頻。這些作為大致上是參照斯堪地那維亞模式，因為挪威、瑞典，其次是丹麥和芬蘭，依然是這個領域公認的世界領導者。這些國家大致上是憑藉公共教育和法令嚇阻：搭配低容許值血中酒精濃度的自證法，以及最重要的，更嚴厲、更一致的懲罰，使民眾不敢酒駕。挪威和瑞典各自在幾十年前就訂定 0.05% 的血中酒精濃度標準；在這兩個國家，後來稱之為**指定駕駛**的概念獲得廣泛認同。

美國所參考的另一個模式是英國，1967 年的「英國道路安全法」導致英國人所說的「飲酒駕駛」(drink driving）廣受譴責，並制訂血中酒精濃度高於 0.08% 即入罪的自證法。此法上路的頭幾個月，死亡與重傷人數掉了多達三分之二。英國人喜歡講**飲酒駕駛**而不講**酒醉駕駛**（drunk driving），他們認為後者只譴責明顯酒醉的駕駛，因而忽略其他嚴重失能者。[17]

聯邦的新推案是由高安局執行，名稱為「酒精安全行動計劃」，從 1969 年到 1976 年收到聯邦補助八千八百萬美元。這筆錢分給三十五個社區，建立並評估「完整、多面向的對策計劃，以降低酒精成為機動車輛事故偶發因素的機率。」[18]這些計劃多半堅持傳統的強力執法模式，訓練警察鑑識、拘捕並協助起訴酒駕者。具體提案包括吊銷駕照行政處分，這牽涉到以血中酒精濃度高為由直接吊銷駕照，以及設置酒駕攔檢點——隨時可以攔下盤問看似酒醉的駕駛進行吐氣與清醒測試。

為了增加「酒安計劃」的曝光度，高安局在全國各地的報紙和電視臺刊登、播放大量的公益廣告，所用的口號包括：「規勸問題駕駛別開車」、「今天，你的好鄰居可能會害死你」和「今晚的雞尾酒會要害死多少人？」這些廣告大多找相貌普通的人來主演，並暗示這些人是問題駕駛卻又不肯承認，而 1979 年一段插播廣告中出現星際大戰酒吧裡杯觥交錯的場面，提醒觀眾即使在其他星系，「是朋友，就別讓他酒駕」。高安局也徵召名人如演員達納·安德魯斯，他告訴收音機聽眾，以前他酒醉駕車時，「我開起車來差不多就和我兩歲大的孫子一樣好。」同時期由謝菲茲的酒研院推出的插播廣告提醒讀者和觀眾：「如果你需要一杯酒來應酬……那就不是應酬飲酒。」[19]

雖然酒安計劃是由高安局策劃，哈登並未參與其中。由於他認為運輸部不願意對抗汽車業而感到沮喪，已經在 1969 年辭去了高安局局長之職。哈登很快就被任命為高速公路安全保險研究中心主任，這個中心採用他的流行病學路線來減少車禍，成為出色的研究組織與安全改革的進步力量。

酒安計劃的成果各不相同，而且到了最後，對於加強拘捕與加重罰則是否預防了死亡事故，研究人員意見相左。雖然推行酒安計劃之處的酒醉駕駛被捕人數增加多達 100%，但死亡車禍總數維持不變，可能或有增加。酒安計劃有一項具體成果，就是規定酒駕犯上教育課程為緩刑要件之一。此外，酒安計劃資料的評估需求，促使 1975 年建立了全國性的死亡事故分析回報系統。[20]

1978 年，運輸部提出《1978 年酒精與高速公路安全報告：知識現況評估》（*Alcohol and Highway Safety 1978: A Review of the State of Knowledge*），更新了凱利與哈登十年前的報告。其中所涵蓋的主題包括運輸部自己的酒安計劃，運輸部承認該計劃在釐清各種管控手段成效方面做得太少。這顯然是有「大規模施行的問題」，並未因研究、實施十年有所紓解。系統分析師瓊斯（Ralph K. Jones）和密西根大學律師、也是研究者的喬斯林（Kent B. Joscelyn），兩位作者確認了早期的研究評估：傷重致死的駕駛人幾近半數的血中酒精濃度至少有 0.10%。其他風險因子為男性、喝啤酒、夜間與周末駕車，以及之前有酒醉駕駛的紀錄。

根據瓊斯和喬斯林的報告，光是 1975 年一年，酒精相關車禍就讓美國社會付出大約 60 億美元的代價。他們還提到，在血中酒精濃度高於 0.10% 的情況下駕駛，被捕的機率極低，大約是每兩千車次會有一次。[21]

瓊斯和喬斯林在做結語時還是非常謹慎。期待有進一步研究發現的他們這麼寫著：「沒有明顯的理由支持實施新的大規模執法計劃。」兩位作者甚至一度質疑起幾十年前認為酒精與駕駛不穩有關的資料。「不可能斬釘截鐵地指出，」他們寫道：「與酒精成癮者或問題酒客有關的車禍，有哪一個部分是關鍵駕駛動作的執行能力因酒精而喪失所致。」[22]

如果聯邦政府實質上是高舉雙手投降，那麼美國民眾是連投降都談不上。高安局、全國安全協會及其他關係組織已經公布每年 25,000 人死亡的數字與酒安計劃提案，而具體的酒駕案例，或者與名人有關、或者有人喪命，繼續登上報刊與晚間新聞，但美國人依然對酒駕議題興趣不大。察覺到這種厭倦感的瓊斯和喬斯林，認為有必要「探索新的做法以提供新的方向並注入新血。」[23] 然而，聯邦政府似乎就是不知道該怎麼做。

幸好，艾肯知道怎麼做。1977 年 12 月 5 日，艾肯在為家人準備晚餐時，瞄到當地報紙的頭條標題。兩名她不算很熟的當地青少年，凱倫．莫瑞斯與提摩西．莫瑞斯，在她居住的紐約州斯克內特迪被一個酒駕者撞上了。該駕駛血中酒精濃度是 0.19%，幾乎是法定上限的兩倍，開車時兩膝間還夾著一罐啤酒。兩名孩童之一當場死亡，另一名傷及要害。這事件促使艾肯投入一場超過三十年的聖戰，以挽救其他兒童——與成人——的生命，免受明知自己因酒而失能卻仍坐上駕駛座的人所害。艾肯在寫自傳時，把書名取為《我的一生有如鬥牛犬》(*My Life as a Pit Bull*)。

在探討愛肯那個團體「驅逐酒醉駕駛」及隨後其他組織的成立之前，有必要回到反酒駕運動年代不久之前，看看當年酒駕車禍之後的狀況。從某方面來說，要描述這些故事並不容易，這些故事少有發表過，尤其是在 1980 年之前。但受害者本人及其家人還記得發生了什麼事，有些人會把他們的經驗寫下來。就和所有的奇聞軼事一樣，嚴格來說，這些紀錄只是片面之詞，而且可能是經年累月的精心製作，創造出「理想化的受害者」。就這樣，這些故事不能代表一般性的酒駕。

話雖如此，在特定歷史時刻所出現的無助、沮喪和憤怒等共通語言，使得這些故事具有相當的可信度。我們將會看到，大多數的受害者與家人是被動的旁觀者，被排除在法律過程之外。有一個女人告訴艾肯，當他們大聲疾呼，就被指控是「禁酒主義者」或「想要報仇」。[24]這些受苦的家庭所得到的訊息再清楚不過：我們很遺憾，但現在閉上嘴巴，繼續過你們的日子。

紐約州雪城的珍妮在 1966 年 10 月被一個酒駕者迎頭撞上，她「最大的衝擊」是駕駛只收到一張 10 美元罰單和吊扣駕照 30 天，理由是「未保持靠右」。珍妮寫道，警察不想費事去控告駕駛酒醉駕車，因為「太費時也太麻煩」。珍妮試著讓法官、律師、地方檢察官和紐約州警注意到她的故事，但他們全都「當〔她的〕面把門甩上。」[25] 十三年後，她是最先加入「驅逐酒醉駕駛」的受害者之一。

無人理會的哭喊聲

在 1970 年代，一般市民有兩個辦法可以把他們的故事告訴大眾，就是讀者投書和寫信給為多家報社寫稿的專欄作家安．蘭德絲＊。1973 年 9 月，這群受害者兩路並進。加州凡奈斯的理查把酒駕者如何害死他妻子和兩名年幼孩子的駭人故事告訴《洛杉磯時報》。「我的妻子，」他寫道：「在原本應是我女兒十五歲生日那天，被放進她的墓穴，躺在我女兒身旁。」理查說，大多數人聽到酒駕事故只是「搖搖頭」，對於「拯救長頸鹿、水獺和極地螃蟹」似乎就關心得多。[26]

安．蘭德斯重刊奧克拉荷馬州某家報社一封由酒駕受害者所寫的投書，他慘遭顱骨骨折、斷了一根鎖骨和九根肋骨，以及肺部塌陷。他的治療過程包括三十九次輸血、脾臟摘除及終身洗腎，而且還無法回到工作崗位上。根據這個人的說法，酒駕者受到的處罰只有 100 美元和強制駕訓課。「我沒有聽到撞我的駕駛說過半句話，」他的結語是；「他連『我很抱歉』這樣的話都沒說過。」[27]

在那三年前，二十一歲的艾德華是紐約州懷俄明郡一輛廂型車上的乘客，被一個在附近酒吧喝了五小時的男人駕車從側面擦撞。箱型車翻覆且起火燃燒，艾德華被燒死。他的雙親巴柏和潘妮要求出庭，卻被告知會對案子不利。儘管如此，法庭只處以 35 美元罰金。諷刺的是，巴柏近年回憶時提到，法院認為和那些導致嚴重體殘的案子比起來，涉及死亡的案子比較不值得賠償。他說，他去紐約州議會想要改革法令，卻像是「曠野中無人理會的

＊ 譯註：Ann Landers，從 1943 到 2002 年在多家報社共同連載的諮商專欄，以此為筆名由多位作者接續撰稿。

哭喊聲」。[28]

同樣那一年，凱瑟琳二十歲，與父親和兩個妹妹同住，她的母親幾年前過世了。有一天傍晚，她父親被一個未達法定駕車年齡的酒駕者撞死。凱瑟琳突然成了家中的經濟支柱。就像當時常見的情形，地方檢察官說撞死人是「意外事故」。「那個年輕人用他的車輾過我父親兩次，」她在三十五年後回憶：「連一張交通違規單都沒收到。」[29]

約翰是一名護士的十七歲兒子，這名護士為威斯康辛州歐克雷爾市的外科醫師哈德森（Ralph Hudson）工作。約翰在騎他的單車時被一個血中酒精濃度 0.20% 的酒駕者撞死。據哈德森所言，該駕駛不做抗辯，法官按慣例給了他一個不痛不癢的判決——緩刑。哈德森引述法官判決理由的大致意思：「畢竟，這不是蓄意，是一場意外。我們無法讓約翰復生——而且被告已經很痛苦，還會一直痛苦下去。」約翰常常告訴他母親，他想當個醫生，「像哈德森醫師一樣。」[30]

羅伯特在 1970 年代後期當上紐約州斯克內特迪的檢察官。他回憶，受害者家屬一般來說是「逆來順受」。當時，運動才剛開始興起。在此同時，大多數的陪審員「同情被告，認為若非上帝眷顧，上那兒去的就是自己了。」[31]

1977 年，二十八歲、離過婚的媽媽蘇珊找來《洛杉磯時報》，紀錄她的車第三次被酒駕者撞上的後續發展。蘇珊告訴檢察官辦公室，她想出庭作證，以免案子被改成輕罪起訴——這是第三次了。畢竟這第三個犯人的吐氣酒測儀紀錄到超過 0.15% 的讀數，而洛杉磯才剛宣布要打擊酒駕。儘管如此，據蘇珊所言，在延期審理期間，還是悄悄改成輕罪起訴。酒駕者承認超速且違規左轉，只需繳 50 美元罰款。[32]

朵瑞絲是個五十七歲的女人，1980 年 5 月正從上紐約州的教會要回家時，被兩名青少女的車撞死。據她的孫女蘇珊所言，紐約州葛羅佛斯維爾地方檢察官競選時承諾不和酒駕者認罪協商，但「那是騙人的。」駕駛連駕照都沒被吊銷。不久後，她有當面遇見過兩個犯案者，蘇珊寫道：「真正傷到我的，是看到害死她的兩個女孩在比賽喝啤酒。這兩個女孩我都見過，想到那件事對她們毫無影響，令我很難受。」[33]

1981 年 7 月，史都華正在佛羅里達州羅德戴爾騎他的單車時，被小貨車駕駛從後面撞上，駕駛的血中酒精濃度檢測結果是 0.18%。單車嵌在貨車的鐵架上，史都華被拋到地上。他因為脊髓受傷而癱瘓，這個傷也害他尿失禁和性無能。據史都華所言，駕駛不做抗辯，受到的處罰是吊扣駕照 90 天、175 美元罰款，以及強制參加駕訓班。「但受害者呢？」史都華怒氣沖沖：「如果受害者死了，我們的態度似乎就是『呃，人死不能復生，反正這只是個意外』，我們不會要那些駕駛付出代價。」[34]

北卡羅萊納州一對夫妻寫到他們的兒子死於酒駕者輪下。地方檢察官准許駕駛以最不可能的罪名進行認罪協商，只吊扣她駕照一個月。但令這兩位家長不快的是「缺乏對已逝者遺屬的憐憫。」高速公路巡警從未連繫家長、告訴他們發生了什麼事，他們是從新聞報導得知——而不是從地方檢察署——他們兒子的案件沒有進入審判，而是以認罪結案。「這確實證明，」他們的結論是：「機動車輛致死有豁免權。」[35]

偏好攻擊性、懲罰性手段的透納（Carlton E. Turner）出任雷根的第一任「藥品沙皇」，他被問到對於成立酒駕議題總統委員會有何評價時，酒駕浸潤文化到何種程度便顯現得一目了然。透納態度消極、反對這個點子，因為警察及其他地方官員逮捕或處罰有酒醉駕駛嫌疑的名人時，是出了名的不情不願。[36]

在1970年代和1980年代初期，這些故事並不特別，卻是頭一回開始有了吸引力。除了內德、哈登及其同僚挑戰汽車業，其他受人敬重的制度也開始被炮火籠罩。草根運動挑戰南方的種族隔離法、越南的血腥殺戮及社會上的男性支配。那個年代的女性主義典範是女性努力重新掌控生育過程、挑戰男性婦產科醫師和乳癌外科醫師，這些醫師向來都不讓婦女參與醫療決策。到了1970年代中期，消費者運動興起，激勵美國人質疑權威與現況，不論是購屋、挑選律師、購買食物，或是——這要感謝內德和哈登——買車。

艾肯的聖戰

朵瑞絲・艾肯之前從未有親友發生過酒駕車禍，也沒有特別思考過這個主題。這名來自紐約州斯克內特迪的新聞記者，和工程師威廉・艾肯結了婚、有三個孩子。但身為一神普救派的社會行動團體成員、墮胎權運動份子，也是《論壇》節目主持人，這個地方電視新聞節目報導諸如入監服刑、婦女權利和同性戀等議題，艾肯親身處於美國社會的這些動盪浪潮之中。因此，難怪當地報紙頭條標題會在那天傍晚跳出來被她看到，而不是在十年前、甚至是五年前。

艾肯先做了任何一位記者都會做的事：她打了幾通電話。第一通是打給地方檢察官。她問檢察官該名駕駛有沒有被吊銷駕照或被關起來。艾肯後來回憶，檢察官先是咯咯笑，然後說：「沒有，我們不會沒收駕照或把人關進牢裡。」接著，他用酒駕受害者知之甚詳的措辭補充說明：「這是一樁意外事故。他不是蓄意這麼做，而且他大概也覺得很不好受。你不該捲進這檔事。」[37]艾肯還比死了兩個孩子的母親邦妮・莫瑞斯好些。據艾肯所言，地方檢察官根本就不回邦妮的電話。

這輕蔑的評語把艾肯「震得」動了起來。她接下來做的就完全草根了。她向她的教會要了 50 美元去印信箋，上面有姓名地址的抬頭，宣告一個尋求伸張莫瑞斯案正義的組織成立。艾肯接著運用她的媒體關係，邀請有興趣的人來參加一場社區會議。大約有二十個人現身，包括一名記者、一名當地酒精成癮諮詢會成員、一位地方法院法官和幾個教會成員，沒有受害者或家屬。第一個講話的那位法官，他提出一個善意的警告。「你們這些人應該要注意，」他說：「妳們打電話給地方檢察官或散發信函，可能侵犯了酒駕者的權益。」[38]

當然，對艾肯及她將要代表的數千名受害者來說，對酒駕者權益的關心不是她們需要在意的事，這關心本身就是問題所在。回溯到 1937 年，當時美國醫學會和全國安全協會訂出 0.15% 為酒駕法定上限，議員和衛生官員竭盡全力，確保任何一位幾杯下肚還能知道找路回家的酒客，不會被剝奪了自己回家的選擇權。另一方面，絕大多數喝酒後開車且顯然失能的那些人，都受惠於這些故意放水的法規。

有趣的是，艾肯發動她的聖戰時，對這段歷史一無所知。她甚至不知道哈登與莫尼漢的研究成果，儘管他們大部分有關酒駕的研究和撰稿是在附近的阿爾巴尼做的。她也沒聽過酒安計劃。然而，這樣的無知，說不定是塞翁失馬，焉知非福。艾肯並非只知推動標準的改革手段，如壓低可接受的血中酒精濃度，她一開始把重點放在當地發生過的狀況——具體來說就是認罪協商和減刑判決——並預期這些也會出現在莫瑞斯案中。她的想法是注意法庭上具體的酒駕案例發展，然後加以公布。在那場會議中，出席者決議組成「法庭監督小組」。他們也計劃找公益律師著手處理莫瑞斯案件，務使該駕駛至少會在牢裡待上一段時間。

據艾肯的自傳回憶，當時會議室內有不同的意見。有一個人發言認為紐約絕不會改變認罪協商諸法，因為代表酒駕者的辯護律師是一個如此強大的遊說團體。在艾肯看來，認罪協商是律師們賺錢的快速法門，而進入審判要花錢、花時間。反酒精成癮運動者寫了一封信給當地報紙，指出以重罰手段來對付酒精成癮者是緣木求魚，因為這些人生了病。她也反對會議上提出的另一個想法——在報紙上公布酒駕者姓名——因為那些被點到名的人會因此被人看輕。[39]

不過，話已經傳開了，而此時命名為「驅逐酒醉駕駛」的這個小團體開始有更多人加入，尤其是在 1978 年 2 月舉辦第一場新聞記者會之後。艾肯自己就是新聞人，知道如果她這個翅膀還沒硬的團體想要存活下來，媒體的關注有多麼重要。

最後會加入驅逐酒醉駕駛運動的那些人，有很多是本人或親友發生過酒駕車禍。當然，**受害者**一詞一點都不直白，尤其是當有人在車禍中死亡時。遠從胡克和葛瑞維特那時起，人們往往覺得受害者是酒駕者本人，因為他們被詛咒餘生都要活在罪愆之中。艾肯和她的同事試圖要翻轉這個觀念。他們沒有淡化酒精成癮的嚴重性或過失致人於死的心理後遺症，而是主張正義幾乎不曾在酒駕案件中得到伸張。社會需要更關心躺在病床上和停屍間的「真正」受害者，而當積習難改的酒駕者一再獲准回到街上，同樣需要關心的還有潛在的車禍受害者。

艾肯很快便做出結論，對企業而言，最重要的是壓力。「壓力是唯一有用的策略，」她寫道：「而且這壓力必須被認為是來自選民。」艾肯說自己是頭鬥牛犬，倒也相去不遠。有個同事形容她是「毫無疑義的頑固、難纏、不讓步」。

「驅逐酒醉駕駛」規模逐漸擴大，憑藉法庭監督、不屈不撓地寫信和打電話給議員和法官、持續在阿爾巴尼和其他重要都市進行遊說，以及新聞記者會，而組織成員心目中已經夠痛苦的個人和家庭所遭受肆無忌憚的不公不義，經常就在記者會上公布。「驅逐酒醉駕駛紐約州分部已經收集到的案例中，對於拒絕化學性吐氣檢測，或一直合乎法規但駕駛紀錄糟糕透頂，且曾酒醉駕駛罪定讞的駕駛人，〔機動車輛部〕花了 6 星期到 15 個月才吊扣或吊銷他們的駕照，」艾肯寫信給紐約州機動車輛部部長：「我們希望不必引起公眾對機動車輛部在此一領域不良紀錄的注意。」她在 1981 年告訴《時代雜誌》:「去年，紐約平均每一個酒駕者支付 12 美元罰金，而那些在非許可季節殺鹿的人得付 1,500 美元。」[40]

到了 1983 年，「驅逐酒醉駕駛」已經在 30 個州有了超過 130 個分部。但最先取得成果的是艾肯的家鄉紐約州。這個團體很快就學到，堅持與義憤可以獲致實質成果。1979 年，四十項有關酒駕的法案送進了紐約州議會。沒有一項通過。有一名議員助理告訴艾肯:「你無法為道德立法；在美國，人們喜歡喝酒，也愛他們的車。」[41]

但 1980 和 1981 年通過了十三項法案，這顯然是「驅逐酒醉駕駛」努力所致。「驅逐酒醉駕駛」除了一般策略之外，也針對州議員在酒駕立法上的投票紀錄製作評分表。接著還有守夜活動。1981 年 10 月，「驅逐酒醉駕駛」的代表，包括成員中為數眾多的神職人員，連續十一天堅守在州議會表決會場外，拿著照片、標語，以及二十英尺長的布條，列出阿爾巴尼地區過去十八個月期間被酒駕者撞死的人姓名。

1983 年母親節，「驅逐酒醉駕駛」在紐約州阿爾巴尼郡國會大廈階梯上施放汽球，紀念酒駕受害者蜜雪兒・馬丁。承蒙朵瑞絲・艾肯提供。

州長古莫（Mario Cuomo）所簽署的新法令當中，包括防止酒駕案件認罪協商、直接吊銷再犯者駕照，並且把酒駕案件所收的罰款用於購買吐氣酒測儀、支付警察加班費和補助執行其他反酒駕法規。「驅逐酒醉駕駛」也大力推動在最有可能發現酒醉駕駛的時間地點經常性設置酒駕攔檢點。

「驅逐酒醉駕駛」早期在紐約的另一項成就，是驅逐對酒駕者從輕量刑的資深法官。紐約州斯勾達克有一個例子，一名退休警官和共和黨籍資深法官斯諾競選，這位法官以「叫他們找斯諾」一語聞名。「驅逐酒醉駕駛」製作一份斯諾對被告寬宏大量的案件清單，像是血中酒精濃度 0.33% 的男子令一名受害者終身殘廢且肇事逃逸，所受到的懲罰卻只是一個緩刑判決。儘管 1924 年以來沒有民主黨人在那兒贏過地方選舉，但因為運動乍起，斯諾敗選了。[42]

把格局縮小來看，「驅逐酒醉駕駛」也試圖讓所有捲入酒駕車禍的個人具有更大的力量。在 1980 年代初期，「驅逐酒醉駕駛」發行了一本標題為《酒駕受害者權益》的手冊，這手冊基本上是關於如何爭取正義的指南。所提供的建議包括：要求警察進行吐氣檢測；找出肇事駕駛最近一次喝酒的地點；取得事故報告；聘請專精過失侵權案件的律師；聯繫機動車輛部以取得肇事駕駛的紀錄；和當地的地方檢察官私下討論案件；在判刑時出庭發言；如果可能的話，對酒醉駕駛及他當時喝酒所在之店家提起訴訟。

在實務上，艾肯或其他「驅逐酒醉駕駛」成員經常協助受害者完成這些事。「您會收到來自佛羅里達州的『驅逐酒醉駕駛』成員所寄出的信，他們一直密切注意這個案件，作為貴署是否積極任事的指標與實例，」艾肯代表一個其子命喪於酒駕者輪下的佛羅里達家庭寫信給檢察官：「我們**現在**就要肇事駕駛的駕照，並快速做出最嚴厲處分之裁決，包括由貴署對法官與受害者父母所做的若干建議。」[43]

艾肯不斷收到「驅逐酒醉駕駛」協助過的那些人寄來的感謝信。「由於『驅逐酒醉駕駛』的協助與我的申辯，地方檢察官扣押涉案車輛，並且找到必要證據加以起訴，求處酒精失能肇事者過失致死罪，」紐約州克里夫頓鎮一名失去女兒的婦女寫道：「沒有『驅逐酒醉駕駛』的協助和我的堅持，案子就不會成立。」表達感謝的還有莫瑞斯一家，當初就是他們家兩個孩子之死啟發了艾肯。枉費當初和艾肯說話的那位地方檢察官一番冷漠，犯案者被判處過失致死罪並送進監牢關六個月。至少有了點成果。[44]

被激怒的母親

同一時期在馬里蘭州聯合鎮，辛蒂・蘭沐在 1979 年 11 月 10 日上午外出購物。她帶著五個月大的女兒蘿拉一起去，把她放在家用小貨車的兒童安全座椅上繫好安全帶。蘭沐開過馬里蘭州快樂丘鎮時，她的貨車突然撞上一輛偏離車道的車子，最後撞上堤防停了下來。

事後得知，這輛由 37 歲技師紐坎墨駕駛的車子一路以每小時 70 英哩開在濕滑路上，並且越過中線開進對向車流。蘭沐的貨車其實是紐坎墨撞上的第二輛車，但可能是損害最嚴重的。蘭沐被拋出擋風玻璃外，十二處骨折，但傷得最重的是蘿拉，安全帶繃斷時從安全座椅上被猛力扯下來。脊髓的傷使她肩膀以下癱瘓。當地報紙《信使周刊》報導，這樁毀滅性的悲劇事件「粉碎」了辛蒂和她先生亞倫「田園詩一般」的生活，因為他們要面對一連串醫療與情緒上的嚴酷挑戰。[45]

紐坎墨喝醉了，從早上九點開始喝了兩品脫「加拿大之霧」威士忌。當時顯然沒有測血中酒精濃度。而且紐坎墨是個累犯，有超過三十次交通違規，包括三次酒醉駕駛被捕。車禍發生時，他正在持械搶劫罪緩刑期間。艾肯有參與政治運動的經歷，但蘭沐一家毫無經驗。亞倫是工程師，辛蒂是特百惠公司經理；他們育有蘿拉和一個年紀較大的男孩。但就像艾肯一樣，他們無法就這麼接受這是一樁意外，尤其是因為紐坎墨過去的行為已經完全可以預告會有下一樁車禍。

蘭沐一家一邊照顧蘿拉，一邊開始寫信告訴州議員有關該州酒駕執法寬鬆，是全國最糟的州之一。蘭沐一家得到冷漠的回應，遂漸漸轉向以媒體為管道表達他們的關切。基於顯而易見的理由，有幾家當地報紙報導了這樁悲劇。

蘭沐的案子之所以特別具有新聞價值，是因為有一個年幼的受害者——而且是個特別引人注目的受害者。撇開病情不談，蘿拉是個非常快樂的嬰兒，而且非常上相。辛蒂一直擔心利用了她的女兒，還真的拒絕過許多媒體的邀約，但她決定要繼續投入。她自己在心裡想，有一天，蘿拉說不定會問她：「為什麼我坐在這椅子裡，你為此做了些什麼？」辛蒂說，她承受不了到時說自己什麼也沒做。結果，蘿拉成了當地的媒體熱門人物。辛蒂後來回憶：「人們會看著她自問：『我們做了什麼？』」[46]

全國各地也在注意。1980 年 9 月 23 日，《華盛頓郵報》報導了州議會在馬里蘭州安納波里舉辦聽證會，蘿拉現身會場，她的母親上臺發言。「我還記得蘿拉最後一次感受到擁抱，」辛蒂・蘭沐告訴與會議員：「我還記得蘿拉最後一次動她的手指，和手，和腳，和腿。現在，她感受不到任何親吻，感受不到任何擁抱，感受不到任何事物。」兩天後，該報刊出一篇社論，標題為〈蘿拉・蘭沐為何不能動〉。這篇文章重新講述蘿拉受傷的故事，然後提到馬里蘭州是少數仍以 0.15% 血中酒精濃度為法定酒醉標準的州之一，並指責州議員歐文斯（Joseph E. Owens）阻撓更進步的立法。[47]

蘿拉在華盛頓特區也是電視上的焦點人物。CBS 電視臺當地記者高登（Sandy Golden）看過關於蘭沐家的報導後，做了一個以這家人和酒駕為主題的五集系列節目。在那之後不久，高登被大眾和議員漠不關心的態度激怒，真的辭掉工作，開始全職投入酒駕議題。紐坎墨的判決足以解釋高登的決定。法官只讓酒駕者坐兩年牢，部分原因是他相信拘役對紐坎墨未來行為的嚇阻效果

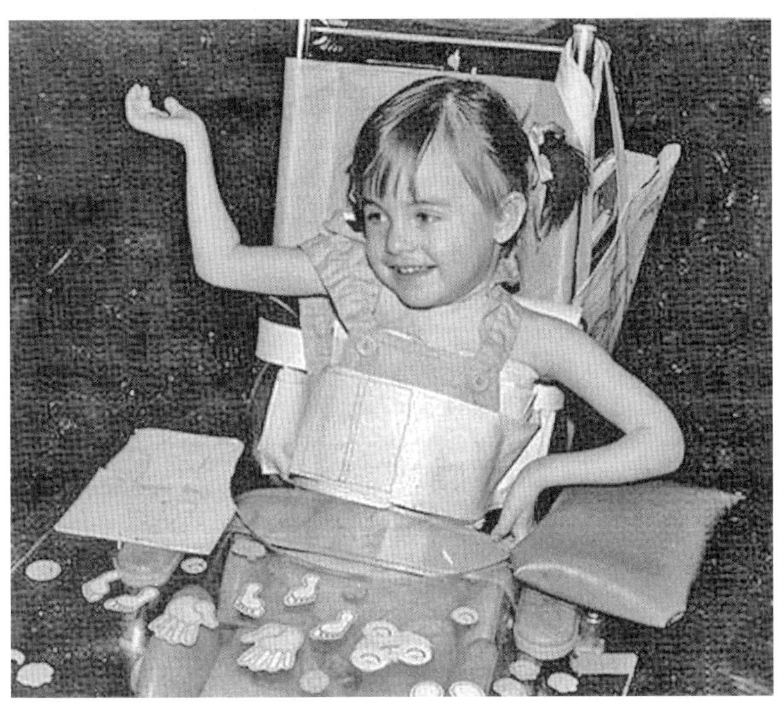

蘿拉・蘭沐，這位可愛的酒駕受害者有一段時期是運動的象徵人物。承蒙比爾・柏若榮特與辛蒂・蘭沐提供。

不大，即使紐坎墨也承認較長的刑期比較恰當。實際上，他最後服刑五年，因為酒駕違反了他的假釋條件。[48]

第三種反酒駕運動興起於 1980 年，起因是一則或許比艾肯和蘭沐還要更痛苦、更驚人的故事。這次的受害者是十三歲大的卡莉・萊特娜、瑟琳娜的同卵雙胞胎，她很愛講電話、做菜、模仿人、打籃球和壘球。1980 年 5 月 13 日，卡莉正走路要去看加州美橡鎮一條郊區街道上的嘉年華遊行，一名酒駕者撞死她之後逃逸，她的身體被拋出 125 英呎。諷刺的是，萊特娜一家之前已經出了兩次車禍。一名酒駕者從後追撞萊特娜母親的車子，當時十八個月大的雙胞胎就坐在後座上。接著是雙胞胎的弟弟崔維斯，在 1975 年被車撞到，有腦部創傷及多處重傷，需要進行多次手術。

卡莉的父母已經離婚。當他們悲痛地準備辦喪事時，車禍的細節開始浮現。這名很快就被警方逮捕的駕駛是個四十六歲的罐頭工廠工人，名叫克雷倫斯．布西。萊特娜從處理這個案子的高速公路巡警那兒獲知，布西不只喝了酒，而且曾四次酒駕被捕，卻只在看守所裡合計待了四十八個小時。甚至更令人膽寒的是，上一次被捕就在撞死卡莉的僅僅兩天前；警察讓布西回家等候審判，卻連駕照也沒有收走！當萊特娜問巡警，布西會不會去坐牢，他坦白以告。「女士，如果他有在看守所待上一秒鐘，就算妳運氣不錯，更別提坐牢了，」他說：「這套制度就是這麼運作。」[49]

萊特娜不是政治人物。她是個三十三歲、養育三個孩子的不動產經紀人，甚至沒去登記投票過。但越來越憤怒的她，也將經歷一場轉變。那天晚上，萊特娜知道布西的事之後，和幾個朋友、家人去當地一家餐館吃晚餐。她後來寫道：「我怒火中燒。我坐進車裡，把這個資訊告訴我的朋友們。前往餐廳的一路上，我沒法專注聽他們說的任何一句話，因為我很氣一個文明社會竟然會發生這種事。我的朋友有同樣的感受，沒有人能相信法律是這樣在運作。我怒氣上沖。我覺得快要氣瘋又無助。」在吧檯等桌位時，萊特娜和她的妹妹凱西討論要怎麼處理這樣的怒氣。最後，萊特娜宣布她想要發起一個組織來警醒大眾。她的朋友蕾絲莉當時脫口而出，給這個團體取了個名稱。她說：「那妳就把它叫做『反酒駕媽媽』好了。」[50]

萊特娜後來喜歡指出，「反酒駕媽媽」的點子是在一家餐館的吧檯開始。多年後，她、蘭沐、艾肯和其他反酒駕運動者，將會被批評她們的人冠上新禁酒主義者的稱號，但她們全都會喝酒——蘭沐有時還喝得很兇呢。她們只是不酒後開車而已。蘭沐後來寫道：「我愛喝啤酒；從以前就愛，以後也愛。那又怎樣？我喝酒時不會傷害任何人，也不會去開車，所以這有什麼好大驚小怪的，對吧？」[51]

萊特娜接下來開始進行聯繫，首先是加州司法部長助理布蘭肯錫（Steve Blankenship）。不久，她宣布反酒駕媽媽成立，對任何一個願意聆聽的人講述卡莉的故事，包括地方政治人物、法官和地方檢察官。他們支持的程度各有不同，但萊特娜很快就明白，有一群人是她始終都可以依靠的：媒體。

當不為眾人所知的萊特娜在奧勒岡州一場交通安全研討會上，第一次就她女兒之死發表公開演講時，就明顯看出這一點來。她一開始提到一個雀斑臉、褐髮的十三歲女孩，結尾時描述那個女孩死於一個有多次前科的酒駕者輪下。底下是萊特娜說完之後所發生的事：「當我說，『那個小女孩是我的女兒，』聽眾倒抽了一口氣。媒體記者跳了起來，跑出門外去叫攝影師。現場突然人聲嘈雜、一片混亂。」[52]

萊特娜這一則不必要的、駭人聽聞的酒駕致死故事，與其他許多的故事類似，幾十年來似乎沒有人關心。但現在，當高安局公告每二十三分鐘就有一人死於酒駕車禍，是三十四歲以下、包括兒童的主要死因，人們的心弦被打動了。有很多——非常多——像萊特娜這樣的母親被激怒，並堅持要有所改變。[53]

對酒駕宣戰

很少人能做到像萊特娜那樣。一旦她把「反酒駕媽媽」當成自己的事業，這件事「就成了一天二十四小時全年無休的工作。」蘭沐自己就是個難纏的女人，她說萊特娜「頑強得像釘子一樣。」[54] 典型的例子就是萊特娜決心每天到加州州長傑瑞・布朗的辦公室報到，直到他同意指派一個酒駕問題的專責單位。萊特娜後來明白，她之所以如此全心投入「反酒駕媽媽」運動的理由之一，是要避免為了她女兒之死而痛苦悲嘆。她很快就成為媒體寵兒，出現在電視節目《今日秀》、《唐納修脫口秀》和《六十分鐘》。她耕耘媒體，而媒體也栽培她。

萊特娜有吸引力、上相，能在公開場合哭並激烈駁斥對手，而且提供簡潔有力的嘉言名句，這些特質在 1983 年一部為電視而製播、由瑪莉耶・哈特麗所主演的電影《萊特娜的故事》中，表現得動人又有效果。「犯人有工會和付費的遊說團，」在這部影片的一幕戲中，萊特娜告訴加州州議員：「我們有什麼呢？有我們這群無辜的受害者。」

社會學家韋德（Frank J. Weed）在一篇論魅力型改革者的文章中，稱萊特娜為「反酒駕媽媽之后」，她是「反酒駕媽媽」大幅成長、到了 1985 年在全國擁有超過三百個分部與六十萬志工和贊助者的主要原因。「反酒駕媽媽」在 1981 年從高安局和保險業收到超過一百萬美元，到了 1985 年的年度預算為一千兩百萬美元。她們成功推動把紅絲帶綁在汽車天線上，更進一步強化其能見度。到了 1990 年代，有幾項調查把「反酒駕媽媽」列入全美最受愛戴的公益團體。[55]

高登也對「反酒駕媽媽」的成功有所貢獻。就是他和萊特娜、蘭沐及馬里蘭州眾議員巴恩斯（Michael D. Barnes），一起在 1980 年夏天策劃了一場新聞記者會。蘭沐同意在馬里蘭州成立「反酒駕媽媽」分部，並且和萊特娜密切合作了一段時間。巴恩斯則是因為有個非常積極、名叫柏榮若特（Bill Bronrott）的助

讓「反酒駕媽媽」站上全國舞臺的 1980 年 10 月 1 日新聞記者會前歷史性的團體合照。由左至右：萊特娜、加州眾議員松井、蘭沐（和蘿拉）、羅德島參議員沛爾和馬里蘭州眾議員巴恩斯。承蒙比爾．柏榮若特提供，凱斯．玖爾（Keith Jewell）拍攝。

理，自己也極為坦率直言，稱酒駕為「被漠視的國恥」、「我們高速公路上的大屠殺」。

另一場大張旗鼓的活動在 1980 年 10 月舉行。這次，萊特娜、辛蒂．蘭沐、蘿拉．蘭沐、巴恩斯、加州眾議員羅伯特．松井（來自萊特娜那個選區）、羅德島參議員沛爾和高安局局長瓊安・克雷布魯克聚集在國會山莊聽證室。

媒體報導相當多。兩位母親忍不住淚水，訴說著她們的故事，強調酒駕者之前多次酒駕犯行所受到的懲罰多麼微不足道。蘭沐再一次把蘿拉的狀況描述得鮮明生動：「蘿拉從她的肩膀以下完全是什麼都感覺不到。感覺不到親吻，感覺不到擁抱。我對她動也不動的腳搔癢，蘿拉不笑。蘿拉沒辦法玩拍手歌的遊戲。」[56]「反酒駕媽媽」的母親們也宣佈要全國駕車請願，以督促卡特總統任命一個特別挑選的專責小組迎戰酒駕。

當為人母、為人父及其他人加入「驅逐酒醉駕駛」和「反酒駕媽媽」，媒體報導酒駕、尤其是涉及無辜受害者的悲劇意外，也大幅增加——根據一項新聞報導索引資料，增幅超過 800%。典型的例子就是 1981 年 3 月 22 日《華盛頓郵報》頭版報導，標題是〈全國憤起〉，以及 1982 年 9 月 13 日《新聞週刊》封面，標題是〈對酒駕宣戰：強硬對付一年害死 26,000 名美國人的殺手〉。[57]

和加入「驅逐酒醉駕駛」的那些人一樣，「反酒駕媽媽」成員在社區、學校、教會進行推廣教育。她們寄發新聞稿、出席研討會，並建立公眾監督機制。「反酒駕媽媽」也強調，為了防止明顯酒醉的人駕車，酒保、宴會主人和家人很重要。最能抓住這種管閒事精神的是這句口號「是朋友，就別讓他酒駕」，最初是由運輸部和公益廣告協會（Ad Council）提出，有照酒飲群業公司也加以傳播。

進入 1980 年代之後，「反酒駕媽媽」將爭取像脫口秀主持人唐納修、前第一夫人貝蒂・福特、知名女演員卡洛・柏奈特和遊戲節目主持人鮑伯・巴克這類名人背書，並製作動人且往往圖象化的公益廣告，揭露酒駕車禍所造成的大屠殺。典型的例子是以坐著輪椅的青少年或害死自己朋友的駕駛人為主角。「反酒駕媽媽」也帶頭發起在涉及酒精的死亡車禍地點路邊放置十字架。這些十字架既可用來紀念逝者，也作為譴責這種暴力行為的政治宣言。[58]

然而，和紐約的情形一樣，「反酒駕媽媽」初期耗費很多精力專注於改變酒駕法令。1981 年在馬里蘭州，由於柏榮若特、巴恩斯、蘭沐和謝克斯頓夫婦，這對夫婦的十五歲兒子湯米在 1980 年被一名酒駕者撞死，州長休斯（Harry Hughes）簽署了六項法案，條文內容包括降低法定血中酒精濃度上限、允許可攜式吐氣檢測，以及提高拒絕此類酒測的罰則。此外，該州宣佈一項新的計劃，付薪水讓巡警在酒駕者最常上路的夜間及周末加班工作。

由於這些努力的結果，馬里蘭州酒駕逮捕率提高超過一倍。在加州，萊特娜的努力得到的回報是強硬的新法，包括酒駕初犯定讞處拘役兩天或駕照限制 90 天，累犯者處四年以下徒刑（克雷倫斯．布西最後因卡莉之死服刑一年半）。加州還有一些新規定試圖防止認罪協商，並堵住令吐氣酒測儀檢測結果無效的漏洞。[59]

說萊特娜是反酒駕運動的生力軍，那是太低估她了。多年來，這個圈子裡的那些人光是想著需要新的動能，自己卻無能為力。當時任職於高安局的費爾（James C. Fell）回憶，該怎麼做，資料就在那兒，但我們「沒辦法引起公眾注意、沒辦法引起國會注意、沒辦法引起任何人注意。」「我祈求這個圈子裡出現『憤怒的少數』已經很多年了，」伯肯施坦對萊特娜這麼說。他承認，科學研究「只是一具骷髏，需要血和肉──以及情緒。」[60]

萊特娜用心和伯肯施坦及這個領域裡的其他老兵保持聯繫，

一方面是增長自己的知識，另一方面也是向走在她前頭的那些人致敬。她告訴伯肯施坦有關一場她參加過但不對外公開的辯護律師討論會。她寫道，這類會議「不過就是提供一個讓他們耀武揚威的機會，告訴所有人他們多麼成功地操弄法律、找出漏洞，讓他們的業主免於受罰。」她在信末感謝伯肯施坦等人的來信，還寫著「你真是個甜心的人，巴柏。」這顯然令伯肯施坦印象深刻又開心，他回信寫道：「真巧，在情人節被 Candy* 說我『甜心』。」[61]

反酒駕運動的巔峰

1980 年代反酒駕運動大概是在 1982 年 4 月 14 日達到巔峰，雷根總統那天站在白宮玫瑰園，宣告「美國人對於我們的高速公路會發生這種殺戮感到憤怒。」這件事的發生又是無所不在的高登起的頭，他草擬了一份請願書，呼籲針對酒駕成立一個總統委員會，並拜託巴恩斯和猶他州眾議員韓森讓國會每一位議員都簽上名字。到最後，340 名國會議員簽了。此外，「反酒駕媽媽」得到超過 20 萬民眾連署督促成立這樣一個委員會。在玫瑰園那個場合中，雷根宣佈組成一個成員非常多樣的三十人酒駕議題總統委員會，由前運輸部長沃爾丕領銜。

委員會成員包括許多熟悉的名字，包括萊特娜和艾肯，兩人都出席了那場儀式。艾肯在這個場合中以突如其來的宣傳大動作取分——她把一枚「驅逐酒醉駕駛」的徽章別在總統的西裝上，這件事並非預先安排好的。[62]委員會其他成員還包括參議員杜爾和沛爾、安・蘭德斯和演員范・派登，以及轉任健康教育基金會

* 譯註：萊特娜的名字，糖果之意。

董事長的謝菲茲。

為了反映造酒業持續努力宣導負責任飲酒，名單中包括美國啤酒協會的亨利・金和蒸餾酒協會（Distilled Spirits Council）的邁斯特，後者是1973年由有照酒飲群業、蒸餾酒研究中心和波本酒研究中心（Bourbon Institute）合併組成的貿易協會。機動車輛製造商協會（Motor Vehicle Manufacturers Association）的「吉姆」・阿杜奇代表汽車業。另一名成員是七十一歲的蒲里邁，戴著他那頂美國酒精問題協會（American Council on Alcohol Problems）執行長的帽子，這個協會是接替以前反沙龍聯盟（Anti-Saloon League）的團體。蒲里邁的現身，象徵性地連結上酒精管控史早期的重要時刻，也就是半世紀前被撤銷的禁酒令。

這股動力持續到秋天，10月25日，雷根總統簽署第一項聯邦酒駕立法，這項法案提供七千五百萬美元資金給通過以下四項法令的各州：(1)訂定0.10%自證血中酒精濃度標準；(2)吊銷駕照行政處分；(3)累犯者處拘役或社區服務；(4)更有效的酒駕法執行辦法。各州紛紛響應，有許多州還更進一步。到了1984年，全國五十州都已經降低他們的法定血中酒精濃度上限為0.10%。總計從1981到1986年，有729項新的州法寫成白紙黑字。各項調查都顯示出民眾對反酒駕聖戰的支持，像是有一項調查顯示77%的受訪者贊成判處徒刑。[63]

總統委員會在1983年12月提出最後一次報告，其建議內容涵蓋之廣，反映出委員會成員的多樣性，彷彿每個人的得意計劃都包括在裡頭了。除了支持0.10%的血中酒精濃度法定上限和更嚴厲的刑罰之外，委員會建議施行更強力的「酒店」法，加重店家供應酒類給酒醉客人所要擔負的責任；禁止機動車輛內有打開的酒類容器；設置酒駕攔檢點以偵測酒駕者；制訂一致的血中酒精濃度檢測默示同意法規；加強採用「驅逐酒醉駕駛」和「反酒駕媽媽」所贊成的那種受害者衝擊陳述，讓受害者，或他們的家屬，能向判刑法官細述車禍對家人那種往往是毀滅性的衝擊；並公佈因酒醉駕駛被捕且判刑定讞者姓名。[64]

有些地方已經開始公佈犯案者姓名。這種宣傳方式顯示出問題無所不在，而除非碰巧親眼目睹酒駕逮捕或車禍，不然這種問題是隱而不顯的。例如在 1981 年 10 月的一星期內，愛荷華州《柏流報》刊登六篇不同的報導，列出三十八個人因酒駕被捕，這還只是在柏流市而已。犯案者包括三十五名男性和三名女性，年齡層從 19 到 65 歲，不過大部分是二十幾歲的男性。

聖路易市一位「驅逐酒醉駕駛」成員在評論《聖路易全球民主報》公佈的姓名時，提到「有些人抱怨這份名單侵犯了民權，」但「1,000 個人當中有 999 個是以正面態度看待這些名單。」「我很高興看到鄰居的名字在名單上，」另一位聖路易居民表示：「他總是醉醺醺，但還沒害死人就是了。」蒲里邁喜歡講一位婦女告訴他的故事，這名婦女不再酒駕，因為她那邊的地方報紙不只印出那些被逮捕者的姓名、住址，還印出他們的年齡——而她不想讓任何人知道她六十九歲。[65]

最後在 1984 年 7 月，雷根不情不願地簽署了「最低法定飲酒年齡法」，對此法亦表贊成的總統委員會試圖迫使各州通過法律，禁止把酒販售給年紀不到 21 歲的人。憲法第二十六條修正案在 1971 年通過後，把選舉年齡從 21 歲降到 18 歲，超過一半的州也把法定飲酒年齡降到 18 或 19 歲。但是當資料顯示這些州的年輕駕駛人發生酒精相關車禍的數字偏高時，同樣來自紐澤西州的參議員勞騰博（Frank R. Lautenberg）和眾議員郝爾德（James J. Howard），立法把飲酒年齡重新提高到 21 歲。各州必須再一次選擇要照辦，或損失數百萬美元的聯邦高速公路工程補助款。[66]

法案絕非十拿九穩一定會過。造酒業有很多人反對這項法案，謝菲茲也是，他原本和委員會同僚一起支持這項規定，但他比較偏好採取勸阻酒醉的做法，而非讓人們買不到酒。然而，「驅逐酒醉駕駛」和「反酒駕媽媽」，還有全國親師協會（National Parent Teacher Association）及其他團體，強力遊說國會議員，包括發送數千份請願書。就連長期支持駕駛人權益的雜誌《人車誌》（*Car and Driver*）也表示支持。雷根雖然不願干涉各州權利，最後還是簽署這項法案以「協助說服州議員為了國家利益而採取行動，拯救我們孩子的生命。」高安局日後提出的報告將會指出，這項立法每年挽救多達九百條性命。[67]

反酒派反守為攻

雷根跨足反酒駕運動，突顯了該運動最初的成功之所以如此驚人的另一個理由：把進步派和保守派團結在一起。反酒駕運動很顯然是崛起自消費者運動、女性主義和 1970 年代以爭權益為出發點的運動，但也與雷根時代試圖透過刑法制度來整頓社會議題的做法一致，作家、也是法學教授賽門（Jonathan Simon）稱之為「以刑治國」。

除了指派酒駕問題專責單位之外，雷根也指派了犯罪問題專責單位，以熟悉的用語把對於犯罪的漠視稱之為「國恥」。解決犯罪率問題的具體作為包括「向毒品宣戰」，1986 年聯邦的「反藥品濫用法案」為其最大成果，該法案的目標是加強取締毒品和提高毒品相關犯罪的罰則。

這一條路線實際上是從「反酒駕媽媽」表親團體「家庭動起來」(Families in Acition，日後的「無毒青春全國家長聯盟」〔National Federation of Parents For Drug-Free Youth〕)的成立開始，這個團體是由擔心孩子接觸到古柯鹼及其他危險毒品的家長所組成。南西·雷根「對毒品說不」的反毒口號靈感就是來自於這個運動。在 1980 年代越來越常被例舉批判的社會問題，包括了家庭暴力和孕婦飲酒或吸毒。[68]

東北大學社會學者瑞納曼(Craig Reinarman)在他 1988 年那篇討論「反酒駕媽媽」發展史的文章中主張，該組織的議題設定「呼應著雷根治國方針的道德性、政策意識形態和社會控制策略，以及右翼的復興。」酒駕管控的相關人士對此一評價有不同的見解，他們認為自己的努力大體上是無關政治。不過，可以合理得出的結論是:「反酒駕媽媽」一開始把重心放在懲罰並嚇阻個別的酒駕者——而不是針對造酒業之類——這一條路線與政治光譜上的保守派比較契合。

強調受害者權益也是如此。就像雷根所蔑視的「福利金媽媽」，酒駕者濫用這套制度太久太久了。真正的受害者是奉公守法的平凡美國人，他們繳了稅、被酒駕者撞了，理當得到認可、甚至補償。[69]正如維吉尼亞州一位對酒駕罰則寬鬆感到不快的婦女所質疑:「受害者和他的家人什麼時候才會被當成『好人』呢？」[70]這個時刻已經到來。

到了 1985 年，媒體大聲宣告反酒駕運動成功，尤其是「反酒駕媽媽」已經成為最大、能見度最高的組織。正如《時代雜誌》報導，酒駕造成的死亡人數比 1980 年減少 32%，從每年大約 25,000 人減少為 17,000 人。全國各地都在進行改革，包括邁阿密和洛杉磯有特別的酒駕專責單位、禁止特價時段、針對運動賽事和大學校園販賣啤酒設限，以及高中生無酒精畢業舞會，這種舞會通常是由「反酒駕學生」各地分部贊助，這是此前幾年崛起的另一個組織。[71]「驅逐酒醉駕駛」和「反酒駕媽媽」都繼續指導數以千計的受害者及其家人，在酒駕相關車禍起訴前和起訴期間要如何主張自己的權利。

歷史學者瑪斯托（David F. Musto）在撰寫於 1982 年的文章中，稱「驅逐酒醉駕駛」和「反酒駕媽媽」所帶來的改變為「1933 年禁酒令廢除以來，反酒派最重大的一次攻守交換。」關於酒精的道德觀在 1980 年代有何改變，一個很好的指標就是電視和電影對酒醉這件事的描寫。

英國演員達德利．摩爾在 1981 年的電影《二八佳人花公子》（*Arthur*）扮演一個可愛的醉漢，迷倒了觀眾，但 1988 年的續集豬羊變色，《華盛頓郵報》挖苦續集「差不多和酒精成癮者發誓一樣好笑」。「如果《二八佳人花公子 2》有任何意義的話，」這名影評人寫道：「就是在預告日後電影裡快樂醉漢之死。」酒駕也非常不受歡迎。佛斯特．布魯克斯這位喜劇演員在電視上扮演喝醉酒的班機駕駛，喜歡開玩笑說自己是「酒醉駕駛名人堂」創始會員。但這樣的俏皮話，一旦和有血有肉、死於酒醉駕駛輪下的兒童影像擺在一起，就不再好笑，而布魯克斯也的確在 1980 年代中期悄悄讓他的醉漢角色逐步退出螢光幕。[72]

因此，當美國首屈一指的藝人、《今夜秀》節目主持人強尼．卡森在 1982 年 2 月 28 日星期天稍早被控酒駕，這是重要的一刻。卡森外出晚餐時，被測到血中酒精濃度 0.16%，比加州的上限 0.10% 高出許多。3 月 2 日星期二，他在事情發生後首次錄節目時，忍不住開了個玩笑。當他的搭檔麥克馬洪說「歡迎節目主持人強尼」，卡森帶著一個打扮成警察的演員出場，這名演員一副不想讓卡森自己一個人上舞臺的樣子。觀眾群起鼓譟，卡森請求觀眾當他的品格證人。

但玩笑就此打住。卡森很快就變得鄭重其事並宣佈：「我對此事件感到懊悔，而我要告訴你們一件事——你們再也不會看到我這麼做了。」而 2005 年過世的卡森顯然是不曾再犯。[73]

一場社會運動成功與否的標準，不只在其初期的勝利，也在其延續力道與推廣程度。反酒駕的支持群眾到底規模有多大、投入有多深？這場運動強調道德、嚇阻與懲罰，這樣是確保了持續的進步，抑或內部的分裂？

CHAPTER

4

運動的成熟與分裂

美國花了幾十年，好不容易才對酒駕發動一次有意義的攻擊，但要維持 1980 年代到 1990 年代初期這場運動的動能和聲望，幾乎是同樣困難的任務。「反酒駕媽媽」成立不到五年就陷於混亂，蘭沐和萊特娜都沒有捲入。批評者指控，接替總統諮詢委員會地位的「全國反酒駕委員會」（National Commission Against Drunk Driving）設定議題太多、利益衝突，以致多半發揮不了作用。

另一方面，僅僅幾年前還那麼黑白分明的議題，如今每每引發爭議。尤其是「反酒駕媽媽」，在許多方面都受到批評，從財務管理不善到被業界收編等等。這些爭議或許不可避免，但有些卻是可以避開的。一群學者秉持哈登精神，檢視與酒駕有關的流行病學及其他各方面資料，到最後，那些義憤填膺的反酒駕媽媽們所提的主張，其效度幾乎全都遭到質疑。

而援手來自意想不到之處：聯邦公衛服務兵團指揮官庫普在 1988 年召開了一場酒駕研討會。庫普參考華盛頓特區某一消費者保護團體之前的做法，試圖把反酒駕運動的焦點從強力執法路線，擴大為涵蓋範圍更廣的公衛議題路線。但這場研討會引發造酒業、廣電業和餐旅業大規模反彈，這些業者甚至試圖終止這場會議。研討會最終的成果有限，讓反酒駕運動者自己朝著自相矛盾且不確定的目標緩步前進。

讓酒駕成為重大公衛議題的做法，其實老早就開始出現問題了。凱利和哈登當初在 1968 年報告中，提出每年因酒精相關車禍死亡人數為 25,000 人，就已經受到抨擊。這個數字當然是個估算值。兩位作者所回顧的那些研究已經發現，在大約半數的死亡車禍中，至少有一名駕駛喝了酒，且血中酒精濃度至少有 0.10%。由於每年死於車禍的美國人將近 5 萬人，當我們試圖量化酒駕具體造成的損害時，採用 25,000 這個數字倒也說得過去。

令人意外的是，最先質疑這個數字的，包括了一個圈內人。濟爾曼（Richard Zylman）真正展開其事業並對酒駕產生興趣，是他在威斯康辛州當州警的時候。他後來去念印第安納大學，跟著伯肯施坦做研究，之後搬去紐澤西州，成為羅格斯大學酒精研究中心的研究人員。儘管他一直對預防酒駕死亡有興趣，但對於凱利和哈登如何得出他們那些數字，他始終有所保留。在 1974 年發表於《意外事故分析及預防》期刊的四十頁論文中，濟爾曼煞費苦心地檢視那些被用來得出 25,000 這個數字的研究和統計假設。

他指出，現場有血中酒精濃度 0.10% 的駕駛或行人，並不能證明那個人——或其血中酒精濃度——就一定是車禍肇因。在實務上，事情要複雜得多，要看該事件是單一或複數車輛事故、駕駛實際失能程度，尤其要看輕率駕駛的是哪一個人。濟爾曼主張，沒喝酒的駕駛也有可能要為死亡車禍負責，即使其他駕駛、乘客或行人可能喝了酒。在這種情況下，不由分說便指控酒精為肇因，會造成誤導。[1]

濟爾曼接著舉 1972 年為例，字斟句酌地採取非常精確的用語，自行計算每年死亡人數。他的結論是，在當年度 56,000 名死者當中，有 20,650 人，或是 36%，「可能以某種形式的因果關係與酒精有關，」這樣就把原本 50% 的標準數額給拉低了。[2] 對那些想要宣導酒駕議題的人所用的「文字遊戲」，儘管濟爾曼抱持批判的立場，但他極少質疑反酒駕這個更遠大的訴求。他倒是運用了更精確的統計，可以讓整個局勢更具可信度。

濟爾曼相信，許多與失能駕駛有關的混淆之所以會出現，是因為這件事主要被當成道德問題來看待。「雖然我同意，像酒駕這種犯行應視之為危害社會的犯罪，」他在 1974 年舉辦的一場酒駕問題預防研討會上對與會者說：「但我不同意把酒駕當成一種道德議題。」[3] 這麼做會犧牲了客觀性。

因酒駕而起的道德義憤如何擺佈「事實」，引起了另外兩位研究人員的興趣，這兩位卓然有成的社會學家是加州大學聖地牙哥分校的古斯菲爾德，以及原來在紐約州立大學水牛城分校、後來到新墨西哥大學的羅斯（H. Laurence Ross）。三十年後，他們的研究成果巧妙證明，酒駕研究與政策的基本信條有時是建立在錯誤的前題上。

1980 年代的社會學輪到所謂的「社會建構論」（social constructionism）當道。這一派認為，事實是在觀察、立場，以及對此二者有所研究的個人所得之結論，三者的複雜混合中成形。此一理論最極端的支持者主張，沒有客觀實在這種東西，只有對客觀實在的不同建構。但大多數研究此一領域的社會學者並沒有那麼偏。他們倒是認為，研究那些所謂的「事實」賴以為支撐的假設，和資料本身一樣重要，甚或更為重要。

古斯菲爾德是實際應用這種思考形式的大師。他最初的研究興趣是禁酒令。他的第一本書《象徵性的聖戰：身分政治與美國禁酒運動》出版於 1963 年，書中主張：禁酒令與其說是在處理酒精議題，倒不如說是某一群美國人想要運用道德改革，來保住自身在變動社會中的身分地位。古斯菲爾德跨入酒駕領域的契機，是他獲邀針對聖地牙哥郡法院系統的酒駕實際判例進行研究。他是因為專精於酒精成癮症而被選中，到末了，他將再次聚焦於道德主義的議題上。

由於他的結論是酒駕宣判的相關人士全都共有相同的假設，對社會建構越來越感興趣的古斯菲爾德，問了一個令人耳目一新的問題：在酒精影響下駕駛汽車，到底是為什麼成了公共問題？[4]這條探討思路最終將引出他的酒駕大作《公共問題的文化：酒後駕駛與象徵秩序》（*The Culture of Public Problems: Drinking-Driving and the Symbolic Order*），出版於 1981 年。連書名都顯示出古斯菲爾德對用語的謹慎注意，他提到，**酒後駕駛**（drinking driving）一詞對於該領域研究對象的描繪比較精確。相較之下，**酒醉駕駛**（drunk driving）一詞帶有不言可喻的負面涵義，也涵藏著可能產生誤導的假設：駕駛所需要避免的，擺明了就是「酒醉」。[5]

古斯菲爾德的書處處可見他筆下所稱之「虛構」，以及曖昧和疑慮業經「移除」、「確定且經查核的通論與事實之表象」。其中之一就是血中酒精濃度。眾所周知，同樣的濃度在不同的人身上會導致不同的失能程度。因此，日漸依賴血中酒精濃度來確定駕駛是否受酒精影響，是會鬧笑話的，因其所測量的是「血中酒精」，而非「酒精對駕駛能力的影響」。也就是說，錯把「生化狀態」當成了「行為狀態」。古斯菲爾德隨即坦言，不可能因為這個理由就要捨棄血中酒精濃度，但由此所得的資訊，不管怎麼說，都是「憑空製造的知識」。[6]

還有一個更大的問題是「虛構的相關性」，這也是濟爾曼提出的論點。濟爾曼主張，酒精與駕駛行為的研究有一個錯誤的假設：事故中有駕駛或行人喝酒，即可證明酒醉是車禍肇因。畢竟，50% 以上的車禍並未涉及酒精，而是夜間駕駛、疲勞、駕駛不專心、濕滑道路、超速，或鑑識人員根本就沒發現的其他因素。這些因素很可能也在有人飲酒的案例中發揮作用。古斯菲爾德還說，大多數車禍的肇因確實很有可能是多重因素。所以，為什麼我們得假定，在涉及酒精的案例中，酒後駕駛人就是罪魁禍首？問題在於「相關性被轉換成因果性」，另一位批評者名之曰

「惡意的假設」。[7]

嚇阻的效果

所以，為什麼酒駕成了美國人（及歐洲人）如此一面倒加以關切的交通違規？根據古斯菲爾德的說法，實際的狀況並非客觀的事態評估，而是「道德與秩序的一齣戲碼，用以解釋汽車意外與死亡。」[8]由於對過量飲酒與酒醉的文化信念，以及美國人傾向於歸咎個人行為，而非助長此種行為的社會因素，一個「威脅『無辜』之人」、以「酒醉殺手」得名的神秘角色就此現身。[9]即便還有很多因素導致車禍、很多人喝酒開車並未造成傷害，而且酒醉駕駛最常害死的是他們自己而非他人，但萬惡的酒駕者已經成了交通安全世界裡無人能及的大惡棍。

古斯菲爾德本人對這種情況又是怎麼想的呢？這一點經常是撲朔迷離。在 1974 年的一場研討會上，他因為民眾對於酒精相關死亡事故沒有強烈抗議而表示失望。他回想起聲名狼藉的反酒運動者，開玩笑地說：「凱芮・內申＊，我們需要妳，妳在哪裡？」[10]

但到了 1980 年代，古斯菲爾德的興趣主要在於證明事實之多重建構，遠過於對事實的評斷。舉例來說，他語帶讚許地談到哈登筆下以流行病學為基礎的交通安全新典範，因為這個新典範引發人們質疑全安會那套老舊的道德主義和法條主義式反酒駕路線。但他警告，之前的「不安全駕駛人」假說是一種社會建構，而「不安全車輛」的假說也不遑多讓。又有一回，為了把事實乃社會建構的論點解釋清楚，他甚至看似怒氣沖沖地說出「公共討論之中少有支持酒駕者一席之地。」古斯菲爾德最後的結論是：

＊ 譯註：Carrie Nation，十九世紀末到二十世紀初的堪薩斯州基督教婦女禁酒聯合會成員，以一手斧頭、一手聖經強迫酒店關門而聞名。

道德判斷和利益團體政治，終將主導反酒駕這種社會運動的策略。這類社會運動是至關重大的「公共象徵」，即使其信條與策略的科學效度並不充足。[11]

羅斯當然贊成古斯菲爾德，但他比較像一個傳統社會學家，而非社會建構論者。羅斯在哈佛大學拿到他的社會學博士學位，歷練過法學和犯罪學的領域而進入酒駕研究。例如，他有一本談庭外和解的書，檢視了社會過程如何導向經常違反法律形式規則與條文的「行動之法」（law in action）。

羅斯最著名的酒駕研究走的是國際路線。他研究了 1967 年的「英國道路安全法案」，也研究了斯堪地那維亞諸國持續不斷管控酒駕的努力。具體來說，羅斯質疑的是從事該領域工作者神經反射式的信念：那種嚇阻方式如果實施得夠聰明、夠廣泛，就會降低酒駕率及傷亡人數。他尤其質疑藉由監禁這類策略來加重懲罰，他相信這麼做並無嚇阻效果。事實上，嚴刑峻罰一旦疑似「超過既有的公正性標準」，甚至有可能弔詭地降低起訴酒駕者的意願。[12]

羅斯寫道，就某些方面而言，1967 年的英國法案是歷來以嚇阻為核心的反酒駕規定中最成功的一個。該法案直接採用斯堪地那維亞模式，把血中酒精濃度高於 0.08% 的駕駛行為視同刑事犯罪，並允許警方對任何因交通違規或意外事故被攔下來的人執行吐氣檢測。那些沒通過檢測或拒絕接受檢測者，直接吊扣其駕照一年，並且要面對各種罰金與徒刑。該法案搭配大量的宣導推動措施，強調新的 0.08% 濃度標準，也大力勸導不要喝到太貼近此一標準。英國運輸部長聲言，酒駕「是不加思索且反社會的少數人所造成的問題」。[13]當公民自由團體發起一系列抗議時，宣導作為實質上是更加強進行。

羅斯等人評估該法案的成果時發現，最常有人喝酒的時段所發生的重傷及死亡人數大幅下降——下降多達 66%。但這種成果並不持久。六到十二個月內，下降情形大幅反轉。羅斯所進行的這項調查及其他研究使他導出一個結論：以嚇阻為核心的規定暫時有效，有可能是因為一部分人被嚇到改變行為。但時日一久，隨著宣導措施逐漸停止，注意力轉移，而且最重要的是，覺得被逮到的機會降低，老習慣就又回來了。

「知覺風險」這個概念成了羅斯的口頭禪：「你可以嚇唬人們一陣子，但難以持久。」「賭徒性格發揮作用，」伯肯施坦表示贊同：「而且一旦開車民眾發現機率對他們有利，抑制違規的效果就會大幅消失。」[14]難怪此一時期有一部知名的酒駕紀錄片，片名就叫《等我被逮到再說》（*Until I Get Caught*）。

羅斯甚至拿挪威和瑞典開刀。這兩個國家早在幾十年前就通過自證法，把可接受的血中酒精濃度定在低濃度的 0.05% 到 0.08% 之間。他們也比較有可能採用監禁作為標準罰則——的確，在挪威，血中酒精濃度超過 0.05% 幾乎都要坐牢。斯堪地那維亞的研究人員，如挪威的昂迭納斯和瑞典卡洛林斯卡研究中心的勾德柏，每逢國際研討會就以酒駕管控法規為報告題目，與會者都同意這兩個國家代表了最高標準。

在一篇發表於 1975 年《法律研究期刊》（*Journal of Legal Studies*）的論文中，羅斯對這個被認可的正統信念提出審慎且具說服力的質疑。他花了三個月在這兩個國家研究後發現，「相信瑞典與挪威法律具嚇阻效果的人處處有」，而「堅實支持的憑據很少」。

他還說，文獻中既有的論證「未足定論」。像挪威這種國家酒駕車禍少，反映的不是法律的效力，而是「政治實力強大的道德主義式禁酒運動」，進而促使對酒飲課重稅、對酒駕法令有更清楚的認識、對此類法令更有支持的熱誠，並在離開宴席和酒吧時善用指定駕駛與計程車。[15]施以處罰，或許在道德上令人滿意，但不具嚇阻效果——在斯堪地那維亞、在美國皆然。羅斯挑釁一如往常，將他的論文題名為「斯堪地那維亞神話」，那些信念不同者的尖銳批評，不論當面、背後，也就保證少不了。

結果，羅斯花了好幾年功夫設法釐清**神話**一詞意指為何。他在 1984 年那本書《嚇阻酒駕》（*Deterring The Drinking Driver*）中解釋，他說來說去就是一件事：沒有科學上可接受的證據證明，強力執法路線確實發揮了有效嚇阻酒駕的功能，進而減少死亡。「我並未聲稱，」他表示：「要否定斯堪地那維亞的酒駕法路線有一般性的預防效果。」[16]不過，還是可以從他在英國和斯堪地那維亞的研究，合理得出結論：羅斯對於嚇阻方案、尤其是著重懲罰的方案是否值得努力，抱持高度的懷疑。

羅斯在他書中語帶贊許地引用前財政部長摩根索的話，他說過「真正的知識份子必須是『人民之敵』，告訴這個世界一些不想聽或不能理解的事。」羅斯不是酒駕管控之敵。畢竟，他的研究著重於發現並推廣**真正**有效的策略，而不只是人們認為有效的那些措施。但有些人認為羅斯對運動不是特別有幫助。一位「反酒駕媽媽」代表稱他為「酒駕者最好的朋友」。萊特娜受邀為羅斯 1984 年那本書做宣傳時，她頂多只能做到平淡以對。「雖然我不同意羅斯博士基於其研究所得到的某些發現，」她寫道：「但我覺得他的成果已經過徹底的研究與紀錄。」[17]

羅斯對於酒駕管控作為最尖銳的批評出現在 1986 年，當時他與紐約大學法學教授休斯（Graham Hughes）共同撰文發表於《國家》（*The Nation*）周刊。兩位作者一開頭引述了「反酒駕媽媽」、「驅逐酒醉駕駛」、「反酒駕學生」及其他團體近來打擊酒醉駕駛的作為，包括推廣公共教育、加強警方作為及加重罰則。羅斯與休斯解釋，由於以嚇阻為核心的方案只有短暫的效果，因此可以說這種恐嚇戰術的影響相當小——尤其是對酒精成癮者和問題駕駛人。最後，兩位作者的結論是，當前反酒駕的努力「被帶錯方向」了。他們堅信，比較合乎邏輯的做法應該是著重於公衛策略，像是加強管控酒類販售，以及更廣泛運用保護駕駛人的新科技，不論他們喝醉了沒——例如安全帶和安全氣囊。但這類新科技激不起反酒駕群眾的熱情。

預警原則與科學論證之爭

那麼，酒精相關死亡人數下降 32%，功勞理所當然歸於「反酒駕媽媽」和「驅逐酒醉駕駛」這些團體，又該怎麼說？有些批評者指出，類似的情形也發生在其他沒有這類運動組織的國家，並聲稱美國這些團體所發揮的作用可能比一般以為的要小。羅斯和休斯表示贊同，他們主張死亡率降低不是因為反酒駕作為，而是「各式各樣的原因：速限降低、更安全的汽車、增加照明而有所改善的路況，以及醫療技術和急救醫療服務的進步。」[18]

不意外，運動人士被這篇文章給惹火了。「驅逐酒醉駕駛」顧問團成員史陶特（Thomas M. Stout）寫了一篇回應給《國家》周刊，稱這篇文章為「投降文告」。史陶特就許多論點加以回擊，主張「驅逐酒醉駕駛」的努力絕對有助於降低紐約等地的酒駕死亡人數，而且諸如攔檢點及強制吐氣檢測，是社會自我保護的合理方法。休斯寸步不讓地回應了這封信。他寫道，反酒駕運動人士分散了對於道路及車輛安全的關注，並且「寧可付出高昂代價施以懲罰，也不要以經濟划算的方式預防死亡事故於未然。」[19]

幾年後，羅斯更進一步主張，由於重度飲酒如此根深蒂固於當代美國生活的社會結構之中，也因為大眾運輸嚴重欠缺，需要有一套往返酒吧、餐廳的計程車補助方案。某些特定社區有這類的東西，像是由業界出資的「華府地區酒類對策指定駕駛計劃」，但羅斯希望看到這些計劃擴大施行，最理想是由酒吧裡供應的每一杯酒所繳的附加稅來支應。他鼓勵全國各地酒類製造商與計程車公司資助這類方案，既表現善意，也有助於生意，但沒人買他的帳。

不得不承認，讓人有點擔心的是，乘車補助可能會助長狂喝濫飲。而即便這種想法令許多反酒駕運動人士感到困擾，羅斯還是繼續鼓吹訂定涵蓋範圍更廣的交通安全法案，協助「失能駕駛……安全駕車」，像是砍掉路旁的樹木、安裝更有效的反光標誌、出錢提供更好的急救醫療服務、強制汽車製造廠安裝安全氣囊及強制使用安全帶。他甚至提出可能引發騷動的說法，暗示反酒駕運動精神象徵之一的蘿拉・蘭沐可能沒有用安全帶正確固定在座位上，當紐坎墨撞上她母親的貨車時，受傷的可能性因而升高。[20]

這場論辯清楚展示了社會運動永恆的挑戰：對訴求目標的熱情要與現有科學資料所提供的證明取得平衡。運動人士推動看似正義且道德的議題時，需要有多少科學「證據」？成功的公衛運動，隨便提幾個，像控制傳染病、預防吸菸導致肺癌和禁止油漆含鉛，靠的是暗示性——而非確定性——的資料。這種策略被稱為「預警原則」（precautional principle）。回顧以往，等待科學的證明，是要以生命為代價的。

艾肯和萊特娜所追求的反酒駕策略很類似。她們界定出心目中的重大公衛威脅，數十年來沒有得到適當的關注，每年還害死數以千計的美國人，甚至沒有人真正知道到底是死了多少人。她們一次又一次訴說無數個動人的故事，訴說無謂的酒駕死亡案例，以及她們協助推動、將可避免日後類似悲劇的新法令。但眼前看似站在她們這邊的學者和科學家，對她們那些人盡皆知的小故事提出質疑，要求她們拿出證據證明她們所提倡的每一件事。

在《國家》周刊的那篇文章裡，羅斯和休斯甚至反對美國最高法院不久前裁定拒絕吐氣檢測可作為駕駛酒醉證據，表示這種推定牴觸了憲法第五條修正案。次年，在一篇評論「反酒駕媽媽」的文章裡，羅斯認為「承諾支持的政黨往往依據他們〔既有〕的承諾來看待研究結果。」[21]對運動人士來說，在酒駕領域努力的人們如此針鋒相對，既令人困惑也令人沮喪。當然，羅斯單純認為他只是把自己的工作做好而已。

古斯菲爾德也把別人給惹毛了。在 1981 年那本書中，他開心地敘述一則軼聞，是關於他 1974 年在加州柏克萊參加的一場飲酒問題預防研討會。知名的英國酒精問題研究學者葛瑞菲斯．艾德華（Griffith Edwards）被古斯菲爾德等人所提的「社會建構論」和「流行病學相對主義」給激怒了，猛烈抨擊並指控他們——依古斯菲爾德的轉述——「把我們的手指塞進耳朵，這樣我們就不需要去聽受苦的聲音。」和羅斯一樣，古斯菲爾德也反駁回去。或許他的觀點可能被視為無政府主義或虛無主義，但其價值就在於證明知識如何被錯誤描寫成「確實、篤定且精確」。他警告，科學「有堅實的理性，也有華麗的修辭。」[22]

羅斯並非唯一一個拿「反酒駕媽媽」來開刀的人。在《我的一生有如鬥牛犬》一書中，艾肯描述她那個組織「驅逐酒醉駕駛」與萊特娜的「反酒駕媽媽」之間的競爭關係。艾肯寫道，1982 年當她搶先萊特娜一步，把「驅逐酒醉駕駛」徽章別在雷根總統身上時，萊特娜「氣壞了」。她說，萊特娜告訴她，下一次，她不會留在分隔繩後面。

萊特娜是說真的。1982 年當雷根簽署「最低法定飲酒年齡法」時，萊特娜就站在雷根和運輸部長伊莉莎白・杜爾旁邊。他們的照片出現在《紐約時報》頭版。「她那亮紅色套裝和黑中夾金的頭髮，搶了整個場面的光采，」艾肯抱怨：「她和藹可親地接收了通過 21 歲飲酒年齡法的所有功勞。」[23]

萊特娜的「反酒駕媽媽」同事辛蒂・蘭沐表示贊同，萊特娜「不是溫暖呵護型的」。然而，當我們需要記者、議員和評論家跨出他們的腳步時，萊特娜就是那個對的人：「萊特娜緊迫盯人，但〔運動〕不這樣就不會有進展。」對反酒駕運動來說，這種爭取注目的作風一點都不特別，反倒在某種程度上是所有成功改革者的特質。精神病學家蓋林（Willard Gaylin）曾寫下這段令人回味的話：「我不確定我想要凱芮・內申、南丁格爾、內德，或是，就這方面來說，耶穌，來當我的室友。」萊特娜本人後來告訴記者：「我是一個非常堅強獨立的女人；我想，這讓我很難和人建立關係。」[24]

到了 1980 年代中期，可以說「反酒駕媽媽」已經成了燙手山芋。幾個監督公益機構實務運作的團體做出結論：「反酒駕媽媽」花了太多錢在行政和募款上，用於推動計劃的錢卻不夠多。某些負責「反酒駕媽媽」地方分部的人表示贊同，他們認為該組織頭重腳輕，沒有以全國為範圍納入夠多的受害者和家屬。加州及其他州的「反酒駕媽媽」成員退出，轉而加入「驅逐酒醉駕駛」，或成立新組織。

被秘書形容為「不穩定」且「苛求」的萊特娜，比較適合引發騷動，而非經營管理。最後在 1985 年 10 月，「反酒駕媽媽」執行委員會撤除萊特娜的主席和執行長職務。萊特娜在「反酒駕媽媽」頭幾年甚至沒領過薪水，她一直想要加薪，但委員會給她一紙合約，讓她比較像是個傀儡而非領袖。在萊特娜形容為「懷有敵意」的互動中，她拒絕了這份合約，從而結束了她和「反酒駕媽媽」的關係。

萊特娜相信，這場政變是「反酒駕媽媽」內部因女性領導而感到不適的男人所發動。她會情緒激動是可以理解的。她寫信給一位運動同志，說她被酒駕奪去一個小孩，現在又失去了另一小孩：「反酒駕媽媽」。[25]

另一道裂痕

反酒駕運動的另一道裂痕也差不多在此時出現。儘管有羅斯的懷疑論，反酒駕努力到當時為止的重點，還是一面倒地放在運用教育、道德勸說和嚴刑峻罰，來勸阻酒後駕車。然而，還有另一個可能的策略，這個策略再次啟用以製品為重心的公衛模式。

在哈登時代，製品一直是汽車，但到了 1980 年代，製造商不斷增加配備來強化安全。1980 年代被拿來審視的製品是酒，計劃是要降低酒類銷售量，藉以減少容易酒駕的人喝酒的機會。有三個具體提案：(1) 撤下電視上的啤酒和葡萄酒廣告；(2) 在酒類產品上貼標籤，警告健康風險與酒駕問題；以及 (3) 針對會令人酒醉的飲料加稅。這些具體策略是仿效反菸運動者從 1960 年代開始限制香煙販售的成功做法。

拿廣告來說，聯邦傳播委員會在 1967 年引用公平原則（Fairness Doctrine）*，強制廣播電臺與電視臺在播放香菸廣告的同時，也要播放某一比例的反菸訊息。至於課稅的部分，聯邦針對酒類產品課徵的稅經通貨膨脹調整後，1951 年以來實質上已經

* 譯註：1949 年訂定、1987 年廢除，要求廣電業者必須報導且平衡報導關係公眾利益的爭議話題。

減少了。要為酒駕負主要責任的啤酒所課的稅尤其低，大約是一杯五分錢。儘管資料顯示，增加酒稅除了協助支付過量飲酒給社會增加的成本，還會降低高速公路孩童死亡率，但這些低稅率還是不動如山。總統諮詢委員會曾經考慮過「一杯五分錢」的聯邦稅，以支付反酒駕執法的費用，但最後加以駁回。[26]

主張干預酒類行銷與販售的組織，主要是 1971 年成立、設址於華府的公共利益科學中心。公科中心提倡「營養健康、食物安全、酒精政策與健全科學」，體現那個時代若干運動的理念：消費者保護主義、環境保護主義，以及採取公衛路線解決社會問題，支持以良好科學研究為基礎的政府作為。該組織也屬於中間偏左，反對「業界強勢左右民意與公共政策」。[27]

公科中心努力要清除無線電波裡的酒精，但非首創。1930 年代，基督教婦女禁酒聯合會就已經反對商業廣播促銷酒類，而且在 1950 年代，老派禁酒觀念認為酒精腐蝕美國年輕人道德，認同這種觀念的國會議員提出各式各樣的立法案，要限制或禁止酒類廣告。兩種主張都沒有成功，因為業界主張這種做法違反了飲料製造商的憲法權利。1983 年由傑可布森（Michael Jacobson）*、艾金斯（Robert Atkins）和海克（George Hacker）合寫的《酒商：美國沉醉》（*The Booze Merchants: The Inebriating of America*）一書中，公科中心重啟了這個議題。

海克是主導公科中心酒精政策計劃的律師，和其他批評造酒業的人一樣，他也喝酒。但他被酒駕者撞過兩次，也擔心喝酒——包括應酬飲酒——可能造成的傷害。有趣的是，《酒商》在禁酒令撤銷五十年後才寫出來，而且和反酒駕聖戰一樣，被歸

* 譯註：公科中心創辦人之一。

為「新禁酒運動」的一環。禁酒令留下沉重的陰影，使得美國人不願意對買酒行為有所批評或干預。但隨著酒類銷售增加和飲酒過量的問題惡化——像是酒駕、肝硬化和胎兒酒精症候群——這種議題再一次成為眾矢之的。[28]

《酒商》的重點首要在於廣告議題，而其論點直接了當：造酒業運用不負責任的廣告，「刻意……將其產品推向酒精成癮者、年輕人和第一次喝酒的人。」[29]有一項無可爭辯的事實：美國的酒類消費量從 1930 年代以來就一直往上升。例如，每年消費的葡萄酒從禁酒令末期的五千萬加侖，增加到 1980 年超過五億加侖。單單從 1970 到 1980 年，每人酒類消費就增加了 15%，增加最多的是啤酒的 31% 和葡萄酒的 65%。

同一時期，酒精飲料業的廣告開銷增加超過 200%。到了 1984 年，百威啤酒及其他八個品牌的製造商安海斯布希，每年花費兩億四千五百萬美元在廣告上，包括一億兩千兩百萬美元在運動賽事聯播。到了 1988 年，造酒業的全國廣告支出合計為十四億美元，到了 2005 年增加二十二億美元。[30]值得注意的是，造酒業一直對報章雜誌上的廣告自我設限。

花在行銷上的錢和酒類販售之間有無關連？造酒業對任何的關連性都一筆帶過，像菸商那樣，表示廣告的目的只是讓既有的抽菸者換個牌子。傑可布森、艾金斯和海克不同意，他們雖然承認有很多資料不具決定性，但主張廣告特別瞄準了許多不適當的族群。首先是重度飲酒者，一般來說是年輕的男性啤酒客，瞄準這群人口的廣告把酒醉和玩得開心畫上等號。例如，百威鼓勵酒客「大口灌」、「快點清空你的啤酒杯」，金快活龍舌蘭酒的平面廣告鼓勵酒客「狂飲不羈」。

在這樣的廣告中，人們往往從事一些與飲酒一起進行會有危險的活動——像是飛行傘和泛舟。廣告中也出現駕駛者。有一種叫做哈雷戴維森水果氣泡酒的新產品，電視廣告中出現機車騎士停車喝酒、補充水分。其他廣告肆無忌憚地以性為主題，往往有衣著裸露的女性角色。[31]

甚至更令人擔心的，據公科中心和同一陣營的批評者所言，是明目張膽向年輕人推銷。尤其是啤酒製造商，在大學校園報紙大肆廣告，即使是在規定21歲為飲酒年齡的州也一樣。他們也贊助運動賽事、演唱會和校園內外的派對。電視節目有固定的廣告時段，像年輕觀眾看的美式足球比賽和《周末夜現場》。他們喜歡的雜誌包括《滾石》（*Rolling Stone*）和《國家諷刺》（*National Lampoon*）。

《酒商》一書主張，酒類製造商刻意聚焦於這群人口，尋找可能會對他們的特定產品死忠的「入門級」酒客。「小孩從兩、三歲起，」海克表示：「就被那些把飲酒和魅力、運動成就聯想在一起美化的訊息疲勞轟炸。」「淡啤酒就像四分衛，」有一個廣告這麼說：「我們等不及要把它們撂倒。」[32]

至於潛在的新酒客，傑可布森和他的共同作者提到兩種有所重疊的人口：輕度飲酒者和女性。吸引這些顧客的方法之一，是提供低卡路里的產品，像是輕啤酒，酒精含量通常是一般啤酒的75%。第二種策略是增加甜味飲料的種類，這種飲料的味道不像酒。這些飲料包括一系列水果酒、甜味酒，以及酒精濫用與酒癮國家研究院的諾柏所反對的酒味奶昔。西班牙酒 Licor 43 有一個廣告，主角是一種叫「雪糕」的飲料，這個名字仿自廣受歡迎的美味冰品，以香草冰淇淋加上柑橘酒、牛奶和柳橙汁製成。這些類型產品的廣告採用同樣的誘惑形象，包括迷人的模特兒從事刺激冒險的活動。[33]

這些廣告和酒駕有什麼關係？傑可布森、艾斯金和海克寫道：「問題駕駛把橫衝直撞當作是冒險生活的一部分，最好的例子就是酒駕。冒險犯難的廣告不只迎合這樣的個性，實際上還鼓勵這樣的行為。」[34] 也就是說，這些廣告從未叫人們在酒醉時駕車或玩飛行傘，卻暗示這種組合不只可被接受，而且值得追求。對駕駛經驗較少的年輕人促銷，也是令人擔心的一點。如果運動賽事或演唱會是在校園舉辦，或許不會有酒駕。但如果不是呢？如果每個人都在演唱會上喝啤酒，到底是誰要開車回家？

停止廣電酒促計劃

《酒商》一書在最後提到，儘管有很多國家已經限制各種類型的酒類廣告，但在美國卻很少看到這麼做。作者雖然呼籲進行更多的研究，最後的建議卻包括形形色色意在管制酒精的公衛策略：(1) 禁播鋪陳冒險活動且瞄準重度飲酒者與年輕人的商業廣告；(2) 在廣告與針對酒精潛在危險、包括酒駕的公益宣導警示之間取得平衡；(3) 禁止名人出現在廣告中；(4) 限制路旁店家販售啤酒和葡萄酒；(5) 增加酒類的警告標示，公科中心大力提倡所有消費性產品也要一體適用；以及 (6) 提高聯邦的酒精消費稅，以支付教育措施和管控手段的費用。[35]

公科中心朝兩個方向推進。第一，向聯邦貿易委員會請願，要求禁止以重度飲酒者和年輕人為目標的廣告行為。第二，發起「停止廣播電視酒類促銷計劃」（Stop Marketing Alcohol on Radio and Television, SMART），這是一個「全國性草根請願運動」，目標是一百萬人連署要求禁播廣告，不然就要有等量時間播放酒精衛生安全訊息。請願書在 1985 年 5 月送到國會。到了秋天，俄亥俄州眾議員謝柏淩（John F. Seiberling）向國會提出法案；巧合

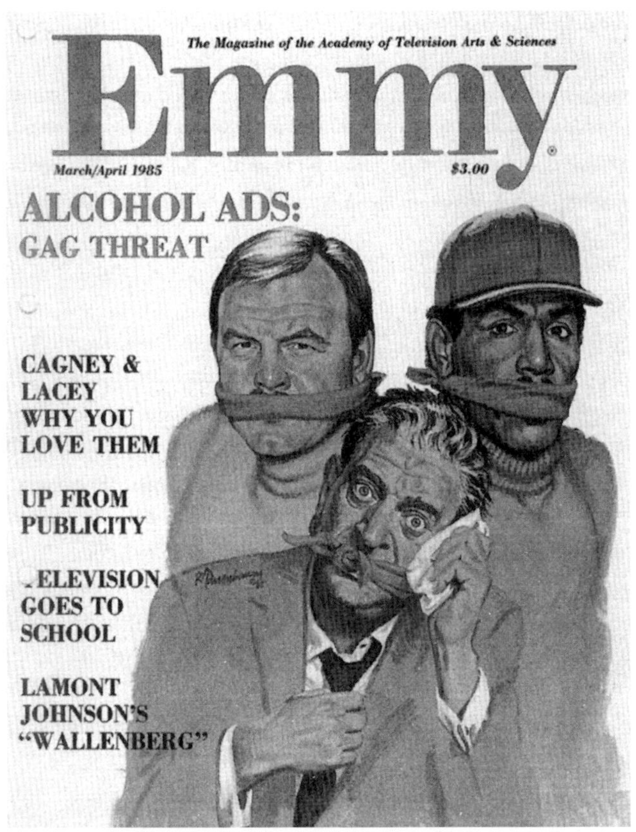

《Emmy》雜誌 1985 年 3/4 月號封面，時為酒類廣告爭議最烈之際。這張圖畫的是被堵住嘴的狄克·巴特庫斯（Dick Butkus）、羅德尼·丹哲菲爾德（Rodney Dangerfield）和迪肯·瓊斯（Deacon Jones），全都是美樂淡啤酒代言人。承蒙藝術家羅柏特·譚能保（Robert Tanenbaum）與電視藝術科學院（Academy of Television Arts and Sciences）提供。

的是，這位眾議員的母親在 1930 年代介紹了戒酒無名會兩位創辦人彼此認識。

然而，國會和聯邦貿委會最後都選擇按兵不動。歷史學家潘諾克（Pamela E. Pennock）曾為文論及，是造酒業與廣電業強勢且經費充足的反對行動、傾向解除管制的政治環境，以及該計劃的主張缺乏確定的科學證明，三者合力葬送了「停止廣電酒促計劃」。舉例來說，代表啤酒商、葡萄酒商和廣告業、廣電業的四位總裁和兩位副總裁，在參議員霍金斯於 1985 年 2 月舉辦的聽證會上作證。全國廣電協會（National Association of Broadcasters, NAB）已經把擊退這項法案列為「最高第一優先」，包括招待眾議院電信小組成員參加該協會的年會。[36]

隨著時日推移，公科中心重大主張中的一些小項目將成為法令。這包括蒸餾酒的聯邦消費稅在 1985 年底提高 19%，以及三年後酒類容器要強制加上警示標籤，說明飲酒會使駕駛失能。[37]

公科中心成功號召數十個關切酒駕的團體，加入停止廣電酒促計劃，包括全國親師協會、美國公共衛生學會、公共市民組織、美國小兒科學會、美國醫學生協會及全國酒精成癮防治協會。持同情立場的媒體人也加入，像是在多家報社連載的專欄作家麥卡習（Colman McCarthy），他批評啤酒業製作的商業廣告，把飲酒和「年輕美好的生活與歡樂時光」畫上等號。他話中帶刺：「美樂和安海斯布希，不值得任何人加以尊敬。」[38]

艾肯的「驅逐酒醉駕駛」也熱烈參與。儘管艾肯對酒駕者的批評一向猛烈至極，但還是留了幾手，用來對付她心目中反對酒駕改革的酒飲業。所以，她加入停止廣電酒促計劃沒什麼問題。然而，顯而易見，跨出這一步對她的組織是一次嚴酷的打擊。根據艾肯的說法，「驅逐酒醉駕駛」一公開反對酒類廣告，全國廣電協會就對該組織實施她口中所稱的「熄燈」，意思是全國性媒體，包括廣播電臺和電視臺，對她和「驅逐酒醉駕駛」同仁的邀約就會少很多。結果，「驅逐酒醉駕駛」幫現有分部招募新成員和募款時，變得比較困難。艾肯說，取消「驅逐酒醉駕駛」通告的節目有 CBS 電視臺的《六十分鐘》和《周日晨報》。[39]

這種政策沒有書面文件，艾肯的說法難以證實。艾瑞斯（Leslie Arries）是全國廣電協會理事會成員，也是水牛城 WIVB 電視臺總裁，他確實告訴過《基督教科學箴言報》:「對於拿根大棍子在你頭上想打你的傢伙，我們還沒使出全力呢。」「只要他們在國會山莊想把啤酒和葡萄酒廣告弄掉，」他在其他場合坦言:「我們就不會太客氣。」

此外，有一篇以艾肯為主角、由林德曼（Bard Lindeman）撰寫的特別報導，排定要刊登在 1988 年 7 月的《天命之年》（*50 Plus*）＊。艾肯在文中表示「造酒業已經扼住這個國家的咽喉」，文章就被拉了下來，就算林德曼是雜誌主編也一樣。林德曼在道歉信中責怪「酒商遊說團」並告訴艾肯，在《天命之件》刊登廣告的公司和酒飲業之間有財務上的關連[40]。針對「驅逐酒醉駕駛」熄燈事件——如果屬實就太醜惡了——媒體同業對正當消息來源不公正的聯合抵制，顯然並未激起反對派記者表達鄙視之意。

熄燈事件在實務上的意義是:「反酒駕媽媽」的代表們成了反酒駕運動只此一家、別無分號的代言人。「反酒駕媽媽」自己和業界之間也是關係複雜。根據瑞納曼所寫的「反酒駕媽媽」發展史，萊特娜和「反酒駕媽媽」理事會曾駁回一位創會理事的主張：該組織應正式拒絕來自酒飲相關行業的錢。1983 年，萊特娜還掌權時，「反酒駕媽媽」接受了安海斯布希集團為表支持所提供的 17 萬 5 千美元；最後只收到 5 萬美元，用於聘任一名執行長以協助萊特娜。

瑞納曼的報告也指出，「反酒駕媽媽」拿了美樂釀酒公司的

＊譯註：一本寫給中高齡讀者看的生活雜誌。

資助，雖然其他人對此有不同意見。「反酒駕媽媽」可不是唯一褪去圈外人裝扮、改走圈內路線的運動團體，他們選擇與業界及更大的權力結構合作以創造改變。乳癌運動就是個好例子，該運動與製藥公司聯手，發起「認識乳癌月」及各式各樣的「粉紅絲帶」募款活動。[41]

「反酒駕媽媽」與業界合作愉快的理由之一，在於對車禍肇因有共同的信念：雙方都歸咎於酒駕者，而非酒精或不安全車輛本身。「『反酒駕媽媽』是對失能駕駛宣戰，」身兼全國廣電協會幹部的「反酒駕媽媽」理事會成員席恩（Shaun Sheehan）說：「不是對想要喝酒的人，或對有駕照的人。」可以合理假設，安海斯布希除了博得有利的名聲之外（該集團在聖路易市豎起告示牌，上面寫著「安海斯布希支持反酒駕媽媽」），也希望其捐款能鼓勵「反酒駕媽媽」繼續專注於此。向「敵營」拿錢並未令萊特娜不自在，只要沒有附加條款就行。[42]

「反酒駕學生」比起「反酒駕媽媽」更是有過之而無不及，他們要靠酒飲業支持才能維繫下去。「反酒駕學生」源起於 1981 年，當時因為有兩名學生在酒駕車禍中死亡，麻薩諸塞州一名高中老師、也是冰上曲棍球教練安納斯塔思（Robert Anastas）開始在他的班上討論有關青少年酒駕的事。學生們覺得這個主題如此打動人心，於是發起了「同儕相勸」運動，最後成為「反酒駕學生」。安納斯塔思是該組織首任執行長。

「反酒駕學生」首倡「生命契約」，學生們簽署文件保證，如果他們自己或打算開車載他們回家的人喝得太多，他們會打電話請家長來載。「反酒駕學生」和「反酒駕媽媽」一樣遍及全國，需要募款，安海斯布希就成了主要支持者，從 1983 到 1988 年貢獻了估計有八十五萬美元。「反酒駕學生」理事會有一個成員名叫唐納・席（Donald Shea），是美國啤酒協會總裁。

有趣的是，蒲里邁這位愛荷華州滴酒不沾的保險公司執行長，是「反酒駕學生」忠誠的支持者，並居中牽線，幫安納斯塔思接洽唐納・席、安海斯布希和造酒業其他代表人物當金主。席和安納斯塔思在駁斥酒錢左右「反酒駕學生」決策時，證實了這一點。席喜歡引用蒲里邁回應人們指控啤酒錢藏污納「垢」時說的話：「你說得對——這還嫌不垢（夠）呢！」[43]

當「反酒駕媽媽」（和「反酒駕學生」）拒絕支持停止廣電酒促計劃時，或許就沒什麼好意外了。「反酒駕媽媽」一位幹部用來解釋的一個理由是：「手邊的證據並未證明廣告與失能駕駛之間有清楚的關連。」但不只如此而已，此一抉擇所代表的，是證實了「反酒駕媽媽」決定從體制內創造改變。

停止廣電酒促計劃的爭議在 1985 年 4 月達到白熱化時，萊特娜在全國廣電協會的年會上發表談話。她告訴記者：「我們絕不支持『停止廣電酒促』，」並稱該計劃推動者「冷酷無情」、「有偏見」且「不公正」。「反酒駕媽媽」反倒打算與廣電業合作，避免將飲酒塑造成刺激冒險的形象。萊特娜確實警告過全國廣電協會，他們需要「把手腳弄乾淨」。「反酒駕媽媽」也支持提高酒稅。[44]

但在反對「反酒駕媽媽」的人眼中，她們駁回「停止廣電酒促」，就證明了該組織已經被收編。舉例來說，艾肯相信「反酒駕媽媽」欠全國廣電協會的情，因為這兩個團體共同製作了小心避開廣告爭議的反酒駕公益宣導影片。此外，全國廣電協會共同贊助「反酒駕媽媽」的某些教育節目。

不只如此，批評者主張，把抨擊的焦點侷限於失能駕駛，忽視了失能駕駛之所以發生的主要理由：造酒業將其產品巧妙地滲入全國幾乎所有的社交場合之中。避而不談酒駕的這個肇因，那就太天真了。「『反酒駕媽媽』的崛起，」瑞納曼在他的文章結尾寫道：「促使同時期其他競爭主張都受到了壓抑，這些主張是關於針對**飲酒乃社交生活之天性**一說，進行不受約制的文化行銷所產生的社會成本。」[45]

在瑞納曼看來，「反酒駕媽媽」關於「停止廣電酒促」的決定，只是進一步證明 1980 年代的反酒駕運動骨子裡就是保守派。「停止廣電酒促」的消費者保護及公衛路線聚焦於**企業**事前與事後的責任，而鼓舞「反酒駕媽媽」的首要動力是道德主義式的受害者權益運動，重點在**個人**事前與事後的責任。他還說，難怪該組織原本的名稱之中是「反酒駕者」（Against Drunk Drivers），1984 年才改為報復心沒那麼強的「反酒駕」（Against Drunk Driving）。[46]

被忽略的飲酒情境

雷根在 1982 年成立總統諮詢委員會時，政治也進入了反酒駕領域。因為以前不曾有過這樣的委員會，到底誰應該受邀參加並無定論。找沃爾丕當主席是合乎邏輯的選擇。沃爾丕當過共和黨的麻薩諸塞州州長，也擔任過 1969 到 1973 年的運輸部長。沃爾丕任職運輸部期間所發生的有照酒飲群業廣告之亂，證明必要時他會果敢地批評造酒業，但也支持負責任飲酒的概念。公布的委員會成員包括數名各產業的代表。

對於委員會 1983 年 12 月的報告，及其呼籲廣泛應用現有及新的嚇阻手段，加上更完善的安全帶法令及改良後的道路標誌，一開始的反應是正面的。但等到學者們加入，他們覺得這份文件不合格。牟舍（James F. Mosher）是專精酒品政策的律師，他舉不久前史提夫．汪達在華盛頓特區外的國會中心舉辦演唱會一事為例，說明為什麼這些建議事項只是「象徵性姿態」、從而「有嚴重缺陷」。

問題又再回到環境和製品上。以環境來說，往來活動場地的公共運輸很少，可以確定差不多每個人都是開車離開。而製品呢，也就是酒，太容易取得了。特別為活動額外增設的攤位販售啤酒、葡萄酒和蒸餾酒。據牟舍所見，很少有人在核對身分證，這意味著不足齡＊年輕人可以買到酒。最後一點，節目過程中的空檔時間長，讓觀眾想要回頭去多拿一些飲料。結果，「那天晚上從音樂會離開的酒駕者有數百名，很可能有數千名。」[47]

牟舍舉了幾件諷刺的事為例：那些供應酒品的人所配戴的徽章上寫著「是朋友，就別讓他酒駕」，而且國會中心負責人因為致力於反酒駕而獲獎。此外，雖然某些離開音樂會時明顯失能的人或許因酒駕被攔下來，但絕大多數沒被盤問就開車回家了。

牟舍的結論是，委員會的報告所忽略的是「飲酒情境」。音樂會的環境——沒有公共運輸、中場休息時間長、重視衝高酒的銷量，以及不足齡飲酒——全都助長了酒駕。委員會沒有提到這些問題的可能解方：提高酒稅；改變公眾活動的促銷與贊助政策，尤其是針對年輕人的活動；實施更嚴格的攔檢方案；以及改善運輸服務。

為什麼委員會沒有考慮這些更進步的策略？其中有許多與公科中心所推廣的十分吻合。牟舍做了個假設：來自造酒業、保險業和汽車業的代表們在場，確保了報告的焦點只集中在改變個別酒駕者的不良行為，這些行為因國會中心音樂會這類活動而幾乎

＊譯註：不足齡是指未達法定飲酒年齡，但不一定等於未成年，因為有些州的成年年齡低於法定飲酒年齡。

不可避免。

羅斯同意牟舍的看法，這倒不令人意外，他甚至說總統諮詢委員會的報告是「小鼻子小眼睛且缺乏想像力」。「這……並不令人意外，」他在《意外事故分析及預防》期刊中寫道：「執法路線主導了報告方向，而對製造酒駕問題的產業會有嚴重影響者極少提出。」有一個策略是對酒精飲料課五分錢的稅，但考量到「既得利益」而遭駁回。羅斯的結論是，委員會非但沒有從既有的交通安全科學知識中尋找有效對策，反而又再支持為懲罰而懲罰，「一心報復」、甚至「嗜血」。[48]

不幸的是，從牟舍、羅斯及其他批評者的角度看，酒駕世界中接下來所發生的事，只是進一步鞏固強力執法模式的掌控。在最後的建議事項中，總統諮詢委員會提議組成一個後續接手的團體，由全國安全協會運作，並由國家高速公路交通安全管理局與業界出資，在委員會於 1983 年 12 月 31 日終止後延續其工作。全國反酒駕委員會因此誕生，並繼續倡導某些慣用措施，像是吊銷駕照行政處分、酒店法規、禁止車內載有已開封酒類容器的開瓶法（open container law），以及酒駕案禁止認罪協商。結果，比總統諮詢委員會更受業界掌控的全國反酒駕委員會緊抱著嚇阻模式及現況不放，以致內部各級官員之間爆發嚴重爭執。五歲大的草根反酒駕運動被收編的議題，赤裸裸地攤在檯面上。

問題的第一個徵兆：艾肯、萊特娜和蒲里邁，這些總統諮詢委員會裡的行動派沒有被任命為新的委員會成員。民怨使這三人全都得以復職，但企業依舊掌控同意權。委員會成員包括酒飲業、汽車業和廣電業的多名代表。艾肯回憶道，新委員會的金主包括安海斯布希、蒸餾酒協會、全國廣電協會及業界其他贊助商。[49]沃爾丕是首任主席，但他在 1985 年 1 月被機動車輛製造商協會的阿杜奇（V. J. Adduci）取代。

隨著這種種的發展，總統諮詢委員會初期的共識特色開始崩解。例如，曾被某些人批評親業界的萊特娜，在阿杜奇與前阿肯色州州長懷特（Frank L. White）出任副主席的同意權投票時棄權。萊特娜主張，造酒業代表在委員會中佔優勢與接受業界的錢是不健康的，這是對公眾發出一個「五味雜陳的訊息」。稍後她更進一步，稱此安排為「直接的利益衝突」。她還說：「我不知道在高速公路安全領域中，還有哪一個非營利組織有**五分之一**資金是來自酒飲業，〔或〕其執行理事會有這麼多席次是由立場親酒商的專業人士擔任。」[50]

可以料想得到，「驅逐酒醉駕駛」的艾肯表示贊同，稱全國反酒駕委員會為「生意人的手，波瀾不興地為自己悄悄弄錢，以免企業金主不來獻金。」不論人們是否同意新的領導階層已被收編的進一步證據，造酒業現行的策略是公開承認其產品有**潛在**傷害性，這讓他們得到比菸商更多的信任——菸商只有在脅迫下才同意接受政府對其產品的管制。[51]

分歧的見解

同一時期，蒲里邁正在做最後的努力，推動最多兩杯酒、血中酒精濃度0.05%，這是他在1950年代後期就開始推廣的。對蒲里邁來說，這個議題不曾有變。他堅決認為，如果科學數據指出，大多數人的駕駛失能始於0.05%，那麼，把法定濃度定在0.10%，甚或0.08%，就像有些州所做的，是說不通的。

這時期的流行病學家也在談論「防疫弔詭」，指的是大量的低風險者所造成的傷害比少量的高風險者更大。把這說法套在酒駕上，關注焦點比較是在應酬飲酒的人身上。蒲里邁以天女散花般的方式，向沃爾丕、阿杜奇、其他委員會成員及運輸部長伊莉莎白・杜爾發出信函，內容包括他最新的口號：「酒駕最好別上路，萬一酒駕別超過〇〇五。」積極投入運動的威斯康辛州醫師哈德森日後將任職於全國反酒駕委員會，他也對蒲里邁的主張表示譴責。「這句話或許很單純，」他在全國安全協會的一場研討會上公開發言：「但以合法允許酒精失能的法條來解決酒精失能的問題，這種解決問題的方式很糟糕。」[52]

這番努力沒得到什麼回響。大多數的州最近才剛把他們的血中酒精濃度標準變更為 0.10%，所以，再降一次在政治上來說不大可能，尤其在造酒業和餐旅業幾乎確定會反對的情況下。諷刺的是，最多兩杯酒的推廣依然受阻，其實，仰賴更複雜的血中酒精濃度計算方式，意味著潛在有可能開車的人其實說不定喝得更多。有些委員會成員如謝菲茲等人依然認為，把焦點放在血中酒精濃度的數字和嚇阻式的罰則上，並非與公眾應對之道。

謝菲茲在發表於 1985 年的兩篇外稿評論中主張，負責任的飲酒——藉由教育宴會主人、餐旅業員工和酒客本人來推廣——依然是預防酒駕的最佳方法。不過，謝菲茲不只是寫寫文章而已。1982 年，他開設了「酒品供應者介入流程訓練」的課程，這課程最終將訓練數十萬名酒保和服務生如何負責任地供應酒品。他還更進一步提出帶有挑釁意味的主張：由於酒駕車禍死亡者有 83% 是酒醉駕駛人、酒醉乘客或酒醉行人，這些死亡是自我毀滅，也是「某種形式的自殺」，這本身就是應該加以研究的對象。[53]

當然，問題在於沒有資料證明，教育或精神醫學的介入比懲罰更有效地減少了酒駕死亡。正如《德梅因紀事報》一位回應謝菲茲的讀者所提到：「酒精成癮問題合乎邏輯的解決方式只對不喝酒的人有效。」另一位投書者寫道：「有越來越多的證據出現，酒精成癮是遺傳得來的病，世界上所有的訓練都無法教會酒精成癮者『負責任』地飲酒，訓練也無法阻止那些遺傳上有酒精成癮傾向的人成為酒精成癮者。」[54]

全國反酒駕委員會成員嚴重分歧的見解，突顯出一件重要的事。雖然社會運動常常被看成是鐵板一塊，但一般來說，這些運動是由多種利益團體所構成，往往有非常不一樣的議題設定。「大帳篷」路線＊可以增加名氣和捐款，但也會導致分裂和停滯。這就是全國反酒駕委員會所發生的情況。1999 年，長期擔任政府部門酒駕研究員的莫登（John V. Moulden）獲聘為新任總裁。儘管他努力要讓委員會在全國反酒駕議題上達成共識，業界代表卻認定他對他們的觀點理解不夠充分。莫登在 2003 年辭職，而全國反酒駕委員會隔年就解散了。[55]

社會學者希爾嘉特納（Stephen Hilgartner）和波斯克（Charles Bosk）在他們的論文〈社會問題的興起與衰落：一個公共場域模型〉中主張，社會運動長期吸引公眾目光的能力是有極限的。[56] 酒駕的例子很顯然就是如此。到了 1980 年代後期，運動中的那些人以一條半聯合陣線向前推進，公眾的目光開始轉向他處。例如愛滋病流行及相關的多重抗藥性結核病爆發，逐漸占據健康報導版面。但公衛服務兵團指揮官庫普將進行最後一次的努力，不只把酒駕留在公眾的雷達幕上，還嘗試把酒駕重新定義為重大公衛問題。

庫普如何達成這些目標的故事說法不一。1988 年 12 月 14 到 16 日在華盛頓五月花飯店舉辦的活動，是庫普從 1981 年開始舉

＊ 譯註：原文為 big tent，不同宗旨的小團體聯合組成一個大平臺，以提高能見度和增強募款能力。

辦的公衛兵團指揮官系列研討會當中的一場。這些會議召集專家來「鑑識那些亟待解決的重大衛生問題有何公衛意涵。」庫普一開始是以賓州大學兒科權威而馳名，並在賓大協助設計了一系列全新救生術。他對墮胎和安樂死的保守派觀點也廣為人知，這使他成為雷根的公衛兵團指揮官屬意人選。但庫普將因變身為行動派而令他的總統和民眾大吃一驚，尤其是對菸草公司出手和藉著愛滋危機宣導性教育。

要求庫普解決酒駕議題的參、眾兩院，幾近全體一致通過正式決議案，提供了舉辦酒駕研討會的直接動力。這些決議案是受到號稱美國歷史上最嚴重的酒駕車禍刺激所促成。1988 年 5 月 14 日晚上，三十四歲的化工廠工人賴瑞．麥洪尼，在肯塔基州凱若屯附近的 71 號州際公路上開錯車道，迎面撞上一輛載著肯塔基教會團體、正從辛辛那提遊樂園要回家的校車。校車起火，車上七十名乘客中有二十七名死亡——包括二十四名孩童——大多是因為吸入濃煙，屍體也已經燒到無法辨認。孩子們徒勞地爬著要逃出烈燄的意象，使得這新聞更加令人感到揪心之痛。

最後得知，校車起火燃燒，可能是因為福特汽車刻意漠視聯邦法令強制巴士車廠要保護油箱的規定[57]，但更直接相關的是麥洪尼的血中酒精濃度為 0.24%，高於肯塔基法定上限 0.10% 的兩倍以上。此外，麥洪尼是個累犯，1984 年就已經酒駕判刑定讞。當時，他付了 300 美元罰金，吊扣駕照六個月。

為了呼應時代趨勢與罪行量度，歐爾登郡檢察官以 27 項謀殺罪名起訴麥洪尼，並一度考慮過求處死刑。「反酒駕媽媽」總裁貝克（Robert Beck）表示贊成。「這不是意外，」他說：「人們蓄意喝酒，而且他們蓄意開車。人們包裹著糖衣的謀殺令我感到噁心、厭倦。」但就連麥洪尼都引發同情心。凱若屯民募款為他支付保釋金。有人說麥洪尼的行為是「可怕的錯誤」，但又說他「不是謀殺犯」。

最後，陪審團判麥洪尼二十七項殺人罪，法官判處他十六年徒刑，他服刑九年七個月。[58]不過，正義或許得到伸張，但經過將近十年不間斷地針對酒駕提出警告，還會發生這樣的車禍，既令人震驚，也令人沮喪。國會的決議和庫普的影響力自然就應運而生。

爭議的邀請函

草案內容和以前的研討會相同。幾個部級單位，包括運輸部和衛生部，組成跨部會規劃委員會，彙整了一份與會者名單，這些是有關酒駕最新科學資料的專家。接著，籌備人員把這些人分到一系列的專門小組，這些小組在會議期間分別開會，針對他們專精領域的現有研究進行評估，並做出一系列的建議。這十一個小組為：定價與可及性、廣告與行銷、流行病學與資料處理、教育、司法及行政流程、法律執行、交通運輸政策與酒類供應政策、傷害管控、青年及其他特殊人口、醫療、志工參與（citizen advocacy）。

爭議從 11 月底開始，也就是包括小組成員名單在內的邀請函寄出時。業界代表幾乎是一收到就開始抱怨，指控他們在幾個小組的席次不夠多，尤其是廣告與行銷組。話說得最難聽的其中一位是全國廣電協會總裁兼執行長弗利茲（Edwards O. Fritts），他也曾強烈反對「停止廣電酒促」運動。弗利茲主要是抱怨專門小組「完全缺乏平衡」，這會導致建議內容是「預設結論」。

具體來說，眾多長期活躍於反酒駕戰鬥中的團體被排除在外，像是各項運動大聯盟的主管、酒類製造商和經銷商、廣告代理商、公益廣告協會、電視聯播網和餐旅業。弗利茲還說，儘管全國廣電協會入列，但所屬小組中的對手大概會無視其存在吧。弗利茲最後指控研討會把「令人感傷的酒駕悲劇」政治化了，並且濫用政策制定過程。[59]

特別引人關注的是廣告與行銷組。弗利茲撰文指出，小組成員十之有八早就公開表示希望限制或禁止酒類廣告。此外，他還說，發給小組的背景資料是由密西根州立大學的艾特金（Charles Atkin）撰寫，他也會草擬該組的最終建議事項。照弗利茲的看法，艾特金是個有問題的人選，因為他所撰寫的研究報告是五十多項研究中唯一發現「廣告與酒類飲用有因果關係」。因此，全國廣電協會擔心反廣告偏見是該小組精心設計的必然結果。[60]

其他業界代表也跳出來說話。全國啤酒批發商協會（National Beer Wholesalers Association, NBWA）是一個代表全國數千家啤酒經銷商的貿易團體，總裁蘭柏（Ronald R. Rumbaugh）撰文表示「強烈反對把酒飲業所有部門都排除在 12 月 14 到 16 日舉行的酒駕研討會之外。」

和其他投書者一樣，蘭柏強調全國啤酒批發商協會及其成員的反酒駕努力，包括一項針對學童的「預防酒精濫用教育課程」、安海斯布希的「預警行動」和酷爾斯（Adolph Coors，全美第三大、全球第九大啤酒廠）的「酒精、毒品、駕駛與你」。他也聲稱，研討會籌備人員已經拒絕全國啤酒批發商協會列席研討會或取得背景資料複本的要求。他的結論是，目前的研討會「在需要合作與廣泛共識的時刻，只會導致兩極化與分裂。」[61]

另一系列的投書來自全國反酒駕委員會主席阿杜奇。阿杜奇所代表的團體現在有數量相當的成員來自業界，他覺得研討會不太重視他們。他告訴庫普，他很遺憾以全國反酒駕委員會在這領域的聲望，竟然沒被找去規劃會議的議程。阿杜奇寫道，儘管全國反酒駕委員會的成員葛蘭特（John Grant）獲邀出席，「就我所知，我們並未獲邀擔任演講人或引言人——看來我們只獲邀聽別人陳述他們的看法，而『聽講人』成了報告的一部分，這報告可能反映也可能不反映我們原本要表達的全國委員會立場。」[62]

和全國反酒駕委員會的弗利茲一樣，阿杜奇指出，如果會議不改變議程，全國反酒駕委員會將拒絕接受邀請。庫普確實同意讓阿杜奇或葛蘭特在開幕的全體會議上發表演說，但他並未同意其他變更。結果，兩人都沒有出席，而且講臺上很顯眼地擺了一張全國反酒駕委員會的空椅子。

其他寫抗議信給庫普的團體包括蒸餾酒協會、來自全國各地的幾家啤酒和蒸餾酒經銷商、全國廣告商協會（Association of National Advertisers）和全美廣告代理商協會（American Association of Advertising Agencies），廣告代理商協會的執行副總裁歐徒爾（John E. O'Toole）強調，廣告和酒精濫用之間有關連並未得到證明，但廣告與行銷組「一副打定主意要反酒、反酒類廣告」。[63]

庫普和他的工作人員不同意這些指控，並發信回覆指出，依他們之所見，會議過程是如此公平公正。庫普給阿杜奇的信是這些回信的代表作。「我們，連同其他主辦機構，」他寫道：「尋求並確保來自多樣分歧之利益團體代表之間的平衡……包括運動界、廣告界、媒體界、執法界、普通公民、地方與州的司法機關，以及學術界、技術與科學社群。」

針對造酒業被排除的指控，他指出有邀情全國反酒駕委員會的葛蘭特，委員會的成員就包括蒸餾酒協會與啤酒研究中心（Beer Institute）。庫普也聲稱全國反酒駕委員會**早就**參與籌備

艾肯與公衛服務兵團指揮官庫普在後者所舉辦的酒駕研討會上交談。承蒙朵瑞絲・艾肯提供。

過程。但即便他懇請全國廣電協會和各廣告業團體的成員，重新考慮他們聯合抵制研討會的決定，這些組織還是沒有一個派代表過來。[64]

研討會的建議

到了研討會的開幕日，庫普和他的同事震驚獲知，全國反酒駕委員會已經在聯邦地方法院提起要求研討會延期的訴訟，理由是委員會及其他利害相關團體受排擠而無法參與。全國廣電協會則提交了法庭之友意見書＊。法院裁定研討會可進行，但規定公衛兵團指揮官必須接受並考量利害相關團體在 1989 年 1 月 31 日之前的評

＊ 譯註：原文為 amicus brief，訴訟兩造之外的第三者向法庭陳述自身見解以供法官參考的文件。

論，並且不得在 1989 年 2 月 28 日之前提出其最終建議。最後，儘管研討會方收下並評估這些評論，卻並未納入最終報告書。

有幾則耳熟能詳的建議事項出自研討會：不鼓勵認罪協商、酒駕初犯強制吊扣駕照九十天入法，以及鼓勵各州規定駕駛血中酒精濃度達 0.08% 即違法，並且在 2000 年之前調至 0.04%。其他受到支持的主張已經提了好幾年，但直到此刻才在美國取得法律效力，包括推廣全社區指定駕駛及替代運輸方案、訓練酒精飲料供應者分辨並預防酒醉、利用酒駕攔檢點在車禍前找出酒醉駕駛，以及研究並推廣如點火自鎖裝置之類的科技解決辦法，這種裝置要求駕駛人對著類似血中酒精濃度檢測裝置吹氣，才能發動車輛。[65]

然而，其他建議事項看起來，和通常會放在酒駕管控文件內的那些一點都不像。這些建議事項有：

- 取消大學校園酒類廣告與促銷
- 針對年輕族群導向的名人實施酒類見證廣告禁令
- 禁止酒飲製造商贊助運動賽事
- 酒精濫用公益廣告等長時間條款以平衡酒精產品廣告
- 把酒精飲料管制從菸酒槍砲管理局移交給食品藥物管理局
- 提高啤酒與葡萄酒消費稅率，以反映 1970 年以來的通膨
- 所有酒類廣告都要加上像 1988 年 11 月那種外包裝警語標示的相同資訊

為了協助落實這些比較進步的提案，另一個大雨傘團體*——全國預防酒駕聯盟（National Coalition to Prevent Drunk

* 譯註：原文為 big umbrella group，和前文提到的「大帳篷」意思相同。

Driving）——在 1989 年成立，由公科中心的海克和明尼蘇達大學的社會流行病學家瓦荷納（Alexander C. Wagenaar）領導。

衛生部物質濫用專家丹尼斯頓（Robert W. Denniston）參與過那場研討會，他相信這些新的方向反映出庫普早年的抗菸經驗，而那些經驗教會他一件事：由業者構思的教育訊息總是綁手綁腳。這位公衛兵團指揮官學到「你需要的不只是聰明而已。」丹尼斯頓回憶道。到了 1990 年，庫普會變得更加激切，他引用資料顯示兒童在十八歲之前會看到十萬個啤酒廣告，呼籲全面禁止播放啤酒和葡萄酒廣告。[66]他這些作為得到大眾的支持。同一年，瓦荷納和史崔夫（Frederick M. Streff）發表調查報告指出，82% 受訪者贊成提高酒類消費稅，74% 支持限制酒和汽油在加油站一起搭售，而 63% 希望政府限制酒品商店家數。[67]

庫普對業界組織在之前和研討會期間的所作所為感到不寒而慄。不管怎麼說，他也舉辦過像家庭暴力、兒少色情及兒童愛滋這種聳動主題的研討會，從來沒有遇過任何人指控他政治化。出席酒駕研討會的人讚賞庫普的作為。會議到了尾聲，當庫普嚴厲譴責那些拒絕參與的團體時，全場起立鼓掌。「在美國工作的人們該如何對抗酒駕者殘殺年輕人？」他後來這麼問。[68]

研討會的這段插曲，暴露出酒飲業及其他得利於酒類販售和廣告的行業強烈的決心，他們盡力阻撓人們把酒駕描繪成重大的公衛災難。他們一直堅稱，問題在於失控的酒精成癮者個人，而非產品本身。

公衛兵團指揮官研討會周遭之所以會有這股狂暴怒氣的部分原因，正反映出一個事實：業界由於早年與全國安全協會的聯合關係及其宣揚的節制概念，長久以來左右著政府的酒駕對策建議。菸商高階主管在香菸號稱安全這一點撒下瀰天大謊，受到譴責是罪有應得，但造酒業、廣電業和餐旅業認為自己是酒駕管控歷史中的好人。但當運動人士尋找新方向時，業界越看越像是阻礙，而非助力。如果把百威踢出大學校園、把衣不蔽體的女人踢出啤酒廣告，有可能拯救生命，那麼，或許該是這麼做的時候了。業界憂慮這些事情可能真的會發生，於是下了重手，即使對手是庫普這種受人敬重的大人物。

庫普真有事先動手腳嗎？二十年後，他和其他幾位籌備人員都說沒有，堅稱與會者廣泛代表了各種不同領域的相關利益，而名單的審議無關政治且公正。但有兩名協助規劃研討會的人士，丹尼斯頓和聖地牙哥州立大學行為科學家思利特（David A. Sleet），回憶庫普因為擔心會妨礙共識，做了一個明確的決定以排除造酒業積極涉入。「有一個決定必須做，」思利特不久前說道：「那個決定就是對他們說不。」[69]

因此，可以合理得出結論：庫普真的希望產生一份更進步的文件，一份挑戰現況的文件。畢竟，他相信華盛頓的酒商遊說團擁有「可怕的權力」，事情的決定「並非……藉由協商，而是藉由以商業利益權力為後盾的命令。」[70]定下這個凌駕一切的目標，有些小組自其組成方式觀之，顯然不怎麼重視某些一向在檯面上坐大位的團體。

當觸及廣告與行銷的議題時，此一策略尤其明顯。有眾多研究在尋找廣告與酒精濫用之間據稱存在的關聯性，這類研究涉及社會學、心理學和流行病學往往難以解讀的研究方法，其證明因果關係的能力便有所局限。的確，1988 年 12 月 12 日，研討會開幕的兩天前，酒精濫用與酒癮國家研究院院長郭迪思（Enoch

Gordis）寄給庫普一封信，表示尚無任何決定性的科學研究證明酒類廣告使酒駕率升高。[71] 儘管如此，研討會的提案還是朝另一個方向進行。

因此，到頭來，公衛兵團指揮官的酒駕研討會所提出的眾多建議事項，以推想和是非感為憑依，多過於以科學資料為基礎——又是一個預警原則的例子。有鑒於主題是酒駕，而且有這麼多與會者，尤其是志工參與組，那一組的人都有心愛的人命喪酒駕者輪下，也有幾百個悲劇故事要講，道德判斷在科學研討會上施展手腳也就算不得什麼意外。[72]

然而，擁有道德高度，此時證明是一項越來越困難的任務。庫普的研討會是 1980 年代末、1990 年代初為了給反酒駕運動重新注入活力所做的一項努力。但「反酒駕媽媽」、「驅逐酒醉駕駛」、高安局及其盟友越是努力往前進，反對者就更加用力地加以逼退，並詆毀那些經歷過失去親人之痛的人與曾經看似全然不可能達成的訴求。運動初期的兩位英雄人物令人意外的變節，只是讓事情更加複雜罷了。

CHAPTER

5

律師、自由意志論者與酒商說客反擊

關於 1990 年代初期反酒駕運動的狀態，當時的「反酒駕媽媽」總裁薩朵芙（Micky Sadoff）在 1991 年出版的一本書，或許提供了最好的例證。《美國人，再「反」一次吧！》（*Get MADD Again, America!*）一書提醒讀者，雖然 1980 年代已經有了很大的成就，但死亡率依舊居高不下。每年死亡人數一開始從 25,000 下降到 17,000，是發生在 1980 到 1985 年間，但到了 1991 年，這個降幅已經變小。薩朵芙的書提出一個關鍵議題：我們要怎麼評估像酒駕管控這種社會運動的成果？ 17,000 這個穩定的數字是成功的象徵，或是提醒我們做得還不夠？[1]

到了 1990 年代初期已經明朗化的是，「反酒駕媽媽」及其他團體建立的反酒駕論證，曾經看似無可爭辯，此時卻可能遭遇挑戰。有些矛頭再次指向「反酒駕媽媽」，雖然她們所支持的訴求表面上沒人會反對，但在管理和決策兩方面卻都一直受到指責。另一方面，批評她們的人從業界代表、學者到辯護律師都有，對酒駕者所造成的實際傷害與運動人士所採用的統計數據有所質疑。在網路擴大運用的助長下，又多了另一項攻擊：「反酒駕媽媽」和相關運動團體是新禁酒主義者，不只反酒駕，還反酒。

這並不是說運動快要失敗了。除了每年挽救幾千條人命之外，還有很多重大進展。舉例來說，到了 2004 年，全美五十州已經訂 0.08% 為法定血中酒精濃度標準，幾乎是一開始在 1930 年代所訂濃度的一半，也比較接近歐洲了。現在已經有大量資料證明，某些介入方式——像是 21 歲飲酒法、酒駕攔檢點和吊銷駕照行政處分——真的降低了酒駕率和死亡率。但就像薩朵芙必然會擔心的，反撲已經造成傷害。到了 21 世紀初，因酒駕被逮捕的實際人數已經減少了 30%，而庫普研討會以來新興的動能已經流失很多。

到1990年代初期，反酒駕聖戰已經變成真正擴大參與，參與團體包括全國反酒駕委員會、國家高速公路交通安全管理局等政府單位、蒸餾酒協會等業界團體，以及「驅逐酒醉駕駛」、「反酒駕媽媽」和「反酒駕學生」公民運動團體。但「反酒駕媽媽」因其知名度和數百萬美元的預算，成了管控酒駕的同義詞。所以當該組織呼籲重振反酒駕運動時，眾人翹首矚目。「美國人**依然**以駭人之數死於酒醉或吸毒駕駛之手。」薩朵芙對她的讀者這麼說。

《美國人，再「反」一次吧！》是憤怒、政策建議和悲劇故事的典型結合。有一則這樣的故事：十七歲的男性駕駛和十六歲的女性乘客，在1990年撞上一輛小貨車後雙雙死亡。男孩的血中酒精濃度是0.23%，女孩是0.16%。說故事的人是唐娜．麥卡熙，她當時開著被男孩撞上的那輛貨車。她活了下來，但因粉碎性骨折，需進行多次手術，而且右眼遭受永久性傷害。麥卡熙後來成了「反酒駕媽媽」志工，對於男孩的家人從未與她聯繫表示遺憾，她說：「我是無辜的，但我的生活和我的家庭再也不會像以前一樣，因為這名駕駛做了酒駕的抉擇。」[2]

薩朵芙這本書的前半鼓吹「堵住漏洞」──擴大運用既有的反酒駕方法，包括吊銷駕照行政處分、酒駕攔檢點及現場血中酒精濃度檢測。「反酒駕媽媽」當時也正在推動全國降低血中酒精濃度標準，從0.10%降到0.08%。但這本書的第二部分──具體來說就是不足齡飲酒的探討──代表了焦點的轉移。

長期以來，「反酒駕媽媽」一直關注青少年和初成年者在酒駕車禍中占了顯著的分量；支持將飲酒年齡從18歲提高到21歲，就反映了此一關注。但即便估計有6,660條人命因這項新的立法而得救，薩朵芙寫道：「在今天的美國，年輕駕駛人涉及酒精或其他毒品相關交通事故和傷亡的比例，依舊偏高。」她還說，有必要從「減少動機」和「減少機會」雙管齊下。[3]

因此，《再「反」一次》鼓吹未滿21歲的無酒精舞會和派對、更有效執行21歲飲酒年齡法、對任何未滿21歲者「酒駕零容忍」的0.0%血中酒精濃度標準，以及最值得注意的，「清除任何對未成年人推廣飲酒的酒精廣告。」[4] 薩朵芙強調，「反酒駕媽媽」始終反對全面限制酒精消費，一直把焦點放在酒駕上。雖然如此，她引用庫普報告對於酒精廣告鎖定年輕人的批評以表贊同，接著提出許多和公衛兵團指揮官相同的禁令建議。

到了1992年，根據《公共衛生政策期刊》（*Journal of Public Health Policy*）一篇人類學家馬歇爾（Mac Marshall）和歐樂森（Alice Oleson）的文章，「反酒駕媽媽」已經「轉了一百八十度」。文章一開始描述一批1992年由「反酒駕媽媽」寄出的郵件，其中有一封主題與廣告有關的信，信中主張造酒業應該「為其在我們酒駕悲劇中所扮演的角色」負起責任。信封裡有一份請願書，要求葡萄酒研究中心、啤酒研究中心、蒸餾酒協會、新近成立的公關組織世紀協會（Century Council）和全國啤酒批發商協會，「禁絕所有會鼓勵非法或不負責任飲酒的促銷行為。」[5]

是什麼導致了「反酒駕媽媽」改弦更張？馬歇爾和歐樂森推想，全國總部可能一直在回應各地分部的期望，也不想要公開反對庫普的建議事項，部分是因為募款的考量。此外，和萊特娜一樣，擔任「反酒駕媽媽」總裁任期內與全國廣電協會密切合作的薩朵芙，已被蔻珂（Milo Kirk）取代。最後是政治氛圍已經改變，比較自由派的柯林頓政府贊成對菸酒販售施以「罪惡稅」及其他限制。

「反酒駕媽媽」理事會成員德雍（William DeJong）和公共政

策助理理事蘿素（Anne Russell），回應了馬歇爾和歐樂森對「反酒駕媽媽」發展史的回顧，她們說那是「曲解」且「充斥著謬誤」。她們同意，「反酒駕媽媽」的酒類廣告政策從1980年以來已經有所改變，但比較像是逐步的演進，「主要是長期關注造酒業年輕族群導向的行銷方式所帶動，但也因為越來越不能忍受業界傲慢拒絕克制其有害的廣告作為。」[6]這個說法，當然是「反酒駕媽媽」歷來對於業界間接助長酒駕最強烈的批評之一。

但幾乎沒有人準備好要面對接下來發生的事。兩個看似變節的例子：蘭沐和萊特娜雙雙為造酒業工作。雖然她們早年與「反酒駕媽媽」的合作，意味著兩女都與業界代表素有往來，但看到蘭沐和萊特娜曾如此悲憤地投注生命於催生反酒駕的社會運動，如今卻走向了「黑暗面」，還是令人十分難以接受。

反酒駕要角投身敵營

1991年，蘭沐被全國啤酒批發商協會聘用，這個團體曾提起訴訟、試圖拖延庫普的研討會。這是媒體最喜歡的故事題材了。艾博蘭森（Jil Abramson）於《華爾街日報》頭版寫道，蘭沐在華府的啤酒協會年度全代大會上，發表以負責任飲酒為題、「振奮人心」的演講。該報導列出造酒業近期為了勸阻酒駕者、不足齡酒客等濫用其產品所做的一系列努力。

例如，美樂釀酒公司正投入數百萬美元敦促酒客「量力而飲」，這是繼安海斯布希的「止所當止」（Know when to say when）＊之後，又一個同類型的活動。安海斯布希喜歡說「做一流公民才能做一流生意」，不久前也拿出250萬美元給全國大學運動協

＊ 譯註：酒保往你的啤酒杯添酒前會對你說「say when」，意思是覺得酒夠了就出聲喊停。

會，向大學運動員推廣認識酒精。蒸餾酒協會是代表蒸餾酒商的貿易協會，支持一個叫 BACCHUS 的課程，這是 Boost Alcohol Consciousness Concerning the Health of University Students（提高有關大學生健康之酒精意識）的字首縮寫 *。

不過，最引人矚目的還是世紀協會的成立，這也是由蒸餾酒商發起的非營利組織，旨在勸阻不足齡飲酒，並實際支援反酒駕運動人士所支持的許多立法提案。這包括吊銷駕照行政處分、對冥頑不靈的酒客處以更嚴厲的刑罰和更有效的療程、未滿 21 歲者酒駕零容忍法令，甚至把所有駕駛人的法定血中酒精濃度標準降到 0.08%。[7]

艾博蘭森強調造酒業如何運用金錢使其在華府的影響力無遠弗屆。例如，從 1985 年以來，26 家與業界有關的政治行動委員會已經在國會議員候選人身上貢獻了 470 萬美元。蘭沐的演講之後，經銷商配戴上面寫著「我們一起想辦法」的徽章，在國會山莊為自己的案子辯護——並且帶來了 17 萬 2 千美元的競選獻金。

艾博蘭森文中引述的許多批評者主張，聘用蘭沐及啟動新計畫，只不過是造酒業新近「在賣酒的同時」收編反酒駕運動的作為。「你會希望黑手黨在防治犯罪計劃書上簽名同意嗎？」「反酒駕媽媽」早期的理事會成員馬楞爾（Andrew McGuire）問道。全國酒精成癮防治協會首席遊說師魯賓絲琦（Christine Lubinski）表示贊同，並指出「業界拿錢收買團體、要他們安靜，有悠久的歷史。」[8] 魯賓絲琦和蘭沐曾上《今日秀》節目，就蘭沐決定要為啤酒協會工作實際辯論過。

蘭沐一點都不覺得自己的選擇有什麼好丟臉。先前提過，她

* 譯註：這個縮寫正好是希臘神話的酒神之名。

會喝酒，飲酒有節制——且絕不酒駕——的概念對她而言是有意義的。至於她被買通的指控，她指出，她的年薪只有34,000美元。雖然偶爾高調現身，但她的工作大多是待在戰壕裡，和一組又一組的啤酒經銷商開會討論指定駕駛、「安全搭車回家」方案及其他提案。然後經銷商回到他們的社區，協助在地方上推廣這些觀念。蘭沐日後回憶，參加她的討論會的那些人、他們的妻子和小孩，是「真的感興趣」。

然而，在啤酒協會五年後，蘭沐的確灰心洩氣。有一回，她開發出一種酒杯墊，上面有飲酒量和血中酒精濃度對照表。但她的上司不希望她把這東西配發到各地販售。蘭沐到最後弄懂了，他不想要他的員工把事情搞砸了。「這是個遊說團體，一群老哥兒們，」她回想道：「他們只做到別讓批評聲浪擴大就夠了，但不會犧牲掉市場。」[9]

當有意開創一番遊說事業的萊特娜似乎投身敵營時，新聞鬧得更大了。1993年11月，萊特娜被她的朋友、柏曼公司的瑞克・柏曼（Rick Berman）聘用，這是家總部設在華盛頓、代表美國酒飲協會（American Beverage Institute）的公關公司。美國酒飲協會是與餐廳合作、供應酒品的貿易協會，這些餐廳包括TGI Fridays、Steak & Ale、Outback Steakhouse和Hooters。柏曼聘用萊特娜推展活動，以反對州議會把法定血中酒精濃度標準從0.10%降到0.08%。到1994年已經有12個州這麼做了，但絕大多數的州還沒有。

反酒駕運動人士對這個新聞的反應夾雜著困惑和憤怒。畢竟，萊特娜在「反酒駕媽媽」的最後那段時日，極力批評她眼中業界對全國反酒駕委員會的影響。曾任「反酒駕媽媽」幹部的馬楞爾再次出手，他的評語是：「任何認真看待酒駕預防的人，絕不該與造酒業站在一起。」（雖然萊特娜嚴格來說是為餐旅業工作，但兩者的關聯很清楚。）〈反酒駕媽媽創始人改變立場〉是當時典型的新聞標題。[10]

萊特娜準備好面對這樣的反擊。她辯稱，自己的立場和她身為「反酒駕媽媽」領導人時所宣揚的一致，大部分酒駕肇事者的血中酒精濃度遠高於 0.08%，就像害死卡莉的那個人一樣。萊特娜表示，把重點放在逮捕酒測讀數在 0.08% 到 0.10% 之間的駕駛人，會「稀釋掉」對付「真正危險的駕駛人」所需的「執法作為」。也就是說，迫使有限的警力和司法資源去追蹤和逮捕失能程度較低的駕駛人，可能意味著血中酒精濃度高的人所受到的注意變少。

萊特娜還是繼續支持嚴懲那些酒駕定讞的人：那些血中酒精濃度特別高且有前科的人，直接吊銷駕照且處以更嚴厲的刑罰。她說她對自己的選擇一點都不尷尬，而且對那些斷言她成了叛徒的說法表示憤慨。「我沒有投向『另一邊』，」她說：「『另一邊』是去當辯護律師。」萊特娜也提出有力的論點：降低速限很可能會比降低血中酒精濃度挽救更多的生命。[11]

雖然她的說詞與過往一致，但難以否認的是，萊特娜新的生涯選擇具有重要的象徵意義。即使造酒業和餐旅業不是批著羊皮的狼，但他們的改革投入總是會以帳上盈虧作為最先也是最重要的考量——正如蘭沐所將發現。

但數據怎麼說呢？有沒有人能提出合理的說法證明，不管從公共衛生或成本效益的觀點，把注意力放在血中酒精濃度低於 0.10% 的駕駛身上是沒有意義的？或是換一種說法，這類駕駛所造成——或可能造成——的傷害，與遭到逮捕、吊銷駕照，以及可能會有的徒刑，是否相當？

萊特娜並非唯一表示否定的人。反酒駕奮鬥了十年多一點，陸續有學者開始質疑支撐這場運動的一些基本前提。雖然這些批評者憑藉的是古斯菲爾德和羅斯等人的資料和論證，但他們不像圈內人試圖把運動的焦點轉向更有效的干預手段。這些人是倫理學者、哲學家和律師，他們針對這場在許多美國人心中已是神聖不可侵犯的聖戰，提出違反直覺、有時聽來刺耳的論證。

質疑的聲浪

斯圖亞特（James D. Stuart）在1989年的《公共事務季刊》（*Public Affairs Quarterly*）撰文，質疑以嚇阻為酒駕懲罰基礎的適切性。雖然法院在傷亡案例中針對個案施以懲罰，但預防未來酒駕事件已成為1930年代以來酒駕立法背後的主流哲學。不過斯圖亞特希望懲罰與罪行相當——不多也不少。「我們必須去問，什麼樣的懲罰是某一特定犯行所**應得**，」他如此寫道。[12]

這種論證要求確定個別酒駕案例所造成的傷害或造成傷害的風險有多大。斯圖亞特主張，總體的問題與此無關。斯圖亞特在此轉而探討數據資料，具體來說，我們熟悉的統計數據顯示，失能駕駛有千分之一的機率會發生車禍。這類車禍導致傷亡的可能性比這還要低（羅斯估計每33萬失能駕駛英哩數有1人死亡）。因此，絕大多數的失能駕駛並未造成傷害。不只如此，斯圖亞特還說，雖然酒駕者的確知道會陷他人於險境，但他們並非一開始就故意要傷害他人——比方說，拿搶銀行的人來做對比的話[13]。

斯圖亞特的結論是，由於酒駕者既非一開始就打算造成傷害，通常也沒有真的造成傷害，尋常的酒駕不應被視為嚴重的刑事犯罪，也不應受到嚴厲的懲罰。其實，斯圖亞特在文章末尾讓了步，強調社會沒理由要容忍酒駕，尤其是因為酒駕對社會少有、甚至是沒有價值。因此，加以懲罰是可接受的——只是不要重罰。但他更大的質疑依舊：即便酒駕是個具備正當性的公衛議題，而且比較嚴厲的懲罰讓情緒得到滿足，但這樣的懲罰合乎正義嗎？

另一個對此一問題給予否定答案的人，是紐約大學法學教授賈可柏（James B. Jacobs），他也在 1989 年寫了一本探討酒駕的書。在賈可柏看來，酒醉程度是關鍵所在。「重要的是要區別**酒醉**駕駛（drunk driving）和**酒後**駕駛（drinking driving）。」他如此寫道。賈可柏認為，最危險的酒醉駕駛人是「極重度飲酒者和飲酒有節制但發了酒瘋的人。」因此，把注意力集中在輕度飲酒者並非對資源的善用，即使那些人的血中酒精濃度達到或逼近法定上限。

賈可柏也指出，那些能保持不醉的人，可能會被既有的自證法令不公正地鎖定為目標。也就是說，一個血中酒精濃度 0.10% 以上的駕駛人，沒有違反過交通規則而且能夠通過路檢清醒測試，為什麼直接被當成做了壞事該當受罰？這樣的人真的會疏於注意、輕率駕駛嗎？[14]

胡薩克（Douglas N. Husak）是哲學家、也是律師，他在 1994 年一篇刊於《哲學與公共事務》（*Philosophy and Public Affairs*）的論文中建立了這些論證。胡薩克有一部分是在回應生命倫理學家波妮．史坦波克於 1985 年刊於同一本期刊上的文章。

在反酒駕運動達到高峰時寫下這篇文章的史坦波克主張，自己選擇要酒駕，彰顯出「極度的肆無忌憚」與「極端漠視人類生命的價值」。[15]光是因為酒駕者可能不會出車禍，並不能緩解此一事實：他或她犯了道德與法律上的過錯。胡薩克不同意此一論證，因為正如斯圖亞所證明，失能駕駛造成傷害的機會是如此之低。胡薩克引用與斯圖亞特類似的數據——酒駕時發生車禍的風險為萬分之四．五，以及每酒醉駕駛 60 萬英哩會發生一次死亡事故——主張最能確定的，就是酒駕**不等於**在擠滿人的室內開槍，後者造成傷害的可能性高出許多。[16]

胡薩克也列出其他幾個他認為酒駕不應被當成嚴重犯行的理由：(1) 很多酒駕者大概不知道有自證法令，這些法令自動將吐氣酒測讀數高等同於犯罪；(2) 酒駕是一般人常見行為，而常見行為不應被入罪；以及 (3) 自證法令必然是任定的（arbitrary），某人因酒駕被定罪，但當初血中酒精濃度如果低一點點，他就沒事，這樣是沒有道理的。胡薩克針對酒駕如何執法的基本信條提出質疑，但文末倒是提出一個有幫助的建議：增訂一條名為「加重酒駕」的罪，針對血中酒精濃度極高且其行為顯現出真正有危險的駕駛。但他正確指出，鼓吹反酒駕的人可能會反對這樣的規定，因為這說不定會被視為豁免其他駕車飲酒者的責任。[17]

不是只有學者在批評反酒駕正統派。幾十年來，機靈的辯護律師在立場同情的法官支援下，已經執行了各種讓酒駕委託人免除刑責的策略。這些作為包括主張吐氣酒測儀不是精準的測量裝置、質疑血中酒精濃度延後檢測回推法，以及主張吐氣檢測違憲。毫不意外，伯肯施坦認定這些律師表現出「對道德倫理的麻木不仁」。[18]

到了 1990 年代初期，撤銷酒駕起訴已經成了全民運動，專家證人到全國各地為被告作證，作家們發表許許多多這種主題的書和文章。接下來，網際網路將會變得格外適合提供這類型的建議，像是「酒駕罪女王」（Lady DUI）的網站，這位康乃狄克州律師德瑞莎．迪娜荻（Teresa DiNardi），拿她替那些「在影片中承認喝醉」的委託人成功脫罪的成果來誇耀。[19]如果有什麼證據可以證明酒駕不同於其他大多數重大公衛議題——就算不是全部好了——那就是這些出版品了。最早的那些書，書名像是《酒駕案辯護勝訴》與《酒駕辯護》之類，是律師寫給律師看的書。

加州律師泰勒（Lawrence Taylor）是《酒駕辯護》一書作者，成為全國知名的酒駕罪訴訟專家，後來還成立「酒駕法律中心」。在泰勒書中找到的建議類型包括：如何對血中酒精濃度讀數提出異議、如何質疑是否有相當理由進行清醒測試，以及如何貶低負責逮捕的警察證詞可信度。泰勒敦促辯護律師問委託人以下問題：

- 有沒有機械問題會造成車輛偏斜？
- 有沒有任何使他們看起來像酒醉的傷勢？
- 他們在檢測前有沒有使用任何咳嗽糖漿、口氣芳香噴劑或漱口水，或是他們有沒有打嗝？
- 在他們之前，有沒有其他人使用同一部機器檢測過？
- 除了執行逮捕的那位之外，有沒有讓另一名警察做過吐氣檢測？
- 現場的清醒測試是不是在「傾斜、鋪了砂礫的路肩」進行？
- 檢測是不是在沒有適當光線輔助的夜間進行？
- 證人願不願意證明委託人沒有喝酒，或是有通過清醒測試？[20]

泰勒寫了超過七百頁的書，充滿熱誠、千方百計要製造合理的懷疑，從而在起訴案件中戳出洞來。

第二波的書是要賣給酒客本人，典型的書名是《打敗酒測儀：酒駕者的活命急救箱》和《酒駕辯護的脫罪之道》。有一本類似的書叫作《如何避免酒駕定罪》，出版於 1993 年，作者是「X 法官」，長期擔任州法官、審理過數千件酒駕案。X 法官提供給酒駕者的建議包括：拒絕接受現場清醒測試，尤其是他們的濃度可能偏高的話；利用荷氏薄荷糖掩蓋酒臭；把他們吐氣檢測所用的吹嘴留下來交給律師；要求保留吐氣、血液或尿液樣本；要求再做一次打嗝的吐氣檢測。

這位法官認為大家把酒駕看得有點太嚴重了，這一點從他在書中提供的「建議」可以明顯看出：「不要酒後開車（你可能會把酒吐出來）」，以及「當心業餘的酒駕者，他們把這行的名聲搞砸了。」[21]

撇開可能的利益不談，律師和法官們為什麼決定要寫這樣的書？泰勒相信在酒駕案件中，尤其是因血中酒精濃度檢測而成立的案件，被告是有罪推定，而非無罪推定——與其他大多數犯行恰恰相反——他想要加以矯正。X 法官所陳述的動機為：在許多州成為法律的 0.08% 血中酒精濃度太低了。他寫道，全國各地的高速公路和一般道路都有許多賣酒的旅店、餐廳和便利商店，回家的路成了只喝幾杯酒的人們變身為罪犯的道路。「酒駕者也是有精明慎重、通情達理的，」這位法官表示：「而他或她就是本書的重點。」X 法官清楚知道他寫這東西是在放火。他承認：「我知道，有一億美元身價的『反酒駕媽媽』會對著我的匿名大頭照尖叫。」[22]

連續的抨擊與爭論

我們該如何評價這些對酒駕管控的挑戰？學者們對「傷害」做出巧辯般的分析，即便運動人士當然會反對有可能讓這些人免責的做法，這些人明知這件事有風險還做，只因為這還不算太危險。至於辯護律師，不光是因為最高法院的判決同情酒駕者權益有其歷史，而且這些律師是拿錢辦事：找出法律的漏洞。

不只如此，我們還可以合理主張，警察、檢察官和法官可能會犯錯，對據稱酒駕的人施以不公正的刑罰。他們用以為法律服務的人和科技都不是永不犯錯。的確，如果有人在他最後一杯酒的二十分鐘內對著吐氣酒測儀吹氣，血中酒精濃度會異常升高，這是伯肯施坦一再強調過的。而有時候，警察可能會「撥酒測」*，故意調高嫌疑人的血中酒精濃度（後來的吐氣酒測儀機型不可能這麼做）。

不過，除非結論是酒駕執法是某種鬧劇，這些教人如何擊敗體制的大部頭著作用在**真正**酒駕案件的機會，看起來是比用在誤認酒駕案件要大得多。也就是說，被告及其律師會運用上述策略來模糊**真正的**犯罪。有一個好例子是在 1986 年，一名有兩次酒駕罪前科的男人，看完邁阿密柳橙盃運動場的美式足球賽要離開時，開錯車道，進了一條單行道。警察測量他的血中酒精濃度為 0.14%。這男人請了律師，要求禁止採用吐氣檢測作為證據，案子最後就撤銷了。[23]

由於酒駕在美國每年依然造成超過 15,000 人死亡，這些教戰手冊妨礙執法官員起訴這類案件並課以適當責任，對司法正義與保障人民健康的目標產生了嚴重危害。亞馬遜網站不列出教人攜帶武器不被發現、隱藏傳染性結核病診斷及虐待兒童或配偶後「脫罪」的書名，社會很可能也不會容忍這樣的書。但與酒駕有關的，我們會。

* 譯註：早期的酒測儀是指針型，警察可以用拇指撥指針。

隨著反酒駕運動在1990年代中、後期緩步邁入中年，受到的抨擊只增不減。「反酒駕媽媽」因其目標明顯又一再失策，再次成為倍受喜愛的出氣筒。一直有人批評，「反酒駕媽媽」的募款用於維持其龐大的運作體系，而這與草根的反酒駕運動特質是互相違背的。「『反酒駕媽媽』從一個本意良善的遊說團體演化成長存不墜的華府機構，」彼得斯（Eric Peters）在《國家評論》（*National Review*）撰文指出。「反酒駕媽媽」的若干地方支部甚至對全國總部的財務問題公開叫陣，有些則解散並組成「驅逐酒醉駕駛」分部。

此外，一些募款活動達不到目標，實際上還要「反酒駕媽媽」倒貼。最後在1991年，「反酒駕媽媽」開始與通用汽車建立長期關係——該公司前後總共給了數百萬美元——再次引發人們擔心企業砸錢要該組織對某些交通安全議題保持沉默。[24]

「反酒駕媽媽」也因為利用幾次悲劇事件來突顯居高不下的酒駕死亡率，而受到抨擊。例如，1999年悲慘的科倫拜高中槍擊事件發生後，「反酒駕媽媽」發出媒體新聞稿，稱這等死亡人數和酒精相關車禍比起來「不算什麼」。2001年9月11日發生恐怖攻擊後，「反酒駕媽媽」總裁溫蒂・漢彌爾頓（Wendy Hamilton）表示：「我不是要對我們的國家在那一天發生的事做任何的輕描淡寫，因為如果有誰知道什麼叫恐怖，我想一定是酒駕受害者。」[25]

即使當時發生的悲劇與酒駕有關，該汲取什麼樣的「正確」教訓，也不是每次都那麼清楚明白。1997年8月31日，威爾斯王妃黛安娜和她的同伴，富有的埃及製片家、社交名流法耶德，在巴黎一場車禍中死亡。儘管當時並未馬上得知詳情（而且在某些圈子裡至今仍有爭議），但她倆所搭乘的賓士禮車駕駛亨利・保羅喝醉酒，而且超速以躲避攝影記者。保羅的血中酒精濃度是 0.2275%，將近法國法定上限的四倍。保羅上車前，似乎已經在旅館酒吧喝了一公升葡萄酒和兩杯茴香酒。[26]

乍看之下，很難批評「反酒駕媽媽」及其他運動人士把戴安娜之死——早就被宣揚為「最有名的酒駕受害者」——看成是教育大眾的好機會。[27]法國和美國一樣，都有活躍的反酒駕運動，部分是因為法國人在用餐時喝酒、尤其是葡萄酒，是稀鬆平常的事。法國的 0.065% 血中酒精濃度上限的確可入全世界最低之列，保羅也表現出酒駕者典型的蠻幹心態和判斷力欠佳。證據顯示，酒保一直倒酒給他，不管他已經喝得有多醉；而他的酒友既沒有提醒他已經喝醉了，也未能或不想勸他不要開車。

說具體點，美國的運動人士把巴黎的事件當成一種手段，用以重新推動全國統一規定 0.08% 血中酒精濃度。雖然採行此一標準的州數已經增加到十五個，但大多數仍然是 0.10%。在全國性的層級上，紐約代表珞伊（Nita M. Lowey）和俄亥俄州參議員德萬（Michael DeWine）、紐澤西的勞騰博，提出耳熟能詳的法案：限制聯邦高速公路經費，不給那些沒有把法定上限降為 0.08% 的州。在紐約，州議員炮製出「黛安娜法案」。

「反酒駕媽媽」全心全意支持此一努力，她們的評語是「藉一齣悲劇重新得到人們的注意」，並製作一則廣告列出 120 位酒駕受害女性的姓名，標題是〈我們已經看過太多王妃死去〉。「去年，有超過 17,000 名無辜的人因酒駕而無謂地死去，」北維吉尼亞州的「反酒駕媽媽」幹事平納（Charles V. Pena）寫道：「她們可能不像黛安娜王妃那樣有錢、有名且美麗動人，但每一個都是有著希望、夢想與家庭的真實人物。」[28]

然而，1997 年不同於 1980 年，黛安娜動人的故事帶給「反酒駕媽媽」的，只不過如此爾爾。批評的人又再跳出來主張，她的死所傳達的是相反的教訓：把血中酒精濃度降為 0.08% **毫無效果**。這樣批評的人當中有一個叫瑞克・柏曼，這名遊說人士曾在 1993 年聘用萊特娜，此時也是美國酒飲協會的首席法律顧問。柏曼指出，法國的酒駕法令比美國還嚴格，他們還是「預防不了這場悲劇。」他強調，黛安娜王妃「是被酒精濫用者害死，而非應酬飲酒的人。」

英國葡萄酒作家巴爾（Andrew Barr）甚至說得更白，「黛安娜之死的教訓，」他在 1999 年的《飲酒：美國的一部社會史》一書中寫道：「理當是王妃們和那些上了年紀、浪蕩好色、有個愛幻想的偏執狂老爸的花花公子們交往要小心，因為他們的老爸容許他倆被訓練不良的駕駛用有問題的交通工具加上安全防護不當超速載著穿過巴黎街頭。」[29]這教訓「當然不是」血中酒精濃度最大容許值需要加以降低。

爭論的重點之一，在於血中酒精濃度低於 0.10% 的駕駛對酒駕問題的貢獻度。哈登的研究證明，最致命的車禍是血中酒精濃度高的駕駛所造成，這一點沒有人真的反對。例如，運輸部釋出的年度資料顯示，酒精相關死亡人數當中，有一半到三分之二涉及至少一名駕駛的血中酒精濃度為 0.14% 以上。[30]但這意味著，仍然有五千到六千人的死亡是在血中酒精濃度低於 0.14% 時。這些之中到底有多少是低於 0.10%？

有一個估算值出自於社會學家幸森（Ralph W. Hingson）及其波士頓大學的同事們。他們在 1996 年一篇發表於《美國公共衛生期刊》（*American Journal of Public Health*）的文章中估算，把全國的血中酒精濃度標準降到 0.08%，將會減少 16% 到 18% 的酒精相關交通事故死亡人數，從而每年挽救 500 到 600 條生命。

他們拿最先把血中酒精濃度降為 0.08% 的五個州，與鄰近五個仍為 0.10% 的州比較其死亡率，得出了這個數字。

高安局在 1999 年發表的一項研究報告也有類似的發現。例如，採行 0.08% 血中酒精濃度的十一個州之中，有八個州的死亡車禍涉及酒精比率下降。0.08% 血中酒精濃度的好處與其他反酒駕提案無關，但與這些提案協同運作的效果良好，尤其是吊銷駕照行政處分。[31]

這樣的數字並非無人質疑。舉例來說，巴爾說這些數字「需要有邏輯上的大跳躍。」他指出，降低血中酒精濃度的州在執行其他反酒駕規定時，也最為積極。因此，傷亡率下降可能有其他原因。巴爾也指出，死亡率最低的十個州，只有兩個改為 0.08% 的法定血中酒精濃度標準。此外，他提出耳熟能詳的主張：有血中酒精濃度低的駕駛涉及的車禍，可能導因於酒精之外的理由。最後，巴爾指出，幸森坐上「反酒駕媽媽」的理事席引發關於利益衝突的倫理關切，和運動人士長期以來對酒飲業的指責沒什麼兩樣。幸森的發現是否反映出「反酒駕媽媽」的議題設定？[32]

新禁酒主義？

酒飲業對於 0.08% 法定上限的呼籲有何反應？其實，酒精飲料製造商對於酒駕預防的信念，並非每次都是全體一致。不論是出於真誠的信念、政治上的權宜之計，或是兩者皆有，蒸餾酒協會和世紀協會決定，要與「反酒駕媽媽」、「驅逐酒醉駕駛」及高安局站在一起支持 0.08%。

但其他代表造酒業、餐旅業和汽車業的團體，把降低此一法定上限的要求當成他們所謂「新禁酒主義」的明證——運動人士已經偏離他們原先值得敬重的反酒駕目標，變質為反酒運動。這些批評的人指出，像這樣專注於相當一餐只喝兩杯酒的 0.08% 血中酒精濃度，除了「反酒」之外，還能做何解釋？後面會不會還有 0.05%、甚至更低的血中酒精濃度在等著？這情況與 1933 年禁酒令末期差相仿彿，當時一般認為禁酒令實驗是徹底失敗，是禁慾式狂熱宣揚教義的極端份子強迫美國接受的。這麼一來，運動人士淪落到被貼上新禁酒主義派標籤的這步田地，面臨著信任感大幅流失的風險。

最熱中於狂發新禁酒主義指控的組織，是柏曼的美國酒飲協會。有萊特娜當美國酒飲協會代言人，該團體的主張馬上博得信任。「我擔心我曾協助發起的運動已經迷失了方向，」她表示：「我認為，經過這些年，『反酒駕媽媽』已經變得更加靠向新禁酒主義。」[33]美國酒飲協會傳播長多益爾（John Doyle）大膽表示，他的工作就是「捍衛酒後駕駛」，確保應酬飲酒的人不會被不公正地對待而成了棄兒。毫不意外，「反酒駕媽媽」指稱美國酒飲協會是「造酒業的鷹犬」。[34]

還有別的團體也贊同美國酒飲協會。其中一個是「全美有牌賣酒人」（American Beverage Licensees），這個啤酒、葡萄酒和烈酒批發商遊說團體指出：「有些反酒運動人士試圖藉由嚴酷的限制與極端的政策，禁止開車前的任何飲酒行為。這些團體想要改變人們的行為——即使每年有超過四千萬美國人負責任地開車前飲酒。」[35]

同時，一個名叫全國機動車輛駕駛協會（National Motorists Association）的團體在 1982 年開始「代表並保護北美機動車輛駕駛人」，不只反對 0.08% 的標準，也反對動用酒駕攔檢點。「借屍還魂的禁酒運動，」他們的網站上有一篇文章表示：「以路檢戰術為手段，在他們打擊『惡魔蘭姆酒』的戰爭中散布恐懼。」萊特娜回憶，那些同情這類說法的人包括自己就酒駕的議員。[36]

比這些批評更有趣的，是反對歷史學者口中 1980 到 1990 年代「新禁酒運動」的一般民眾。反酒駕運動只是政府和私部門所發起若干運動當中的一個，這些被批評者語帶嘲弄起了個「褓母國家」綽號的運動，試圖在促進美國人健康的目標下限制各種自由。其他運動包括勸導不以兒童為目標打廣告、不在公眾場合抽菸，以及懷孕期間不喝酒，最後這一項在不久前已被確認為胎兒酒精症候群的病因。[37]不可避免的自由意志論反撲一出現，民眾也開始把現行的限制措施比做號稱刑罰嚴酷的禁酒令時期。事後證明，這種類比的威力，是 1990 年代初期反酒駕運動所享有的廣泛支持開始瓦解的另一個原因。

舉例來說，政治立場保守的《華盛頓時報》在社論中寫道：「『反酒駕媽媽』持續推動迫使各州不斷降低法定酒醉標準，正要變成一場由歇斯底里而非醫療實據所驅動的禁酒主義聖戰。」同樣抱持這種見解的人有的也和萊特娜一樣，曾在「反酒駕媽媽」工作過。「『反酒駕媽媽』通常都以健全的科學和頭腦清醒的統計數據為外表，企圖掩飾其激進、新禁酒主義的議題設定，」已經離開該組織的平納寫道。[38]

挨罵的不只「反酒駕媽媽」。因院內護士的兒子被撞死而投入反酒駕運動的威斯康辛州醫師哈德森，回想起曾被威斯康辛旅館聯盟的成員斥罵：「你知道你的問題在哪兒嗎？你不知道吧？你是個禁酒主義者兼滴酒不沾主義者。」哈德森兩種都不是。網路上有一個批評的人寫道，感謝酒駕議題總統諮詢委員會和全國反酒駕委員會，「美國禁酒令復活了。」[39]同一時期，菸草業和全國來福槍協會也訴諸個人權利的概念，以回應褓母國家對其產品的攻擊。

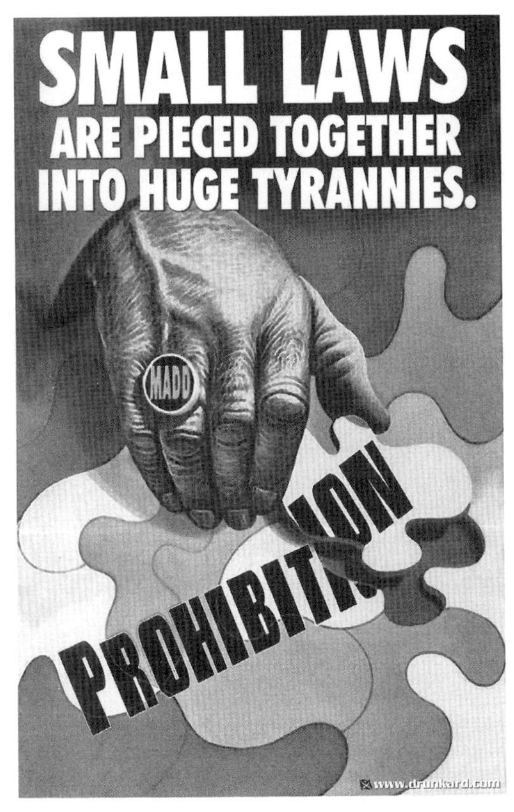

借二次大戰題材加以修改的海報把「反酒駕媽媽」和禁酒令扯在一起。承蒙法蘭克．瑞奇與《現代酒鬼雜誌》提供。

新禁酒主義的指控有多少的準確性？要找出運動人士詆譭酒精而非就事論事聚焦於酒駕的例子，當然是有可能，有一種例子被經常批評「反酒駕媽媽」的巴爾可（Radley Balko）稱為「偷天換日任務」。舉例來說，某一則「反酒駕媽媽」的公益宣導廣告把酒精比作海洛因。有一幅雜誌圖像把啤酒瓶描繪成注射針筒。電視上有一段廣告說：「如果你認為海洛因和酒精不一樣，你就大錯特錯了。」

德州「反酒駕媽媽」的一名幹部說，高爾夫球賽事應該禁止喝啤酒。[40] 2009 年，歐巴馬總統在白宮舉辦一場「啤酒高峰會」，以化解哈佛教授蓋茲與麻薩諸塞州劍橋市警官克羅利之間的種族緊張關係，德拉瓦州「反酒駕媽媽」的一名幹部蕾娜覺得飲料挑選不當。「這是眾所周知的事實，年輕人常會模仿他們在成年人身上看到的行為，」她這麼說。蕾娜被批得滿慘，但「驅逐酒醉駕駛」的艾肯贊同她，聲言「選用啤酒讓小孩留下深刻印象，而且他們的爸媽常喝也鼓勵喝，現在連白宮也一樣。」[41]

造酒業還喜歡針對反酒說辭提出另一個論點：美國的酒類飲用率實際上是在下降。舉例來說，啤酒在 1996 年賣得比二十年前要少，而同一時期，烈酒飲用下降了 35%。公共利益科學中心在 1980 年代初期發起停止廣電酒促計劃，就連該中心的海克都承認「美國是個酒喝很少的國家。」[42]

但只要每年依然有超過 15,000 人死於酒精相關車禍，而且美國駕駛人每年依然有幾千萬車次是在喝酒後兩小時內開的，飲酒減少還是沒辦法帶給「驅逐酒醉駕駛」、「反酒駕媽媽」及其他運動團體什麼安慰。雖然是有可能找出「反酒駕媽媽」幹部贊成禁止所有酒駕的言論，但該組織相當明確地表示並無這樣的目標。依此觀之，新禁酒主義的指控並不公平。「貼新禁酒主義標籤的那些人是在扣帽子，」海克告訴記者沛克（Garrett Peck）：「他們要嘛有很多事要隱瞞，不然就是把頭埋在沙裡，拒絕以恰當的方式回應美國最具傷害性的毒品問題。」[43]

不只如此，有一種飲酒型態顯然是有問題的。狂飲的定義通常是一場酒下來喝了五杯（男性）或四杯（女性），在 15 到 34 歲男性當中所佔比率從 18% 到 58% 不等，同樣年齡層的女性從 15% 到 38% 不等。根據疾病管制預防中心（Centers for Disease Control and Prevention, CDC）的資料，狂飲喝掉美國所有飲用酒料的大約 75%。

以 21 歲以下來說，在酒吧或派對狂飲喝掉的佔所有飲用酒料達驚人的 90%。而且，會說狂飲與酒駕有直接關連，主要是因為 18 到 34 歲男性是既狂飲又酒駕的人口中最常見的一群。的確，研究顯示，狂飲者失能駕駛的可能性是非狂飲者的 14 倍。[44]狂飲與駕車之間的關係，使得先前只把注意力侷限在酒駕上的「驅逐酒醉駕駛」與「反酒駕媽媽」，在 1990 年代中期把反對狂飲加進他們正式的訴求議題中。

狂飲還導致其他許多不良後果，包括酒精成癮、各種犯罪和女性受害。很難只為了狂飲所導致的酒駕風險而加以反對，所以，就像「停止廣電酒促計畫」及其他為了淡化飲酒魅力所做的努力，反狂飲運動也帶著一絲反酒的味道。「反酒駕媽媽」一段有關狂飲的公益宣導廣告秀出兩個空酒瓶，旁邊圍繞著**攻擊**、**溺水**、**燒燙傷**、**強姦**和**自殺**等字眼。

自由意志論者的怒火

「反酒駕媽媽」某些宣傳資料可能因而被視為證實新禁酒主義的指控，而另一方面，始於 1990 年代中期、衝著該組織與整個反酒駕運動而來的憤怒確實驚人，就連當初激發艾肯和萊特娜這些人投身運動的那股怒氣也相形見絀。在書中、在平面媒體上、在電視上，後來是在網路上，出現尖酸辛辣的反撲。雖然難以評估這些反對「反酒駕媽媽」的情緒擴散得多廣，然而其執拗與惡毒令人震驚。

最具代表性的是「反酒駕媽媽懶人包」（Mothers Against Drunk Driving: A Crash Course in MADD），這是紐約州立大學波茨坦分校榮譽教授韓森（David J. Hanson）的網頁。韓森針對他心目中「反酒駕媽媽」的犯行做了極為詳盡的評判，從該組織對「垃圾科學」的運用、「復仇心態」到「禁酒主義式目標」。另一個代表性網站是 www.getmadd.com，其宗旨是「一滴一滴地」打倒禁酒令。代表性的書籍是歐佛貝（Chris Overbey）的《飲酒與駕駛：美利堅之戰》(*Drinking and Driving: War in America*)。

但反對「反酒駕媽媽」的情緒最鮮明強烈的例子，是加州有一個團體謔稱自己為「酒駕反媽媽」(Drunk Drivers Against Mothers, DDAM)。1996 年有一個類似的例子，一個爭議話題不斷的加州重金屬樂團「殺戮者」，他們譜寫並表演了一首〈去屎吧（酒醉駕駛反瘋媽）〉(*Ddamm/Drunk Drivers against Mad Mothers*)：

急轉橫過街道
醉到他媽的操
找一間店有開門營業
我想我沒了好運道
搞不好遇上瘋媽在巡街

撞她的車
撞個稀巴爛
拖她下車
揍到叫不敢
搶她的錢
把她撞倒

沒半點啤酒鬼影

午夜兩點老早過
只剩一件事情
我們可以做

撞她的車
撞個稀巴爛
拖她下車
揍到叫不敢
搶她的錢
把她撞倒
開車壓過她臉往城外跑

酒醉駕駛反瘋媽。[45]

是什麼激起這等兇殘的怒氣？這些書寫大多傳達出一種熱切的自由意志論，把管控酒駕——或是吸菸、擁有槍枝，還有騎機車戴安全帽也是——說成危害美國人的自由。舉例來說，getmadd 網站警告讀者要小心「政府和特殊利益團體企圖影響我們的想法。」

該網站提出耳熟能詳的論點，主張管控酒駕的最佳方法不是通過更嚴格的法律，而是改變人們的行為，並引用紐約州州長帕塔奇（George E. Pataki）的話表示贊同：「當政府替人民扛起責任，那麼人民就不再擔起自己的責任。」韓森引述數十篇文章，主張運動人士正在侵犯基本的自由。「『反酒駕媽媽』不懂的是，在北美司法制度下，」其中一條寫道：「被指控的個人是無罪的，直到政府證明其有罪。」

作家歐佛貝稱反酒駕運動為「現代獵巫」。主張自由意志論的專欄作家小洛克威爾（Llewellyn H. Rockwell Jr.）呼籲讓酒駕合法化。雖然這些自由意志論批判的衝擊難以量化，但事實證明，這種情緒強大到足以令許多州廢除強制騎機車戴安全帽的法令，造成 1997 到 2008 年機車死亡倍增。[46]

有一群人特別反對「反酒駕媽媽」，毫不意外，那就是《現代酒鬼雜誌》員工。在一篇題為〈打倒反酒駕媽媽〉的文章中，編輯瑞奇（Frank Kelly Rich）鋪陳對該團體的指控。或許有點意外的是，該雜誌的口號是「站起來爭取你醉倒在地的權利」，這篇文章以清楚的論證、參酌韓森的思路，提出多到有點重複的指控。瑞奇在文中虛構一個老西部的民防團「反馬賊牛仔」，一開始的使命值得敬重，但最後馬賊抓完，沒人可絞刑，為了維持業務，該團最後幾乎把所有騎馬的人都絞死了。

在瑞奇看來，「反酒駕媽媽」正在支持同樣荒唐可笑的政策。他做了個結論：「反酒駕媽媽」的媽媽們不再是「一群立意良善的社會志工」，而是「一票花言巧語、鎮壓自由的法西斯份子」。[47]

《現代酒鬼》除了批評「反酒駕媽媽」，他們和酒駕議題還別有關連。有一點要釐清，該雜誌的某些政策提議，像是允許上班時喝酒、因公喝酒可請款和酒吧二十四小時全年無休開門營業，只是耍嘴皮、不得當真的，就像該雜誌的專欄〈貧民區詩學〉和〈酒鬼智慧〉一樣。但是該雜誌已經培養出一群讀者，真心感嘆美國社會越來越愛批評並以法律限制許多好玩的休閒活動。「我們是新的受壓迫群眾，」瑞奇表示：「我們被妖魔化了。」[48]

《現代酒鬼》所傳達的訊息很清楚：喝酒很有趣，而且喝醉是每個人的權利。重度飲酒者有的可能在回家的路上危及無辜民

《現代酒鬼雜誌》的漫畫讚美飲酒之樂。當然，只要這個男人不是開車回家，就不會危及他人的性命。承蒙法蘭克．瑞奇提供。

眾的生命，完全不在該雜誌背書支持的範圍內。只不過，和確保美國人有當「醉漢」的權利比起來，這件事得到的關注少了點。

《現代酒鬼》的主要讀者群是年輕男性，和那些在臉書上貼自己全毀汽車照片、配上自誇自讚的旁白「大帥哥拍拍屁股走人」的青少年應該不太一樣，但其他人口群也發出對酒的禮讚。2007 年出版、維吉尼亞散文作家藿蘭（Barbara Holland）的《飲酒之樂》，慶讚一萬年來「酒振奮人心、撫慰人心和融合人群之樂。」對藿蘭來說，在禁酒期間喝醉，一如海明威、費茲傑羅、福克納和孟肯之輩所為，是一種「衝動且浪漫而又帶著光采的縱情歡樂。」[49]不幸，「禁慾主義的一陣巨浪」已經改變了事態，乃至於「在家庭聚會上多喝個兩小口，就會使得人人都催著你去尋求協助。」[50]

為了突顯他們眼中因積極管控作為所致的不公不義，批評「反酒駕媽媽」的人所採用的做法是效法「反酒駕媽媽」，講述感人肺腑的故事。有一則廣為流傳的故事是關於黛博拉・波爾頓，一名 45 歲、育有二子的律師媽媽，2005 年 5 月，她在華府一場晚宴上喝了一杯葡萄酒。她時運不佳，這座城市乃是全面零容忍新政策的發源地，該政策允許警察以酒駕罪名逮捕血中酒精濃度超過 0.03% 的任何人——包括年滿 21 歲的駕駛。波爾頓開車回家時忘了開大燈而被攔了下來。警察對她進行檢測，發現濃度為 0.03%，藿蘭在她書中寫道：「他們以酒駕罪名給她上銬並拖進牢房。」

波爾頓在牢房裡坐了幾個小時，之後出庭四次就 400 美元罰金提出申辯，罰金最後撤銷了。她拒絕參加十二周戒酒諮商課程，害她花了一個月才取回她的駕照。[51]

在某種意義上，波爾頓的故事犯了丐題謬誤（beg the question）。她是因為 0.03% 的血中酒精濃度，使她輕微失能而忘了開大燈嗎？就像酒駕悲劇故事可能為了宣傳目的而做了誤導性的運用，同樣的情形也可能發生在號稱是濫用政策權力的故事上。儘管如此，在波爾頓所涉及的這類事件中，「真正」應酬飲酒的人成了法律制度的犧牲品，確實有可能給整體執法作為冠上惡名。[52]的確，憤怒的餐廳老闆和民眾所發出的抱怨，很快就讓特區市政府放寬了零容忍政策。

另一波反撲

關於所謂不當逮捕的討論，往往與酒駕攔檢點有關，也就是警察設置路障以檢測既未危險駕駛、也未違反任何交通法令的駕駛人。攔檢點有兩種：隨機性，警察對他們所攔下的任何人進行吐氣檢測；以及選擇性，只有那些表現出酒醉徵象的人會被檢測。澳大利亞和一些歐洲國家允許前者，但由於慮及公民自由問題，大多數國家並未允許。

美國警方在評估要對蛇行駕駛進行血中酒精濃度與清醒測試時，總是要求要有相當理由，而同樣的考量也適用於攔檢點。美國最高法院在密西根州控告西茲（1990 年）與印第安納波里市控告艾德蒙（1991 年）兩案已經做出裁定，對路障所攔下的駕駛人進行選擇性——但非隨機性——檢測是合憲的。就像在布萊郝普特控告亞柏蘭案中，法院的裁定是基於公共衛生的考量，提供了公衛與法律手段相輔相成以達目標的範例。在實務上，正確設置的路檢對清醒的駕駛人只會造成短暫的延誤，很快就會放行。儘管如此，自由意志論者依然厭惡這樣的強制措施，認定這些措施違反了憲法第四條修正案對不合理搜索與拘捕的禁令。[53]

雖然自由意志論者對於反酒駕法令的反對立場熱情不假，但值得一提的是，業界試圖給這種不滿火上加油。消費者自由中心（Center for Consumer Freedom）及其網站 www.consumerfreedom.com 支持「成年人與為人父母者有權選擇自己吃什麼、喝什麼及如何自得其樂」，他們與柏曼及美國酒飲協會攜手合作，而菲利浦莫里斯＊和安海斯布希列名為其金主。蒸餾酒協會協助提供資

＊譯註：Philip Morris，世界第一大煙草公司，旗下有萬寶路等品牌。

金給韓森所經營的反對「反酒駕媽媽」的網站。除了遊說國會，業界也加強遊說大眾的力道，以希望能維持現狀。[54]

除了自由意志論之外，另一個因素也助長了對「反酒駕媽媽」的反撲：性別議題。有很多男性參與了「反酒駕媽媽」，但女性——尤其是媽媽們——總是其象徵核心的代表。另一方面，男性死於酒精相關車禍的可能性始終是女性的兩倍左右。這些性別差異導致對於女性運動人士的忿恨。例如，男性批評者暗示，參與酒駕管控的女性過度情緒化的反應並不恰當。

這種敵意往往以兄弟會式幽默的型態出現，以「年長」女性為對象來反對其訴求。例如，流傳著一個沒品味的笑話：沒了喝醉酒的人，以後「反酒駕媽媽」的媽媽們根本不可能懷孕。當很久沒出現在酒駕爭議中的萊特娜現身於 YouTube 影片中，反對軍中不足齡飲酒，留言者語氣粗魯：「她一定是個卑鄙的酒鬼」、「她根本就瘋了，因為她高中時從未被邀請參加〔酒桶派對〕，因為她太胖太醜」，以及「她是個可怕的女人。『酒鬼反反酒駕媽媽』（DAMM），怎麼樣？」[55]

儘管有這波反撲，不過，完全有理由可以說 1980 年以後的反酒駕努力仍然是成功的。2000 年 10 月，柯林頓總統簽署法案，撤回對仍然採用 0.08% 血中酒精濃度的三十一個州高速公路補助。到了 2004 年，所有的州都照辦了。1980 年以後的數十年間，實施吊銷駕照行政處分的州數已經從三個增加到四十一個，再加上華盛頓特區。1983 到 1998 年間，全美五十州加上華盛頓特區，都通過針對 21 歲以下駕駛人的酒駕零容忍法。[56]這些法令，搭配全國性新規定的 21 歲飲酒年齡，加上數十年來針對青少年的宣傳，意味著反酒駕運動迎戰年輕族群的酒駕與相關傷亡問題，已經取得極大的進展。

更進一步的是，這個領域最頂尖的機構所發表的研究結論指出，這些介入手段有效。研究發現這些做法降低了傷亡，不論年輕族群或年長族群皆然。舉例來說，莎兒慈（Ruth A. Shults）和疾管中心、高安局的同事做了系統性文獻回顧，發現已經訂定 0.08% 法令的州減少了 7% 的死亡，比幸森那個數目小，但無論如何還算顯著。太平洋研究與評估中心（Pacific Institute for Research and Evaluation）長期研究酒駕的費爾和渥鄂思有類似的報告，0.08% 的血中酒精濃度標準，使重度飲酒者和應酬飲酒者的車禍和傷亡減少 5% 到 16%。[57]

至於針對較年輕酒駕者的零容忍法令所做的研究，莎兒慈的報告指出，有六項研究已經證明死亡車禍減少了 3.8% 到 24% 不等。莎兒慈寫道，針對新的最低法定飲酒年齡法所產生的衝擊已經做了特別詳盡的研究，她從四十九項研究中得出結論，有負面結果的酒精相關車禍減少 10% 到 16%，這包括非致命傷與死亡。而且，一旦新法令到位，這些已經降低的數字會繼續保持。根據高安局彙整的數據加以估算，在 2008 年，700 個原本會死於車禍的人因 21 歲飲酒年齡法而性命得救。[58]

疾管中心和高安局研究人員針對二十三項研究的回顧，做了類似的報告指出，酒駕攔檢點預防了「酒精失能駕駛、酒精相關車禍和相關的致命與非致命傷勢。」這項發現適用於隨機檢測和美國所採行、比較選擇性的版本。許多自由意志論者對這些數據沒有異議，但仍然認為這種策略太具侵入性。[59]

儘管攔檢點並未直接將道路上的某些危險駕駛趕走，然而其最大價值在於一般來說對於怕被抓的酒後駕駛人會有嚇阻效果。因此，攔檢點計劃通常會附帶宣傳作為。不幸的是——至少對非自由意志論者來說是種不幸——攔檢點在大多數的司法管轄區內依舊「悲慘地未獲充分利用」，甚至有十二個州完全不加運用。這與澳大利亞等國成截然對比，這些國家的攔檢點無所不在，以至於可以預期，這些攔檢點很少發現駕駛人的血中酒精濃度高於0.05%。[60]

其他介入手段也發揮了效果。舉例來說，札多爾（Paul L. Zador）與高速公路安全保險研究中心的同事發現，吊銷駕照行政處分減少酒精相關死亡車禍達9%。同時根據疾管中心的黛玲格（Ann Dellinger）和思利特的研究，點火自鎖裝置減少累犯酒駕事件高達65%，如果廣泛安裝，將可挽救多達750條性命。這些裝置強制駕駛人在啟動點火器之前，對著安裝在他們車內的吐氣酒測型裝置吹氣。如果機器偵測到有任何酒精出現，就會阻止車輛發動。研究也顯示，謝菲茲支持的那種酒品供應者介入課程，可以把預防客人酒醉與酒精失能駕駛的對策，有效地傳授給酒吧和餐廳工作人員。

這些作為在澳大利亞等國運作得最好，那兒的官員主動公佈並起訴「供應最後一杯酒的場所」，而在美國就運作得比較不好，酒品供應者的配合度和地方主管機關的執行力依舊參差不齊。部分原因是研究不夠充分，陪審團對於指定駕駛方案及其他類似對策，像是在宴會尾聲供應「無酒精雞尾酒」及其他無酒精飲料，是否能預防酒駕依舊沒有定論。不過，這個領域的改革持續進行，像是Y Drive，這是萊特娜推廣的全國性計劃，人們喝了一晚上的酒之後，坐在自己的車裡被人載回家。[61]

另一種有效的介入手段只是間接處理酒駕議題，但確確實實在車禍中挽救人命：約束裝置的使用。早在1950年代，像哈登、莫妮和和內德這些人已經得出結論：改變酒駕行為的力量總是有其極限，即使有積極宣傳活動和法律規定。他們因而倡導把車子和高速公路打造得盡可能安全。到了二十一世紀頭十年，除了新罕普夏，各州已經有強制安裝座椅安全帶的法令，而且使用率全國平均達 82%。因為安全帶減少了致命與非致命傷勢，叫人們把安全帶釦上，救了很多人的命——包括喝酒的人和搭他們車的那些人。正面撞擊時的安全氣囊也是如此。安全氣囊和安全帶合併使用，減少了正面撞擊車禍死亡達 11%。[62]

關於酒駕管控，最後這一項事實通過專家認可：人們越是預期會被攔下逮捕，就越不可能會在酒醉時開車。正如羅斯所指出，這項發現有助於解釋強力取締搭配大規模宣傳作為的短期成效，像是 1967 年的英國和 1980 年代的澳大利亞。因此，2006 年夏天，高安局宣布將與全國各地執法官員合作制裁酒駕。取締活動是從一系列原創公益宣導廣告開始，畫面中開車的年輕人被攔到路邊，因為他們泡在深及胸口的啤酒、葡萄酒或烈酒中。但要長時期維持這種強度，一直頗具挑戰性。這種電視宣導廣告代價昂貴，而且酒駕取締活動分散了對其他警察業務的注意。[63]

執行介入的效果

重要的是，從統計數據也可以看出哪些介入手段似無成效。舉個例子，羅斯長久以來都主張，比較嚴厲的懲罰並未嚇阻酒駕者或降低酒駕率和傷亡率。早在 1990 年代中期，「驅逐酒醉駕駛」和其他反酒駕組織就已公開表示，不鼓勵對並未造成顯著傷害的初犯施以嚴刑峻罰，如強制入監服刑之類。雖然某些檢察官，如長島的萊絲，以「道德敗壞、對人類生命毫不在乎」為由，成功以謀殺罪名起訴酒駕者，但大多數地方檢察官比較傾向以殺人罪起訴，如果有乘客、行人或其他駕駛人死於酒駕者輪下的話。[64]

雖然從報復的觀點來想，極端的刑罰令人滿意，但陪審團仍然拒絕把酒駕致死和槍枝或其他武器致死劃上等號。反酒駕運動的成熟，意味著懲罰必須從科學和政策觀點都能說得通。以謀殺罪起訴根本就不是有效的嚇阻手段。

另一種沒有效果的介入手段是所謂的自助式吐氣酒測儀，這是把改版的伯肯施坦機器安裝在酒吧和餐廳。這個想法是喝酒的客人可以在他們離開前驗自己的血中酒精濃度，濃度高的人可以等一個小時並要點東西吃。伯肯施坦從 1970 年就開始推廣這些裝置，但使用這些裝置的意願是和 1980 年代反酒駕聖戰一起成長。

令伯肯施坦很懊惱的是，這些裝置的試用結果導向一種非常不一樣的行為：狂飲，那些人用吐氣酒測儀來比誰的血中酒精濃度最高。1982 年 11 月在華盛頓的一家酒吧，熟客們喊著「加油、加油、加油」，有個男人把氣吹進一具「酒精警衛」裡，然後紀錄顯示 0.38% 的讀數。他高舉雙臂表示勝利，並大喊：「刷新紀錄。」[65]對於這場由伯肯施坦所加持、「反酒駕媽媽」所推動的聖戰，很難想出比這更鮮明生動的負面象徵了。

相反的，這類裝置在澳大利亞的飲酒場所已經成了司空見慣的固定設備，運用在原本預定的用途上，主要原因是酒醉的駕駛人被警方攔下的可能性確實很高。吐氣酒測儀在澳大利亞的葡萄酒之鄉也成了稀鬆平常的事物，提醒遊客要等到清醒才能前往下一個葡萄園。[66]

還有一些介入手段從未加以充分研究，首先就是造酒業長期支持的「負責任飲酒」這句口號。2009 年一篇發表於《健康、教育與行為》期刊的論文發現，這句口號定義不明且用法不精確。作者的結論是：這是個「行銷戰術」，一如造酒業說過會盡全力減少狂飲、酒駕，以及其他因飲酒過量所導致的問題。[67] 儘管如此，負責任飲酒這個概念已經取得多數美國人大致上不加質疑的正當性。

知道哪些反酒駕手段該或不該列入優先是非常有幫助的，但知道歸知道，並不能確保一定會有正向的改變。以上所述衝著「反酒駕媽媽」及其他運動團體而來的種種反撲，確實當然削弱了執行介入手段所需的熱情和金援。一如往例，地方官員往往既無意願、也無能力提供協助。伯肯施坦早就以「駭人聽聞」一詞來批評酒駕法令欠缺執行力，尤其在缺乏政治動機或財源的司法管轄區，警方靠攔檢點、取締等做法找出血中酒精濃度高於 0.08% 的駕駛人，做得是有一搭沒一搭的。

舉例來說，每年因酒駕被捕人數從 1980 年代 200 萬人的高峰下降了 30%，到了 21 世紀初是 140 萬人。和這種情況類似的，是有些州對於在酒駕累犯的車子裡安裝點火自鎖裝置的想法有所抗拒，有的是因為成本，有的是因為這種舉動可能會不得人心。在同意安裝自鎖裝置的各州，執行狀況也各有不同，部分是因為很多法官認為這種懲罰太嚴厲，尤其是初犯。到最後，挽救生命還是得靠行為的改變。喝醉酒的人還是可以坐上他們的車、拒絕使用安全帶，而最惱人的是，他們可能會要求別人對著他們的點火自鎖裝置吹氣來發動車子。[68]

反撲也顯現在限縮終獲通過的法律種類。回顧 1988 年的公衛兵團指揮官研討會，當時倡議一系列酒駕管控的介入手段，最後的結果是一鍋大雜燴。雖然研討會確實可以說創造出一股動能，倡議調降血中酒精濃度上限、推廣指定駕駛及酒駕攔檢點等措施，並使青少年酒駕問題成為關注焦點，但當時所倡議較具進步性的公衛型措施從未獲得採用。舉例來說，儘管 1991 年提高了啤酒的聯邦消費稅，民眾也強烈支持提高啤酒的附加稅，但聯邦和州的這兩項稅率依然很低，使得這一項已獲證明能減少重度飲酒及酒駕的策略形同夭折。

最值得注意的是，人們到現在還是會不加思索就把酒——包括過量飲酒——和諸多男子氣概的英勇事蹟、征服異性、單純放縱玩樂等事物聯想在一起。舉例來說，1980 年代後期到 1990 年代，安海斯布希在百威淡啤酒廣告中塑造派對狗土豆・麥肯齊的角色，並在超級盃電視轉播期間，舉辦由百威啤酒瓶上場的百威盃動畫美式足球賽。

由於蒸餾酒協會和啤酒業的自律，有些比較殘暴的廣告現在不再出現，但造酒業還是繼續贊助大學生春假的運動和音樂賽事，被稱為「酒飲狂潮」。[69]公共利益科學中心的海克指出，縱使各大學校長已透過他們的「紫水晶倡議會」* 表達對於校園狂飲的合理憂慮，酒類廣告依然充斥於大學運動場內。1998 年，服飾製造商 Abercrombie & Fitch 甚至在他們的「返校篇」商品目錄中，收錄一份甜味酒精飲料清單，敦促學生們參與「本學期某種有創意的飲酒活動」。

我們可以合理得出結論：雖然造酒業無法阻止庫普研討會舉辦，但業界強調負責任飲酒且能夠吸收蘭沐和萊特娜這樣的人，有助於分散諸多出自研討會的動能。的確，當醫學研究院提出 2003 年報告書《減少不足齡飲酒》時，其中有很多關於管控酒精可及性與行銷的建議事項，與庫普在十五年前就想要施行的那些並無二致。有鑑於近來資料顯示，接觸酒類廣告導致青少年更早開始喝酒且喝得更兇，這方面的停滯不前尤其令人失望。[70]

---

* 譯註：Amethyst Initiative，美國各大學校長提議下修法定飲酒年齡的連署組織。

最後，酒駕管控依然受阻於非常古老的問題：關於數據資料到底證明了什麼，專家們各說各話。儘管引進死亡事故分析回報系統後有所改進，但疾管中心、高安局、太平洋研究與評估中心等機構的交通安全研究人員，每每還是率先招認，要彙整出確定可靠的統計數據是多麼地困難。這是真的，理由若干如下。

第一，以反酒駕為目的之特定介入手段很少是單獨執行的——也就是沒有同時引入其他相關方案。只舉一個例子就好，如果某市在全州血中酒精濃度標準從 0.10% 降為 0.08% 的同時實施路檢方案，而酒精相關致死率下降，功勞應該歸於哪一種介入手段？

第二，絕大多數的流行病學研究並非前瞻性隨機對照試驗，這種試驗法在評估全新措施時最能發揮排除偏差的效果。相反的，這些流行病學研究通常是檢視早就發生過的事件，並運用複雜的統計技術，像是邏輯迴歸，理清各種介入手段與成果之間的關連性。即使這些關連性都浮現了，往往還是不可能一槌定音地確認因果關係。就像醫學史學者威盧（Keith Wailoo）筆下所言：「流行病學的『事實』是出了名的不可靠。」[71]

第三，就像專家們不同意哈登當初每年 25,000 人死於酒駕的數字，他們也不同意最新的數字——以及數字所代表的意義。2009 年，高安局的報告指出，每年仍有約 11,000 起交通死亡事故與血中酒精濃度高於 0.08% 的駕駛有關。若是將與酒精有任何牽連的駕駛和行人全都納進來，這個數字就逼近我們比較熟悉的 15,000。如果我們採用 11,000 這個數字，酒精相關的交通死亡事故比率從 1980 年的大約 50% 降到 32%：掉了 36%。但其他評估的數據降幅更高，甚至超過 50%。[72]運動團體用這些數字來主張酒駕傷亡的降幅已較初始時變小，所以酒駕的問題仍然很大，這讓批評者不以為然。他們聲稱這些數據不可靠，因為「酒精相關」的死亡就只是相關而已，並不能證明因果關係。[73]

1990 到 2010 年的酒駕管控作為，彰顯出已獲得顯著成效的長期公衛計劃所面臨的阻礙。要長期保持對特定問題的專注，始終是一種挑戰。當「驅逐酒醉駕駛」和「反酒駕媽媽」在 1980 年代初期率先引起公眾對酒駕的注意時，大部分的美國人還從未把這件事當成一項「議題」來看待。但二十年後，死去的青少年和撞爛的車子，這些影像的震撼力道已經開始消退。此外，經過這些年針對酒駕者的自由為何必須被削減所進行的論戰，擺錘正往另一個方向擺盪回去。

科學家、統計學家及該領域其他領導人物，似乎沒有辦法拿出一槌定音的資料，終於導致公眾無可避免的厭煩。降低血中酒精濃度上限到底是挽救了生命，或是給應酬飲酒的人製造麻煩，而酒駕到底是已經受到控制，或者依然是公衛問題，就看你問的對象是誰。

但有一件事是確定的。酒駕者的故事——尤其是涉及名人、死亡，或兩者皆有——依然引發強烈到不可置信的情緒。透過這樣的故事，來回顧那些與酒駕相關的文化、政治及經濟因素，以及那些曾經推升或是阻礙這場酒駕戰爭的種種原因，依然是精彩可期的。

CHAPTER

6

越來越多的悲劇

從 1980 年代以來，有數以千計與酒精相關的可怕死亡故事上了報紙版面，但就連經驗豐富的反酒駕運動人士，得知 2009 年 7 月 26 日下午的那場車禍都嚇呆了：36 歲的媽媽開著她的箱型休旅車，在紐約的塔可尼克公園大道上逆向行駛 1.7 英哩後，撞上一輛迎面而來的運動休旅車。黛安．舒勒害死自己、她兩歲的女兒、她三名年幼的姪女，以及運動休旅車上的三個人。她的五歲兒子活了下來。

警方在破碎殘骸中找到一支碎掉的伏特加酒瓶。舒勒的血中酒精濃度為 0.19%，是紐約法定上限 0.08% 的兩倍以上。車禍時，她也因吸大麻而恍神。舒勒的故事格外令人毛骨悚然的是，她車上的一個孩子在車禍的半小時前和舒勒的哥哥（女孩的父親）講過話，似乎很煩惱。舒勒的哥哥後來直接和她妹妹講話，她似乎迷了路。他叫她停車等他來，但她決定要繼續開。[1]

有好幾個星期之久，尤其是在發生事故的哈德遜河谷地，舒勒案讓人們放下對於經濟疲弱不振、健保改革和阿富汗戰爭的關注，想要弄清楚這樁悲劇是怎麼回事。是不是如舒勒的遺屬所堅稱，血中酒精濃度和大麻的檢測讀數不準確？或者舒勒是個酒精成癮者？她的丈夫對他太太的菸酒習慣，哪些知情、哪些不知情？她在車禍前朝著迎面而來的車流開了 1.7 英哩，是否意味著她對酒駕習以為常？怎麼可能有人——尤其是一個從各方面來看都是好媽媽、好姑姑的人——會讓小孩冒著致命的風險？

儘管紐約州議員很快就因應舒勒悲劇通過法令，把交通工具上有小孩時酒駕列為重罪，[2] 卻難以從此案中汲取更大的教訓。關於舒勒過去的成癮物質使用狀況，以及她為何做出那種事，這些議題少有令人滿意的解釋，評論者的反應大多是困惑與憤怒。

這個案子也引出一項層面更廣的議題。這樣一個可怕的故事，放在酒駕管控的整體脈絡下，其意義何在？畢竟，2010 年的酒駕，與 1950 年或 1980 年的酒駕，完全是兩回事。經過數十年的運動，指定駕駛的接受度日增，法令也變強硬，像是自動吊銷駕照和最低刑期，確保正義實現的機會大增。借用美國汽車協會（American Automobile Association）婁內洛（Lawrence P. Lonero）的話，預防酒醉者坐上駕駛座的努力，已經獲得「歎為觀止的成功」。[3]

所以，舒勒案只是進步過程中的一次脫軌而已？其他轟動的酒駕案——從知名女星三次酒駕定罪，到職業美式足球員撞死一名過馬路的男人，再到翹班警察酒醉肇事後逃逸——又怎麼說？雖然這些悲劇性的例子不一定具有代表性，但也顯示汽車發明一個世紀及「反酒駕媽媽」成立將近三十年後，酒駕在美國依然是個頑強的難題。

除了喪兒失女的父母說的話、議員們嚴正的聲明或酒飲業推動的負責任飲酒之外，對於舒勒案及其他眾所周知的酒駕故事，民眾的反應提供了關鍵的洞見，讓我們了解美國社會是如何看待這一連串盤根錯節的議題：酒精成癮、駕駛、法令限制、證據、社會運動、風險、究責，以及最重要的，安全與自由之間妥切的平衡。本章用這些案例依序檢視四個問題：

- 道德上應當反對，而且是無可爭議的公衛災害，這樣的活動為什麼美國社會一直容忍？
- 真的有酒後駕駛權嗎？或是換個方式講，真的有失能狀態駕駛權嗎？
- 對於酒駕的關注，該如何與一系列彼此競爭、有些也和交通安全相關的公衛新議題取得平衡？

- 究責與受責的概念，對於試圖改變行為與挽救生命有何助益？

兩個酒駕例子，女星琳賽・蘿涵的那些案子和科羅拉多州三個酒肉哥兒們的，回答了第一個問題，突顯出儘管公眾形象差且法令趨嚴，酒駕之所以仍受容忍的某些理由。蘿涵兩次酒駕被捕發生在 2007 年。第一次是 5 月 26 日，蘿涵超速駕駛的賓士「衝上人行道且卡在兩棵樹之間。」蘿涵酒駕罪定讞，駕照沒了，還進了矯正機構。接著，2007 年 7 月 24 日，矯正出來兩個星期後，蘿涵再次酒駕。這次，她追撞私人助理之母所駕駛的車子，而這名助理當天稍早已經被這位女星開除。

警察的報告指出，蘿涵沒辦法走一直線、拒絕吐氣檢測，而且車上有古柯鹼。他們以酒駕罪、無照駕駛（她的駕照還在吊扣中）和持有毒品起訴她。她的血中酒精濃度最後測定為 0.12%，高於加州法定上限 0.08%。[4]

蘿涵可不是唯一有酒駕傾向的好萊塢明星。近年來因酒駕罪被捕的包括：演員有梅爾・吉勃遜、瑞普・童恩和崔西・摩根，歌手有小甜甜布蘭妮（當時她的小孩在車內），還有名媛芭莉絲・希爾頓和妮可・瑞琦。由於犯案者的名氣，這些人被捕引起了媒體相當大的關注。電視和網站很快就展示這些名人令人不敢恭維的嫌犯大頭照，其中有些人看起來酒還沒醒呢。有些評論者希望把這些故事寫成警世寓言。「把這些酒駕明星押上紅毯示眾，」《多倫多星報》專欄作家麥卡佛（Linda McAvoy）敦促：「應該讓大家看看失能駕駛是怎麼一回事：危害生命的行為，一樁愚蠢、沒必要的犯罪，而且非常嚴重。」[5]

但連麥卡佛都承認，這一幕不太可能上演，至少在好萊塢不可能，並指出「羞恥在名人酒駕逮捕秀的戲份不多。」的確，正如《今日美國報》所言，「毒品、俱樂部、酒駕和矯正」的循環過程「刺激誘人」。就像名人結婚又離婚、他們的急速減肥法和派對會抓住民眾的目光，他們違法也會。也就是說，名人的「壞習性」——像是劈腿、抽菸、跑趴、喝酒和酒駕——讓他們成了不受正常社會規範限制、「浪漫的不法之徒」。

有一位部落客這麼寫：「他們年輕、有錢而且人在好萊塢，你還期待他們會有什麼樣的故事？我會寬恕吸毒和酒駕嗎？不。但我支持他們有權通宵『搖滾』和每天『跑趴』！嘿，我可不想要所有人都知道我年輕時候皮包裡有哪些毒品。」「她的嫌犯大頭照令人心碎，」一位崇拜蘿涵的粉絲這麼評論：「她不該被貼上罪犯的標籤，因為她顯然生了病，需要真正的協助。」[6]

浪漫與激情的推波助瀾

這樣的行為不限於好萊塢。2007年末，CNN網站報導了一個臉書社群「女孩頑皮胡搞的三十種理由」（Thirty Reasons Girls Should Call It a Night），這個社群貼出大學生年齡的女性喝醉、嘔吐、摔倒和當眾尿尿的圖片。該社群據報導有超過十五萬名成員。另一方面，取了《小瞇一下真快樂》和《爹地需要喝一杯》這類書名的書，向為人父母者鼓吹喝酒的優點，部落格DrunkenHousewife.com就是在做這樣的事。或許，〈啤酒讚啦〉（Hooray for Beer）這首歌最能傳達時代精神，這是一首由德州龐克搖滾樂團Bowling for Soup所錄製的歡樂飲酒歌：

此刻一切都很棒
星星閃耀在我身旁

我的故事現在有了快樂收場
我想告訴全世界
啤酒讚啦！
我真開心你在這裡
就讓此刻延續下去
你感覺樣樣都合拍
想和你整夜在一塊
喊出來吧
啤酒讚啦！[7]

好萊塢年輕名人（以及他們的大學同好）所作所為，正代表了 1980 年代停止廣電酒促計劃運動已經警告過的，酒精、性、跑趴和開快車合流的結果。老話一句，酒飲業和餐旅業雖然看似鼓勵負責任飲酒和指定駕駛，卻藉由廣告和贊助活動，不言可喻地寬容這種生活型態。例如，思維卡（Svedka）伏特加酒一直在規劃，要贊助蘿涵在拉斯維加斯的凱薩宮辦生日派對，雖然活動在她第一次酒駕後取消了。

到了 2010 年，三處棒球場冠上了當地啤酒製造商的名稱，酷爾斯棒球場（丹佛）、布希棒球場（聖路易）和美樂棒球場（密爾瓦基）。全國美式足球聯盟（National Football League）比賽時，啤酒廣告全場處處可見，小販們叫賣著 24 盎司杯。在紐澤西州牧場複合運動中心的巨人足球場，喝醉酒的男人在半場休息時群聚於 D 號門（暱稱為酒醉門〔Gate Drunk〕），要路過的女性露出她們的胸部。[8] 這些球迷很多是醉醺醺地開車回家，這已經是個陳年陋習：巨人球場就像 1983 年舉辦史提夫・汪達演唱會的國會中心，公共運輸做得不好。

終於從2004年起，蒸餾酒商開始贊助全國賽車協會（National Association of Stock Car Auto Racing, NASCAR）的車隊，結果是把造酒業的商標放在跑得飛快（而且不怎麼負責任）的車上。百威和美樂分別是迪通拿（Daytona）和印第安納兩個賽車場的官方指定啤酒。由此興起的是歷史學家柏恩翰（John C. Burnham）所稱之「罪惡—工業複合體」，罪惡「已經成了美國社會、文化與歷史的主要塑造者。」[9]酒駕並未得到實際的鼓勵，但有受到微妙的讚許，尤其是對那些最容易有此行為的初成年者來說。

有一種想法認為，不管怎麼說，酒駕還算是可以接受，連帶而來就是酒駕繼續被當成正常行為來對待——反正每個人都幹過這事。就像專欄作家蔻特（Ann Coulter）所寫的：「一生中總會有某次在派對中喝太多啤酒後開車回家，這種人有好幾卡車。」[10]這話倒也不假，這種情況下就很難說酒駕百分之百不對。

酒駕——而且不被抓到——始終是一、二十歲男性最公開的誘惑。哈登、莫尼漢及其他人早在1960年代就說過，喝醉駕車超速，成了衡量一個人有沒有男子氣概、願不願意冒險、有沒有興趣藐視法律的標準。通訊傳播專家史崔特（Lance A. Strate）在《男人、男子氣概與媒體》（*Men Masculinity and Media*）這本書中寫道，喝啤酒除了與危險行為有關，也向年輕的酒醉駕駛人提出挑戰，要他們證明自己能採取「立即而果斷的行動」，而且儘管陷入失能狀態也能有「良好的控制力」。

加州龐克搖滾樂團Offspring的〈酒醉駕駛〉（D.U.I.）傳達了這種觀念。儘管「條子他們拿走我的駕照」，而且朋友們幫他叫來計程車，歌曲中的主人翁還是上了自己的車，乾一杯，轉動鑰匙。「我喝酒又開車，感覺如此有朝氣，」他這麼唱著。即便他承認自己「沒法直直開」，還是認為自己開得「還不賴」，甚至打算要創下酒駕速度紀錄。為了強調自己知道正在做的事不對，歌手加上一句「另外找個人來替我開」。[11]

雖然超速駕駛人還是以男性居多，偶爾也有女性參與這種儀式性的活動。2008 年 1 月 18 日，來自科羅拉多州拉法葉的三名同伴，21 歲的弗拉鄂提、21 歲的史奈德與 23 歲的蔻娃絲琦，三人都在酒吧喝過啤酒，上了一輛速霸陸 Impreza WRX，由史奈德或蔻娃絲琦開車。車子在科羅拉多州路易斯維爾附近撞上路燈桿之前，幾乎達到每小時 110 英哩。車子裂成兩半，三人當場死亡，留下三個小孩和一個遺腹子（史奈德的女友所懷）。

弗拉鄂提的家人說他喜歡開快車，還用全國賽車協會賽車手照片來裝潢自己的房間。他和父親大衛，以及妹妹蘿蕊，在當地賽車場度過許多的白天和夜晚。蔻娃絲琦的前任男友阿畢拉說，他和蔻娃絲琦兩人都喜歡賽車，但他警告過她不要橫衝直撞。「那輛車是她的寶貝，」蔻娃絲琦的朋友雅庫蕾塔說到車禍中那輛速霸陸。[12]

這樣一樁悲劇當然值得媒體報導，但路易斯維爾車禍引起特別的關注，是因為蘿蕊．弗拉鄂提對記者說的一句評論。「關於這件事，真正讓我心裡好受很多的是，他們因為做他們喜歡做的事而死——他們喝酒、他們開快車，而且他們在一起，」她說：「知道這三點，讓我得到安慰，真的。」[13]電視節目《今夜娛樂》和其他媒體引了這段評論，並向全國各地播送。後續所引發的混戰導向有關喝太多和開太快的激烈討論，尤其是在網路上。

Boulder (CO) Daily Camera 網站就是個好例子。[14]可以預料得到，撰文者對蘿蕊．弗拉鄂提接受一樁似乎可預防的災難大加批評。「我以前從未上來就一篇文章／故事寫東西，但蘿蕊．弗拉鄂提的評論實在令我作嘔，」一位投書者如此寫道：「她怎能認為那樣很好？」另一位作者反對弗拉鄂提把追求速度和喝酒浪漫化：「不，我不會尊敬陷自己生命、他人生命於險境的人，以及如此廉價對待生命以致做出如此瘋狂之事、拋下孩子於不顧的人。」最後，另一名撰文者回應一篇提到「三個美麗的生命太快被奪走」的評論，反駁指出生命根本就不是被奪走，而是「他們飲酒、駕車且超速，奪走自己的生命。」

然而，比這些回應更有趣的，是那些支持蘿蕊・弗拉鄂提之所言或這三個朋友之所為的回應。為這樣一個震撼人心的錯誤提供任何形式的辯解，當然是為了紓解遺屬的痛苦，卻彰顯出容忍酒駕的意願，即便酒駕才剛奪走三條年輕的生命。有些以宿命論的說詞來描述所發生的事。「人有各式各樣的死法，」有一個人這樣寫。接著，這位作者援引反酒駕運動人士長久以來所反對的那種用語，補上一句：「生命就是一樁等著要發生的意外。」有些撰文者援引宗教做出相同的論點。「上帝在不同的時間把我們一個個帶走，」有個人這麼寫，另一個人又補上一句：「上帝一定比我們這兒更需要他們。」

其他貼文者認為，這三個朋友所做的事沒那麼不正常。「我們這些人類並非永遠不會錯，」有個人這麼寫：「我們不完美，我們所做的抉擇也一樣。」另一名撰文者問讀者：「你們有誰記得自己在二十歲的時候是什麼模樣？你不可能坐在這兒說自己完美、自己從來從來都沒有酒駕過。」最有洞察力的評論，或許出自於某人把酒精濫用和「人生中缺乏目的感或意義感的年輕人」連結起來。這位撰文者還說，即使有了小孩，「也沒有扛起任何的責任。」這場車禍是「一個把酗酒和開快車當成可接受行為來看待的社會所顯現的症狀。」

司法並未收效

把酒駕當成生命未臻完整的一種補救辦法，2006 年 9 月 2 日刊登於《紐約時報》的一篇文章，便傳達了這層意思。文章標題為〈開放西方的苦悶助長了年輕人的狂飲〉，記者艾根（Timothy Egan）描述了「邊疆」各州，如懷俄明、蒙大拿、北達科他和南達科他，鄉下地區的生活特色就是酗酒。這些喝酒的人並非全都開車，但有很多是。「有個孩子，喝醉了，跳上車開到每小時 80 英哩，就那樣害死了自己。」懷俄明州警長史都華回憶道。[15]

艾根寫道，苦悶助長了狂飲，但飲酒和酒駕也是文化的一部分。飲酒是還不到法定飲酒年齡的孩童一種「成年禮」，是西方的年輕人「自我證明」的一種方式。蒙大拿州最近才通過一項開瓶法，禁止把未密封的酒類製品放在移動中的交通工具裡——已經出現強烈反彈的聲浪。艾根報導，懷俄明州仍然允許開瓶，只要駕駛人沒有拿著酒瓶就行。

根據蒙大拿州議員、也是戒酒輔導員布札絲的說法，她的選民典型的態度就是：「我辛苦工作後，如果回家路上不去喝個一、兩瓶啤酒，是會要命的。」難怪，蒙大拿是 2009 年「酒駕問題最嚴重的州」。或許一份有關酒駕的文件，《飲酒與駕車：傷亡和淚水》（*Drinking and Driving: The Toll, the Tears*），對這種心態做了最好的總結：「駕車是一種自由。自由帶來快樂的時光。快樂的時光就要喝酒。在美國，這似乎就是成長的循環。」[16]

威斯康辛是批評者心目中另一個「心態上接受、甚至讚揚醉酒」的州。到了 2008 年，該州已經發出大約 5,000 張販酒執照，按人口數平均計算，比其他任何一州都高。密爾瓦基州和美國啤酒業興起的關係特別密切，曾有美樂、藍帶和施麗茲來此設廠。

由於全州各地充斥著上小酒店酗酒的現象，隨之而來就是對於從這類場所回家的人從寬以待的法令，一直要到第五次酒駕才會以重罪起訴。威斯康辛州也是十二個禁設酒駕攔檢點的州之一。最引人注目的是，在不足齡飲酒受到關注的時期，餐館和酒吧可以合法供應酒類給有家長陪同且同意的青少年。[17]

就算造成死亡，對於酒駕依然相當寬容。2009 年 3 月 14 日上午，美式足球克里夫蘭布朗隊外接員斯托沃司（Donte Stallworth）在邁阿密海灘著名的楓丹白露酒店內的酒吧喝酒後，駕駛一輛車子撞死了行人瑞耶斯。瑞耶斯是一名建築工人，他正要穿過街道時被斯托沃司撞上，後者的血中酒精濃度最後檢測出來是 0.126%，超過佛羅里達州的 0.08% 上限不少。警方估算，斯托沃司在速限 40 英哩的區域開到每小時 50 英哩。

斯托沃司承認酒駕殺人罪，只獲判拘役 30 天，加上兩年在家軟禁、八年緩刑、1,000 小時社區服務，以及吊扣駕照最短五年、最長終身。斯托沃司也與瑞耶斯家人達成「庭外保密和解」。可以確定的是，他沒有刑事前科紀錄，而且願意為他所作所為負起責任。但獲判拘役一個月（他最後只服刑 24 天），看起來很像「驅逐酒醉駕駛」和「反酒駕媽媽」已經強烈反對好久的那種「高高舉起、輕輕放下」。[18]

有些批評者相信，之所以從寬判決，是因為斯托沃司是個名人。「司法並未發揮效用，」克里夫蘭一名退休警官說：「發揮效用的是人脈和金錢。我看著名人打擊法律看到受夠了。」但事情比他講的更加複雜。有如命中註定般，另一名全國美式足球聯盟外接員、紐約巨人隊的布瑞斯（Plaxico Burress）也上了報，因為他帶了一把槍到紐約市一家夜總會，不小心射到自己的腿。布瑞斯只是傷到自己，就被判兩年徒刑，即便他沒有害死或傷害旁人。

相較於斯托沃司的身分，似乎是罪行的本質——酒駕——才導致再次的寬縱。不只如此，魯賓格（Bill Lubinger）和貝爾德（Gabriel Baird）在克里夫蘭的《誠信報》撰文寫道，酒駕車禍後的認罪協商在佛羅里達和俄亥俄等地仍舊司空見慣。另外一個問題是瑞耶斯自己也有部分責任，因為他在事發當時似乎未遵守交通規則穿越馬路。[19]

就連布朗隊球迷都對法官的裁決感到驚訝且失望，即使這些球迷強烈希望外接員歸隊。「斯托沃司害死一個人，因為斯托沃司醉得跟臭鼬一樣，」有個人這麼寫著：「斯托沃司應該在牢裡待十年待到爛掉，而不是拿到一張出獄自由卡。」另一個人寫道：「我對於人們幫任何一個喝酒後坐上駕駛座的人找藉口感到噁心又厭煩，就算只喝一杯也一樣。我不做這種事，從來不曾，永遠不會。」

但就科羅拉多州的這件案子來說，有一群數量驚人的評論者對事情有非常不同的看法，他們重新起用那種宿命論的語言，而這正是遠從哈登以來，批評酒駕的人設法要抹除的。也就是說，斯托沃司選擇坐上自己的車且在酒醉狀態下駕駛的有意識行為，以古老的辯護方式——「若非上帝眷顧，上那兒去的就是我了」——為之辯解。[20]

「你看著好了，我打賭這個論壇上有很多人，以前都曾經在0.12% 血中酒精濃度時開過車，」有個投書到《誠信報》網站上的人這麼寫著：「這種事有可能發生在任何人身上。」另一名貼文者表示同意：「如果你們有**任何一個人**曾經喝過兩瓶啤酒或幾杯酒之後開車，或是別人這麼做而你們搭了他的車，你們就沒有比斯托沃司或任何人好多少，你們只是運氣好。」**意外**這個字眼經常被提到。「他跑趴，然後被一樁古怪的意外給打爆了，」一名貼文者這麼寫道。「意外偶爾會發生，」另一個人發表意見：「沒有人能確定那是因為酒駕。」另一個人表示「他們倆都是錯誤的時間出現在錯誤的地點。」

最後，就像另一名貼文者指出的，法律體系持續阻撓起訴酒駕，幫我們解釋了法官的判決。「我不曉得為什麼所有人都被判決給驚呆了，」他寫道：「依照偉大的佛羅里達州因果律，斯托沃司的律師會針對該案製造出夠多的合理懷疑，而斯托沃司將得以逃過酒駕殺人罪的起訴。」的確，瑞耶斯可能未遵守行人交通規則，恰恰創造出泰勒律師等酒駕專家敦促同業去利用的那種法律漏洞。

日後在 2009 年的另一個案子，則揭露出酒駕者想要避免重罰的不同方法。三十二歲、抱負遠大的傳教士菲樂諾正在布魯克林招計程車時，一輛由紐約市警察凱利駕駛的 Cherokee 吉普車撞上她，撞擊力道大到讓她的身體飛撞交通號誌桿。車內三名乘客逃離現場，包括他的警察同事道恩斯。凱利留下來，嚼著口香糖、喝著水，那是另一個警察給他的，但拒絕血中酒精濃度檢測。他後來離開車禍現場，聲稱是獲報前來的警察准許的。

一直到車禍七個小時後，才在醫院取得凱利的血中酒精濃度。根據《每日新聞報》，凱利不配合，聲稱醫生必須把他「綁起來」才能抽他的血。檢測結果出來後，凱利的血中酒精濃度為 0.0%，完全陰性反應。這則新聞震驚了全紐約，尤其是傷心欲絕的菲樂諾之母，她說凱利和道恩斯是「懦夫」，他們把她女兒丟著等死，彷彿她是「垃圾」一般。[21]《每日新聞報》標題質問：〈無酒＝無罪？〉

地方檢察官依然有信心，聲稱凱利已經招認開車前喝了六到八杯啤酒，而且他「有酒臭味」，「說話口齒不清」。[22]還聽說有一段他那天晚上在當地酒吧喝酒的影片。儘管如此，陰性反應的結果，如果是某人最後一杯酒的七小時後才取得，是滿合理的，這使得定罪的確定性小了許多。當地一名律師評估，凱利的起訴現在得靠警察對警察的不利證詞。

最後，凱利認了交通工具殺人罪，但所面臨的判決只有拘役九十天而已。「九十天！！！！！！」一位憤怒的市民寫道：「你在開我玩笑嗎？！！！酒駕、殺了一名年輕婦女，還有湮滅證據！**而且他是個警察，他的工作就是維護法律！**！這對司法是多大的嘲弄啊！」[23]

可能有人會主張，因為這個例子裡被告的酒駕者是警察，使得湮滅證據的可能性比較大，因而不是具有代表性的案例。但這只是同一主題的變奏。根據交通安全專家費爾（James Fell）的說法，一般市民拒絕血中酒精濃度檢測已經變得司空見慣——在某些地區高達 80%——尤其要是他們的濃度可能會很高的話。即便拒絕檢測在法庭上可採納為有罪的證據，這種策略還是可以導致懲罰較輕。

廣而言之，斯托沃司和凱利這兩個案子都是靈活策略的例子，提高酒駕者無罪開釋或是獲判較輕刑罰的可能性。喝醉酒的駕駛人也運用智慧型手機的應用程式，找出酒駕攔檢點加以避開，更突顯出酒駕仍然是一種貓捉老鼠的遊戲。[24]

負責任飲酒的問題

總而言之，除了最挑釁的哲學家之外，所有人都會說酒駕是道德上應當反對的公衛災害，卻在美國根深柢固。那是因為這在一個公共運輸不足的國家有其便利性，是一種成人禮、一種男子漢的活動，也是派對和歡樂時光不可分割的元素——這是造酒業一再強調的連結關係。而且酒駕就算造成死亡，有時還是會在法庭上激起相當大的同情，導致懲罰相對寬縱。

然則，本章所提出的第二個問題呢？讓應酬飲酒的人操控方向盤，還是和以前一樣可以接受嗎？假定酒駕者未觸法，這種酒駕權利有什麼改變？

此處的情況並無太大的不同。負責任飲酒這個長期以來獲得酒飲業擁護的概念，不只成為飲酒禱文，也作為可接受的指標，供飲酒者參與有潛在風險的活動之用，像是駕車。1970 年有照酒飲群業「量力而飲」的廣告之後所爆發的騷動，如今難尋難覓。

對於這種改變，部分的解釋是造酒業遊說團體——最顯眼的是世紀協會和蒸餾酒協會——成功把節制的概念打造成主流觀念。這些團體與「反酒駕媽媽」聯手提倡 0.08% 血中酒精濃度、吊銷駕照行政處分及其他反酒駕措施，達成提高可信度的目的。根據世紀協會的網站資料，該協會推廣「與酒精飲料有關的負責任決策」以對抗酒駕。2008 年，美國農業部把蒸餾酒協會的「酒精飲料使用教育工具組」——這套資訊使衛生專家得以讓他們的病人負責任地飲酒——納入其「美國人飲食指南」。[25]酒再次成了液體麵包。

然而，這種對負責任飲酒的認可，意味著造酒業協助推動了更積極進取的策略，把失能駕駛排除在討論範圍之外。業界展現權力的最佳例證，或許是美國在調降法定血中酒精濃度為 0.05% 這方面，幾乎沒有任何作為，而了解狀況的觀察者都知道，車禍風險就是從這個濃度開始升高。

1930 年代以來的研究一再證明，這個濃度會使大多數人喪失駕駛能力；現代研究重新估算伯肯施坦的〈巨流市研究〉後指出，血中酒精濃度在 0.05% 到 0.08% 之間的駕駛人車禍風險高出了四到十倍。此外，到了 2009 年，大多數的工業化國家都已經把他們的法定血中酒精濃度降到 0.05% 以下，又剩下美國是極端容忍。這些國家包括挪威、俄國和瑞典為 0.02%，以及澳大利亞、丹麥、芬蘭、法國、德國、以色列、義大利和西班牙為 0.05%。

頂尖研究人員如太平洋研究與評估中心的費爾和渥鄂思認為，國際資料清楚顯示，在那些已經改成 0.05% 的國家，車禍、傷亡有額外再減少。他們相信，嚇阻效應既打點也打面。因事先預防而免於一死的案例中，有些是勸阻那些因輕微失能駕駛被捕的人不要再犯的結果，其他則是提醒民眾注意更嚴格的限制並持續報導酒駕犯行所致。[26]

這種怠惰有些可能是混淆的結果。例如，批評酒駕法令的人經常提出完全誤導的說法：晚餐喝個一、兩杯酒，就足以讓大多數駕駛人的血中酒精濃度落入違法的區間。[27]根本就不是這樣。要達到 0.05% 通常意味著空腹喝兩到三杯，而達到 0.08% 就需要更多的酒精。就連那些運動人士，他們知道 0.05% 到 0.08% 幾乎是一定會出現如假包換的失能，但多半也不去碰這個議題，因為他們相信，與那些決心要保護酒類販售的華府遊說團體對抗，是毫無勝算的。

酒飲與餐旅業代言人，像對付庫普和 1991 年蘭沐演講後向國會山莊進軍的那些人，他們的政治實力根本就太強了。舉例來說，「反酒駕媽媽」支持針對有酒駕罪定讞前科的成年駕駛人——但不是針對所有駕駛人——訂定 0.05% 的血中酒精濃度自證法令。[28]就連這樣的想法，在其立法期望表上的順位也不高。因此，相較於其他許多國家，失能駕駛在美國依然是一項正當權利。只要駕駛人保持在 0.08% 以下，灌下兩、三杯後跳上車——幾乎一定是暈陶陶的——仍然是可以接受的，只要他或她沒有被逮捕，或是能夠通過路檢清醒測試就行。

負責任飲酒概念有問題的另一個理由是：這個概念把開車前飲酒說成節制或重度二選一，意味著兩種狀態之間存在著清楚的區隔。就這層意思來說，負責任飲酒就成了 21 世紀初期的應酬飲酒。以 1960 年代的黑曼主張為借鏡，這樣的措辭有可能把關乎酒精飲用、非常實際的問題給淡化了。*

就連那些真心計劃要限制自己飲酒的人，因為少量的酒不只有可能令他們喪失駕駛能力，可能還會喪失判斷能力，說不定就算了。正如 1984 年 8 月撞死巴士站七名行人的羅伯・威廉斯日後的反省：「剛開始喝的時候，你沒有在開車，你不會想到酒駕的問題，因為你在那個時候沒有要去哪裡。一旦酒精開始滲入、開始作用在你身上，你就沒有了思考的感覺。」[29]

分心駕駛

正當反酒駕運動人士繼續和執法懈怠及應酬飲酒駕車仍獲認可而奮戰之時，第三種潛在的挑戰已然崛起：導致分心的其他駕車相關活動。這不全然是新的議題。舉例來說，在「反酒駕媽媽」運動期間與之前，車禍有時是由完全沒喝酒但似乎在駕駛座上睡著的駕駛人所造成。例如，1946 年 8 月，前第一夫人艾蓮娜・羅斯福在紐約州索米爾河公園大道上開車時，可能打了瞌睡，跨越分道線撞上對向來車。幸好，沒有人死亡。

但《新英格蘭醫學期刊》（*The New England Journal of Medicine*）1997 年 2 月 13 日的一篇文章宣布了新災害：手機。據多倫多大學的研究人員表示，使用行動電話的駕駛人車禍風險增為四

* 譯註：參見本書第三章，黑曼認為所謂應酬飲酒與酒精成癮之間的區別含糊不清，甚或並不存在。

倍。令人意外的是，免持聽筒的裝置可能減少分心，卻沒有降低這種風險。[30]

十年後，一樁可怕的車禍使得開車使用手機的議題迫切性大增。2007 年 6 月 28 日晚上，在紐約州凱能德郭市，一輛運動休旅車載著五名從鄰近的紐約州費波特鎮來的高中啦啦隊長，突然轉向撞上迎面而來的聯結車並起火燃燒，五名女孩全數身亡。事後得知十七歲的駕駛蓓麗・古德曼的手機當時正在使用中。車禍發生前不久，古德曼剛和坐在另一輛同行車內的朋友講過話。接著，車禍發生前兩分鐘，從古德曼的手機發出一則簡訊給一名男性友人。車禍幾秒前，一則回覆簡訊回給古德曼的手機。

回溯整個過程，可能有幾個因素促成了這場車禍：古德曼當時超速、開在兩線道高速公路的彎道上，而且違法駕車。她是新手駕照（junior driver's license），晚上十點在沒有人監護的情況下開車，而且載有那麼多乘客，這是違法的。但古德曼手機在車禍正要發生前傳送簡訊的證據——即使不是古德曼本人所為——強烈暗示是這件事導致她失於注意並跨線撞上車流。警方報告沒有涉及毒品或酒精的證據。[31]

這場車禍導致全國上下對於駕車時使用手機、尤其是傳簡訊相關話題的關注激增。〈開車傳簡訊成了死刑宣判〉，這是《天普（大學）新聞》的一則標題。「開車與簡訊：致命的組合？」國家公共電臺這麼問，ABC 新聞臺報導「簡訊可能在青少年死亡車禍中扮演某種角色」。然而，有一群人並未表現出特別感興趣，他們是反酒駕運動人士。舉例來說，到了 2009 年 10 月，「反酒駕媽媽」網站上只在一份錯誤觀念表中提到手機，表中有一項錯誤觀念是：「開車時使用手機與超速所造成的傷害，更甚於酒駕。」網站接著就主張，酒駕所造成的風險遠遠超過講手機或傳簡訊。[32]

「反酒駕媽媽」和「驅逐酒醉駕駛」這類團體對於開車使用手機的相對沉默，當然可以理解。畢竟，依參酌標準不同，每年仍有13,000到17,000人的死亡歸因於酒駕。更進一步說，據估計，每年仍有超過九千萬車次的駕駛血中酒精濃度高於0.08%。確實，反酒駕運動人士也在與青少年飲酒問題奮戰，但要採取新的訴求，而且是一個與酒精毫無關係的訴求，這延伸就有點太過了。如果我們相信希爾嘉特納和波斯克的社會運動競爭模型，焦點放在訴求手機使用不當，會有將公眾關注焦點轉離酒駕的風險。

但關注焦點如此狹隘，可能會忽略了重要的事實：酒駕、手機和簡訊所引發的是類似的關注。事實上，《新英格蘭醫學期刊》1997年的文章就強調，駕駛人講手機所導致的風險增加，大約與血中酒精濃度0.08%的駕駛人相當。就2007年上紐約州車禍發表評論的讀者也看出此一關連。「這件事很有希望弄到人仰馬翻，這樣就能限制人們講手機和傳簡訊了，」有個人在ABC新聞網站上寫道：「他們就和酒駕一樣壞，理當如此對待。」

《今日美國報》網站上的一位貼文者表示贊同，主張「開車禁用手機應該和酒駕放在一起處理。」此外，撰文者還說：「死人可能比較不在乎他們的死法。」同一網站的另一個評論者正確地寫道：「研究已經證明，開車使用手機幾乎就和酒駕一樣，不幸的是，就算使用免持聽筒也差不了多少。」他的解決辦法是：「完全禁止加上重罰，像是2,000美元。」[33]

古德曼和她朋友之死這類悲劇的報導，使得一個新名詞越來越常被使用：**分心駕駛**（distracted driving）。手機只是古德曼車禍諸多造成分心的可能因素之一。「此處的課題，」ABC新聞網站上的一名貼文者寫道：「是她超速、傳簡訊，而且被車上其他孩子分了心，**這一切**都已證明提高了青少年在致命車禍中死亡的機率。」也就是說，這些輕率行為都一樣。「重點是，任何分心都提高了車禍的風險，」同一網站的另一篇貼文寫道：「每一種風險都需要加以辨識並極小化，以避免未來的損害。」另一位撰文者說得簡潔扼要：「當你開車時，你就喪失做其他事的權利，就這麼簡單明白。」

當然，人們往往不會把酒駕想成是分心駕駛。提到酒駕，想到的就是失能、頭暈和借酒壯膽。但不論要用哪一種標籤，這些情況都會讓駕駛分心——而且比較沒辦法做到基本的駕車動作。2009 年 9 月，美國運輸部長拉胡德（Ray LaHood）召集三百位專家在華府開了一場分心駕駛研討會。會議焦點主要在於手機使用和傳簡訊這些爭論熱烈的議題，但也討論到其他新興的車內無線科技所造成的危險，這些名為**遠距通信處理技術**（telematics，又譯車載資通訊技術）的科技如主動控制巡航系統（adaptive cruise control, ACC）和網路存取（Internet access）。

照研討會上所呈現的資料估算，四分之一到十分之四的駕駛人會在任何時間點使用手機，這表示將近有一百萬人。會議上也討論到維吉尼亞科技運輸研究中心（Virginia Tech Transportation Institute）所做的研究發現，貨車駕駛傳簡訊時，出車禍的可能性增為 23 倍。[34]

研討會上發表演講的人包括「反酒駕媽媽」執行董事赫利（Chuck Hurley）。赫利出席傳達了兩個訊息。第一，對抗酒駕與關注分心駕駛的兩派運動人士之間那堵牆——真實的或感受上的——可能正在瓦解。這種聯盟關係提高了以下的可能性：所有與車禍相關的議題——不只酒駕和分心行為，還有吸毒、疲勞、超速、攻擊性駕駛，以及安全帶和安全氣囊的使用——有可能在

「交通安全」與「減少傷害」兩大原則下做建設性的統合。這個概念就是要倡導駕駛人自己應經常利用所有可資運用的策略使行車更安全，且避免有可能造成傷害的行為。

交通安全的促進可以回溯到哈登當時的倡議，現在受到國家高速公路交通安全管理局、疾病管制預防中心、美國汽車協會、高速公路安全保險研究中心、甚至是聯合國大會這類團體的支持。[35]減少傷害則已成了美國等地公衛運動的共同原則。但這兩個用詞都沒有抓住公眾的心。

第二，反酒駕努力數十年所得到的洞見，或許可以用在這些比較新的關懷上。的確，赫利在研討會上強調，負責任飲酒的推廣活動對於酒駕率沒有太大效果。他相信，更嚴格的法令才是該走的路——無論是酒駕或分心駕駛。「要求想冒險的人自己降低風險，已經證明失敗，」赫利又說：「這就是為什麼好的法令，加上好好執法，才是該走的路。」[36]事實上，國會已經通過立法，使出以前讓全國各地制訂出嚴格酒駕法令的那套招數：不禁止開車傳簡訊和電子郵件的州，就拿不到聯邦的高速公路補助。

究責怪罪的概念

公眾試圖消化害死貝麗．古德曼及其朋友的這類悲劇時，也留給我們昭昭在目的歷史教訓。就像早年的「驅逐酒醉駕駛」和「反酒駕媽媽」，沖天的怒氣主要衝著女孩的父母而來，他們顯然容許缺乏經驗、沒有完整駕照的駕駛人冒著風險開車出遊。真正的犯人是「這些沒腦袋的家長，讓孩子開他們的運動休旅車而車裡有手機，」一名男子寫道：「這些家長應該被起訴並關起來等候審判。」另一名撰文者提到家長「懶惰而且愚蠢」，而女孩們不重視法律和安全。「如果她當初就是遵守她的駕照限制，五個人都還活得好好，怎麼可能有人會說不是這個女孩的錯？」[37]

這樣的描述以黑白分明的用詞，框限了當時所發生的狀況：女孩和她們的家人是有罪的一方，行為舉止全然未經思索且危險。在這件案子裡，死的只有女孩她們自己，大概有緩和了究責怪罪與要求受罰的控訴。幸好，聯結車司機只受輕傷，旁邊車輛的駕駛毫髮無傷地逃過一劫。話雖如此，《今日美國報》網站上有一位敏銳的撰文者，把那個與女孩們相撞的男子本身界定為受害者，他可能在腦海中一次又一次重播車禍畫面，很想知道自己如果多做點什麼，是不是就能避開迎面而來的運動休旅車。

這些苛刻的描述方式——無辜對有罪、受害者對罪犯——正是本章所提第四個問題的主軸。如我們所見，這種描述方式在新社會運動初期似乎是沒得商量。就好像道德破產的酒醉殺手形象在 1980 年代初期推動了酒駕管控作為，2010 年代的「簡訊殺手」說不定也能如此。但早已有證據證明，這種形式的語言非美國人所能接受，即便認為開車時使用手機這問題很嚴重的人也一樣。

許多對凱能德郭車禍發表評論的人，就像那些針對科羅拉多飆車悲劇撰文的人，滿心懷抱著寬容。「不要評判，」有個人在 ABC 網站上寫道：「只要向上帝祈禱，並感謝出事的不是你的孩子。」「沒有人是完美的，」另一個人寫道：「我們都會做不該做的事，所以沒有人應該被指責。」[38]

意外一詞也多次用於描述所發生的事。「照我的看法，這不是某人的錯，這是一樁**意外**，一樁可怕、駭人的意外。」一名女子寫道。另一位撰文者表示贊同：「這是樁有可能發生在任何人身上的意外，白天或晚上、十七歲或三十七歲，都不重要，就是發生了。」另外一個人說「這可能只是一樁無故突發的意外。」[39]這種用語一定會讓哈登氣到中風。畢竟，是他和其他對酒駕率感到震驚的人指出，把車禍描述成「上帝的旨意」，足以打消任何對於人類作為與企業貪欲所進行的探究，而正是這些作為與貪欲實際助長了這類事件，並造成這麼多的傷亡。

但要是經過數十年的警告，人們還是喜歡以意外來指稱車禍，這就道出了一件事：究責怪罪的概念，只能做到協助推動一項社會運動而已。當「反酒駕媽媽」把自己的名稱從 Mothers Against Drunk Drivers 改為 Mothers Against Drunk Driving 時，便是認知到此一事實。

出身於酒駕研究領域的哈登也明白這一點，所以在 1960 年代初期開始提倡交通安全和「人員包覆」這樣的概念。像羅斯這些學者也是如此，羅斯提出看似異端的觀點，主張把車輛和道路做得夠安全，讓酒醉的人也能駕駛。「妳為什麼不可憐可憐酒駕者？」一位投書者曾這麼問艾肯：「我只是想讓妳知道，我為他們感到難過。」而且，只要還有酒精成癮，究責怪罪也是一件微妙棘手的事：越來越多科學研究證明，酒精成癮是一種疾病，具有顯著的遺傳因子。[40]

對於究責怪罪最具象徵性的駁斥，或許是出現於 2002 年 6 月，蘭沐當時是大學裡的健康科學講師，她決定要回顧並撰文來談 1979 年那場令她女兒蘿拉癱瘓的車禍。蘿拉・蘭沐在 1986 年、六歲那一年，因連續腦部癲癇過世。她帶著這麼嚴重的脊髓傷勢活了這麼久，已經是戰勝了機率，而且她的生命中有很多時間是耗在加護病房，對抗骨折、感染和肺塌陷。但蘿拉也在馬里蘭州上了學，她的班上同學和老師愛她的勇氣和幽默感。

對女兒短暫的生命和死亡依然感到十分傷痛的蘭沐，追查到紐坎墨這名習慣性酒駕者的下落，就是這個人造成了這場車禍、最後坐了五年的牢。蘭沐後來寫到他們在馬里蘭州弗瑞德瑞克市丹尼漢堡店的那次會面。紐坎墨報告自己已經有九年沒喝酒了，而且有了一份好工作：幫需要特殊服務的人加強房屋抗熱防寒功能。那次會面，蘭沐從頭到尾一直以言語攻擊紐坎墨，大聲斥罵他已經五次酒駕還繼續開車，告訴他有關蘿拉長期醫療所受折磨的詳細情形。「為什麼你對我女兒做這種事？」蘭沐大叫：「為什麼？我只想知道為什麼？」那一刻，她開始哭了起來。[41]

但紐坎墨一開始對蘭沐講述他自己的生活，蘭沐就心軟了。「一開始喝酒是因為我想喝，因為很好玩，」他對她說：「之後我喝酒是因為我必須喝，因為我上癮了。接下來我喝酒，是要忘掉我對妳的女兒、對妳做了什麼。」

紐坎墨談到那場車禍。「我每個白天、每個晚上都想到那場車禍，」他說：「我每次都覺得很難過。妳不知道我有多少次希望並祈禱事情是發生在我而不是妳的小女孩身上。我希望我可以讓她回來。」接著，紐坎墨表示歉意。「我抱歉我做了那樣的事，」他說：「我希望那件事從沒有發生過。我很抱歉。」

他接下來做的事出乎蘭沐的意料之外。「我知道這樣問很瘋狂，但妳想妳能原諒我嗎？」蘭沐想了想，然後說不。她認為，原諒紐坎墨，等於是對著蘿拉的臉吐口水。

之後不久，紐坎墨、蘭沐和陪她來的蘭沐丈夫雷伊，起身離開了。走出店外的路上，在旁偷聽的一名婦女厲聲斥罵紐坎墨。「他們根本就不應該讓你出獄，」她大吼：「你應該在那兒腐爛死掉。」

幾個月後的 2002 年 11 月，紐坎墨和蘭沐回到同一家丹尼漢堡店。蘭沐經歷了宗教信仰的改變，正打算要受洗。這次，蘭沐告訴紐坎墨，她原諒他。「我們有共同之處，」她對他說：「就是痛苦。我們兩人的生命都沉浸在痛苦裡。我認為該是我們把痛苦放下的時候了。我要在此時、此地，在費瑞德瑞克的丹尼漢堡店櫃臺，把我的痛苦放下。而我希望你也這麼做。」[42]

蘭沐還是和以前一樣，激切地覺得酒駕是可怕的錯誤。但她也明白了，那些酒駕者的生命是糾結複雜的。黛安・舒勒顯然就是如此，她已經為 2009 年塔可尼克公園大道的死亡車禍付出代價。如果她真的是不為人知的酒精成癮者，那麼，她所受的譴責應該是多一點，或少一點？褒揚她是個「完美母親」，有讓她免罪嗎？[43]當目標是要根除一項公衛問題，怪罪與復仇只是部分的答案。

用科技預防酒駕

想要讓人們改變他們的行為也是如此，一如「反酒駕媽媽」的赫利在分心駕駛研討會上所指出的。當然，到了二十一世紀，談到酒駕，許多美國人的行為已經有很大的不同，不論是午餐喝了三杯馬丁尼就找指定駕駛，或是完全不碰馬丁尼。

沒錯，對於赫利表示「反酒駕媽媽」這類團體的宣傳活動只有最低限度的效果，有些評論者可能會表示質疑，他們反而認為是嚇阻與教育雙管齊下才改變了酒駕的文化。但無論是知名運動員或電影明星出門慶功，或是三個愛開快車的朋友，或是郊區家庭主婦有著不為人知的酒精成癮史，幾百萬喝醉酒的人們依然上了車，並且全然確信自己會平安到家——不像那些倒楣的衰鬼。

科學家稱這種現象為**主觀豁免**（subjective immunity），這種情況下的人們低估了自己發生車禍的風險。但這也是一種賽局，喝醉酒的華府電視記者柏克（Kelly Burke）在 1984 年 7 月 1 日輸掉了這場賽局。他在馬里蘭州達恩斯鎮撞上對向來車，害死名叫克勞奇的運輸工人。柏克應要求寫了一份收錄在判決書中的文件，他在文件中機靈地稱酒駕為「美式輪盤」。他寫道，有很多人玩這個遊戲。「他們就是這樣假設，只因為他們以前多次順利到家，所以認為以後每次都會順利到家。」[44]

柏克文件的自白力道十足，頗為動人，但也提醒了我們，很多人懂得比別人多，但仍然會酒駕。重大酒駕問題在 1980 年代的雷根時期首次「見光」，吸引注意力的最佳方法，就是把它呈現為一齣道德劇，故事內容是關於無辜的受害者和屢犯不改的元凶。兩種故事都不少，通過法令使嚇阻機率極大化是有道理的。比較難辦的是接下來這一樁：研究酒駕與所有已經提案的預防措施及其他介入手段，看看哪個有效、哪個無效。這就是羅斯這類研究者曾經試著要做的。

他們的成果往往難稱滿意。很多人飲酒又駕車沒有出事，嚴刑峻罰就不能嚇阻他們。聚焦於個人責任，卻忽略了美國企業所扮演的角色及其他複雜的社會、經濟因素。這些發現意味著強力執法路線之於社會問題有重大的侷限，以 1980 年代同時並起的道德主義式社會運動為研究對象的學者，也得出類似的結論。

舉個例子，《紐約時報》專欄作家克里斯多福（Nicholas D. Kristof）不久前撰文指出，反毒戰爭的主要衝擊是監禁率提高、外國毒犯趁勢崛起，以及有效的戒毒治療計劃配置不當。胎兒酒精症候群衍生出「道德恐慌」，誇大了婦女懷孕期間飲酒問題的嚴重性。據法學教授賽門指出，家庭暴力起訴案件增加，已經攪亂了某些原本要賦予受害婦女權力的女性主義目標。[45]除了法條主義路線的侷限性之外，酒駕管控作為因從未被公衛社群完全接納而受到進一步抑制，即便路檢之類的策略帶有公衛的色彩。

酒駕管控的另類公衛模式具有潛在優勢：比較不會像傳統的法令禁止那樣激怒自由意志論者。所提議的介入手段——改善公共運輸、透過課稅降低酒精可及性和反對造酒業贊助活動舉辦——往往看似與酒駕沒有直接關連，但還是惹火那些贊成自由市場路線的人。在法條主義與公衛路線之間進退兩難，反酒駕作為已經停滯不前。

面對此一現實，公衛官員、運動人士和立法者如今日益期待科技可以帶來預防酒駕的解決辦法。難怪在 2010 年，大多數反酒駕運動人士所支持的重大提案是加強運用點火自鎖裝置，要求曾犯酒駕罪定讞者強制安裝，即使只定罪過一次也要。到了 2009 年，已經有十二個州通過這樣的法令，全國有 18 萬組自鎖裝置在使用。不只如此，大約有四分之三的民眾支持強制已定罪的酒駕者使用自鎖裝置。

其他人則期待更精巧的酒精偵測裝置，像是還無法廣泛提供的遠紅外線吸收光譜儀，當駕駛人把手放上方向盤且偵測到此人身體組織內有酒精時，該裝置會阻止車輛發動。這種策略的主要訴求在其完全被動，且不依賴駕駛人的任何具體行為。[46]令人驚訝的是，根據高速公路安全保險研究中心的調查，三分之二的美國人贊成酒精偵測裝置成為所有車輛的常規配備。[47]另一項目前在使用的科技是一種手環，會採取人的汗液樣本以偵測酒精，若結果為陽性就會發出警報。有一位法官就強制琳賽・蘿涵配戴這樣的裝置。

提倡新科技的運動人士並未幻想這些科技能「搞定」酒駕問題。舉例來說，喝醉酒的人上了車，還是可以要求其他人對著自鎖裝置吹氣，或是理論上可以把其他人的手放在方向盤上。此外，至少就貧窮或工人階級的犯案者而言，還不清楚自鎖裝置的費用和月租費是誰要付錢，即使法官已經判決強制他們執行。而且還是有極端到令人反感的自由意志論者會反對全面要求安裝這類裝置，他們認為這是懲罰多數以圖利少數，儘管這裡所說的利是避免人們在生命正當青春壯盛時受害而死。

令人側目的是，國會在 1974 年推翻先前的一項決議，該決議強制汽車製造商安裝安全帶連動鎖死裝置，除非前座乘客繫緊安全帶，否則該裝置會阻止車輛發動。《華爾街日報》稱這些挽救生命的裝置為「毫無依據的羞辱與困擾」，一位來自康乃狄克州的反對者說他代表「日益壯盛的市民大軍……受夠了出自華府政商勾結的官僚、考慮欠周且限制個人的規定。」[48]

法令罰則 VS. 道德羞恥

到了 2011 年，你很難找到有哪個美國人——包括青少年——沒有三天兩頭就聽到反酒駕宣言。議員們已經通過許多新法令來對抗失能駕駛，但這些法令執行起來有氣無力。在其他國家有效的策略，在美國或者沒試過，或者沒效。因憤怒而生的反酒駕運動，已經變得比什麼都還講求實際。

就像人們說的，這是個有待管理的問題，而不是有待化解的問題。這並不是說古斯菲爾德的論點——酒駕者往往招致特殊的道德恥辱——不再為真。他們的確是招人辱罵。但在一個駕駛人常常過度疲勞、超速、嗑藥恍神、發簡訊給朋友或開車上路就暴怒（road rage）的世界裡，要單單挑出酒駕，說它是特別惡劣的罪行，是稍微困難了一點。

為什麼會這樣？說得白一點，單刀直入地抨擊酒駕，並非「美式」作風。這個領域的專家們已經以各種不同的方式表達過這種感想。舉個例子，伯肯施坦經常引用法學者龐德（Rosecoe Pound）寫於 1913 年的一段話：「法令規條之所以執行不了，是因為沒有精準表達生活的經驗並加以系統化表述。」「如同其他不負責任、反社會的行為，」法學教授賈可柏在他 1989 年的書中表示：「無節制的酒後駕駛是由文化與社會的態度和價值所形塑而成。」或是如美國汽車協會的婁內洛在 2007 年所寫：「法律表現社會的價值與期望。」[49]

的確，在「驅逐酒醉駕駛」與「反酒駕媽媽」出現的數十年前，早期的運動人士已經預期到，在一個對於個人權利的保護如此堅定不移的國家，酒駕問題的管控有其難度，即使所提方案造成的不便能挽救成千上萬的生命。一個北達科他州的人寫信給艾肯：「難道妳不會去喝個幾杯，偶爾微笑，與人同樂？我會，將來會，從前也會。我只是個凡人，其他數以千計的人也是。這是美國，不是俄國，但照這樣下去，我們幾年內就會像他們一樣。我喝六到八杯酒又能好好開車，這樣做沒有傷害到任何人。」[50]

此一歷史悠長、因企求更有效管控酒駕而生的愛憎交織——「反酒駕媽媽」之前與之後皆然——提高了這種有趣的可能性：我們已經達到在美國所能企求的極限。[51]也就是說，不再設計新的法令來實質限制酒類販售，也不再大規模投入經費以逮捕和起訴更多的酒駕者，每年的酒精相關死亡人數可能就維持在 15,000 的穩定水平，有些人稱之為「減無可減的最小值」。甚至可能有人會說，在個人主義精神如此強悍的國家，長期以來已經減少酒精相關死亡人數達 30% 到 40%，酒駕問題已經「定型」了。

然而，讓故事就此打住，那就遺憾了。交通安全專家莫罕（Dinesh Mohan）曾為文指出：「道路交通傷害，是目前唯一能讓社會和決策人士繼續接受年輕人大規模死亡與傷殘的公衛問題。」為了找出更多的策略，回顧反菸作為的歷史是有幫助的。

遲至 1980 年代，人們都還認定美國不可能沒有香菸。歷史學家布蘭特（Allan M. Brandt）曾提出令人信服的論證，美國的二十世紀就是「香菸世紀」，多達 40% 的人口覺得，忍不住想要吸一口有毒、終致危險的菸草與化學物質混合氣體到肺裡。通常由電影明星和運動員主演的廣告對香菸的鋪陳方式與酒類廣告類似：與身分地位、名氣、性和派對連結在一起——換言之，是美好生活的要素。當二次大戰後出現的初期資料顯示香菸導致肺癌及其他致命疾病，菸草公司固執己見、模糊他們所知道的真相並說謊。在他們看來，這項產品對美國文化與經濟如此必要，必須不計一切代價加以推廣。

但後續發展並非如此。第一，一連串的訴訟案揭露出業界的背信行為，對香菸公司的信譽造成了巨大損害。第二，公衛研究人員緊抓「二手菸」的概念，這是指吸菸對旁邊不吸菸的人所造成的傷害。即便有些批評者對於這種接觸所造成實際傷害的嚴重性有所質疑，但資料的說服力大到足以贏得美國民眾廣泛的認可。吸菸，一度是都會與時髦的象徵，此時變得徹底汙名化。許多城市禁止在餐廳和酒吧內吸菸，就連菸草之國的核心如維吉尼亞和北卡羅萊納各州也一樣。其他工作場所也有相同的發展。一開始，吸菸者被趕到建築物外面，即使是刺骨寒天。接下來，某些地點甚至禁止戶外吸菸。可以一點都不誇張地說，吸菸者已經成了賤民。[52]

或許可以說，打從 1980 年代以來，同樣的過程已經發生在酒駕者身上。但從持續不斷提到的車禍與死亡來看，如同本章所討論的，這種類比只道出了部分的真相。而且，無論人們是否認為酒駕——相對於其他形式的失能駕駛——已經得到超出其所應得之注目，這些悲劇應該會繼續讓人們不敢自我感覺良好。我們只需要看看其他國家，如挪威、瑞典和澳大利亞，就知道是可以有其他的模式。

這些地方有文化規範把酒駕說成天生就是錯的，並且視個人的犧牲——喝酒不開車、開車不喝酒——為必要且合宜。有一項在挪威進行的研究隨機抽檢 1,000 名夜間駕駛人，只找到 3 個血中酒精濃度高於 0.05%。[53] 當然，我們很難主張吸菸的人，尤其是不在其他人旁邊吸菸的，應當受到比酒駕者更多的辱罵。

溫斯登（Jay A. Winsten）是哈佛酒精研究計劃（Harvard Alcohol Project）主持人，該計劃在 1980 年代促使電視節目推廣指定駕駛概念的成效卓著，他喜歡拿斯堪地那維亞的情況與美國的情況做對比。他的報告指出，在瑞典舉辦宴會的主人會例行性地問到場賓客誰是指定駕駛，他們就會提供此人無酒精飲料。瑞典一位名人告訴溫斯登，「因酒駕被捕並定罪，在社交和個人層面是一種災難。」[54]

國際機動車輛戒酒駕駛協會（International Abstaining Motorists Association）接續推動以前禁酒駕駛聯合會的工作。另一方面，在 1997 年，瑞典國會通過一項名為「零肇事，零死亡」的法案，訂定道路零傷亡的長期目標。就像民眾有不酒駕的道德責任，瑞典高速公路主管機關在倫理上有義務要執行最好的、經過科學證明的路線，既確保高速公路安全，並預測駕駛人會犯的錯誤。[55]

所以，即使法令與罰則並未遏止斯堪地那維亞的酒駕，但道德羞恥辦到了——或許那種道德主義不是這麼糟糕的東西。在 1980 年代初期，新竄起的反酒駕運動人士當時所提出的指控依然成立。每天都有無辜的美國人死在酒駕者輪下，這讓人無法接受——即使在一個珍視自由與個人主義的國家。

已經有數十年歷史的公衛問題無法得到適當的控制，對於這種普遍的挫折感，威斯康辛州的哈德森醫生或許做了最好的表達。「就個人而言，我厭倦了在公開場合對這問題一副很揪心，卻又容許我們口中悲嘆的酒精失能，」他在鼓吹 0.05% 血中酒精濃度的文章中寫道：「社會非常需要做一次公開的表示，對駕車前的酒類飲用做有意義的設限。」哈德森提到，為了設法拯救一名掉進井裡的小孩，可以投入不設上限的時間、人員和資金，「數以千計的年輕生命——被酒精失能的駕駛給扼殺了——獻祭於我們金錢、便利與宴飲交際的眾神面前，又該怎麼說呢？」[56]

在 1971 年密西根大學的酒精與高速公路安全公開資訊計劃研討會上，國家高速公路交通安全管理局的郝爾發表演說時，說了一則不久前去某個他不指名的東歐國家旅行時所發生的小故事。在觀光的過程中，他向主人探聽有關人們喝太多伏特加後開車的事。

「不被允許。」主人這麼告訴他。

郝爾不以為然，說在美國也不被允許，但不管怎麼樣還是會發生。

「喔，你不了解，」他得到的答覆是：「在這裡不被允許。」[57]

我們只能好奇，在一個冷戰時期的共產國家，政府是如何預防酒駕。郝爾思索的結果正確，這種模式在民主的美國大概是行不通。但我們可以相當確定，在那個國家，因酒駕而無謂死去的人——為人父、為人母、為人姊妹、為人兄弟、為人子和為人女者——少了很多。

後記

本書一開始，我敦促讀者把自己的血中酒精濃度提高到非法駕駛的程度，然後想像自己在開車——即便大多數人會介於「陶陶然」和酒醉之間。然後，我提醒讀者，還不算太久的四十年前，是有可能喝到我所建議的將近兩倍多，還能合法開車。

接著我就探討這些現象的無數歷史緣由。這些緣由包括美國人愛喝酒、愛開車、這個國家缺乏充足的公共運輸，以及對於1920年代禁酒令實驗前仆後繼的反撲。同時，有意於販售酒類和車輛的業者公開反對酒駕，但絕不採取會對其產品販售形成嚴重威脅的做法。最後，強大的美式個人主義和自由意志論，阻礙了更加積極抑制酒駕的企圖。

本書最終所提出的問題是：「這有那麼糟嗎？」乍看之下，我們可能會傾向於回答說「沒有」。畢竟，反酒駕運動人士已經有過他們如日中天的時代，迎向多次立法的勝利，像是把可接受的血中酒精濃度從0.15%降到0.08%，並提高法定飲酒年齡到21歲。幾乎所有人都聽過「是朋友，就別讓他酒駕」，而且很多人都把這話當真了。在手機和手提電腦的時代，還有很多針對分心駕駛的訴求在競求我們的注意。學者們也已經審慎證明，公衛議題如酒駕，是如何遭到過度簡化和誤解。最後，隨著歐巴馬健保立法通過，對於政府過度積極監控健康相關行為的「褓母國家」指控，已經展現出全新的熱情。

然而，在這時代的尾聲，酒駕管控的歷史暗示著，這問題的答案應該是「有」。我們可以令人信服地主張，吃油膩食物、吸菸或喝酒的人構成了公衛的問題，因為社會到頭來還是得為他們的醫療買單。但這種人只是因為提高醫療成本而間接威脅其他美國同胞的健康。選擇在失能狀態下駕車的人，不論是陶陶然或酒醉，他們坐在駕駛座上的每一分每一秒，都直接威脅到其他人。現代公衛作為始於隔離帶有傳染性疾病者，有其站得住腳的理由。美國人同意，健康的人有權受保護而免於潛在傷害的威脅。

經過「驅逐酒醉駕駛」、「反酒駕媽媽」、「反酒駕學生」、高安局、酒精濫用與酒癮國家研究院和高速公路安全保險研究中心的努力，更不用說還有他們數以千計的志工和員工，酒駕管控的歷史已經顛覆了這個觀念。

由於業界和某些民眾的脅迫，立法議員和執法官員對於酒駕者權益的關注，經常與這類行為的受害者所受到的關注不相上下。結果，以血中酒精濃度及其他法令為基礎的起訴，總是明顯輕信於許許多多好似有理但最終可疑的抗辯主張：重度飲酒的人酒量特別好，即使坐在駕駛座上也沒問題；被逮到酒駕的人通常是一時疏忽；吐氣酒測儀經常出現不精確的讀數；執行逮捕的警察往往會做誤導性的證言。而且，打從酒精成癮症在 1940 年代流行起來，法官、陪審團和一般大眾有時會把酒駕犯描述成受害者。

即使對這種人在犯下災難性錯誤之前和之後所經歷的困境，給予一切他應得的尊重，這種想法還是荒謬到了極點。「歷史會被我們的酒精／駕駛這一條紀錄給嚇呆了，」哈德森如此說道，這位威斯康辛州的外科醫師因為院內護士家裡熱情有禮的十幾歲兒子無謂橫死，變得對酒駕議題特別注意。「此一舉國之窘與舉國之恥不僅在於傷亡日增，」他寫道：「而更在於詭異地接受此種傷亡為生活常態。」

隨著越來越多可能令駕駛分心的因素出現，對於以「每個人都會這麼做」為由而諒解這類行為的心態，我們更加不應該——而非應該——加以容忍。

美國可能永遠不會像某些國家一樣，由社群倫理導向對於陷市民同胞於險境的活動做出文化性的譴責。但以這些社會的最佳表現為師，仍然是一個值得追求的目標。

謝辭

我要把這本書獻給那些身歷酒駕悲劇、猶奉獻一生以確保他人不遭此事的人們。我之前三本書都是在描寫社會運動人士：挺身捍衛自身權益而遭強制拘留的貧民區結核病患者；戰勝恩給式男性醫療專業的乳癌婦女；因自身患病之機緣而為各種疾病代言並募款的名人。

拿酒駕這個例子來說，沒有人會批評受害者家屬，如果他們單純只是為所愛之人悲嘆的話。然而，這些人——以女性為主，但不全是——引導悲嘆與繼之而來的憤怒，匯聚成驚人成功的社會運動，挽救了眾多的生命。不只如此，他們所做的事多半並不令人嚮往，倒是需要有乏味的苦工來打底：徹夜靜坐、纏著議員不放、發新聞稿。

這些人我只見過其中一小部分，但不管有沒有見過，每一個都令我印象深刻。我有幸能與早期重要的運動人士中的三位交談：萊特娜（Candace Lightner）、蘭沐（Cindi Lamb）和艾肯（Doris Aiken）。艾肯特別值得讚美與感謝。她在 1978 年投入反酒駕運動時，還沒有反酒駕運動這回事呢。啟發她的那場悲劇牽涉到兩名她只是間接認識的青少年。到我撰寫本書時，高齡八十四的她，仍然把大部分的清醒時光獻給她的組織——「驅逐酒醉駕駛」（Remove Intoxicated Drivers）。她已經是無盡知識與塵封舊紙之源、歷史學者之寶。

對本書撰寫計劃至關重要的另一群人，是對酒駕做過專業研究並與之奮戰的那些人。我從以下諸位身上學到非常多——也寄了多到不行的電子郵件給他們——太平洋研究與評估中心（Pacific Institute for Research and Evaluation）的渥鄂思（Robert Voas）和費爾（James Fell）；疾病管制預防中心（Centers for Disease Control and Prevention, CDC）的思利特（David Sleet）；杜波夫斯基（Kurt Dubowski）出席了著名的1958年酒駕研討會，他回想當時彷如昨日；以及凱利（Ben Kelley），率先將酒駕問題搬上檯面的1968年政府報告共同作者之一。

其他與我談過的人包括庫普（C. Everett Koop）、芭兒琴（Amy Barkin）、柏榮若特（Bill Bronrott）、丹尼斯頓（Robert Denniston）、海克（George Hacker）、基爾．喬尹納、葛蘭特（J. Marse Grant）、瑪莉恩．葛蘭特、古斯菲爾德（Joseph Gusfield）、莫登（John Moulden）、格藍特．波德溫、黛玲格（Ann Dellinger）、賈斯汀．麥克諾和哈德森（Ralph Hudson）。

威廉．狄肯特把我放在他酒駕文章的電子郵件名單上。瑞奇（Frank Kelly Rich）允許我使用《現代酒鬼雜誌》的圖片。應湯姆．弗里登之邀參與疾管中心的公共衛生專題演講，令我受益匪淺。我在紐約州立大學石溪分校、蒙特菲歐醫學中心（Montfiore Medical Center）和娜歐蜜．羅傑斯在耶魯大學籌辦的醫療社運研討會上所發表的演講，則帶給我其他有所助益的回饋。莎拉．翠西讀過部分的手稿，給了很棒的建議。約翰．霍普金斯大學和耶魯大學其他不具名的讀者也是。我在寫獎助申請時，布蘭特（Allan Brandt）的幫助特別大。

說到這，獎助單位的慷慨絕對是本書之所以能存在的原因。我同時獲得國家醫學圖書館（National Library of Medicine）G13專案與格林渥基金會（Greenwall Foundation）的贊助。格林渥董事長威廉．司徒秉一直都大力支持我的研究工作。多年來慷慨協助過我的人還包括安潔莉卡・貝芮、郭爾德基金會（Arnold P. Gold Foundation）、傑伊・梅爾策、儒汀基金會（Rudin Foundation）和艾溫基金會（Ewing Foundation）。

找到第一手研究材料對於本書這一類著作而言十分重要，哈登（William Hadden）的遺孀瑾恩・哈登讓我取得其先夫的文件，對我助益匪淺。瑾恩和吉姆・梅茨格在我兩次造訪馬里蘭州貝瑟斯達期間款待甚殷。協助我講述哈登事蹟的人還有蘇珊・貝可、羅柏特・哈登、邁可・加尼爾瑞和史蒂芬・梅瑞爾。助益尤多的檔案管理人包括雷根總統圖書館的雪莉・威廉斯、羅格斯大學酒精研究中心（Rutgers University Center of Alcohol Studies）的珮妮・培基、印第安那大學檔案室的布萊德利・庫克、美國醫學會（American Medical Association）檔案室的安德蕊雅・貝恩布瑞基和喬治亞大學哈格瑞特圖書館（Hargrett Library）的艾咪・柏瑞和梅莉莎・布施。愛荷華州歷史學會（State Historical Society of Iowa）全體工作人員在蒲里邁文件的資料搜尋方面幫助甚大。小保羅・安德森協助我取得瑪格麗特・米契爾（Margaret Mitchell）文件的使用許可。國家醫學圖書館工作人員提醒我注意庫普的文件。

回到哥倫比亞大學的家，公共衛生歷史與倫理中心（Center for the History and Ethics of Public Health）的大衛・羅斯納、榮納德・貝爾、艾咪・費采爾德、詹姆斯・寇格若甫、楊洛瑞・郭德曼、傑若德・歐本海默和妮坦雅・內德，給了我很有幫助的回饋，並充當知性上的重要後盾。一般醫學科（Division of General Meicine）的史蒂芬・席、拉斐爾・蘭第果、瑞妲・夏榮，以及我的每一位同事，協助我兼顧了研究與臨床工作。

考量到此一時期的補助款狀況，我這本書的首席研究助理就是我拜仁・勒那本人。但他得到幾位了不起的醫學系和研究所學生幹練的輔佐：約翰・勒郭、艾里森・貝特曼豪斯、瑞生・沛特爾、艾瑞卡・賽汀赫南德茲和艾利克斯・克茨納。

我的家人一如往常，非常支持我。我家那兩位青少年，班和妮娜，沒什麼興趣和我互動，所以讓我能有更多時間投入在本書的工作上。我的父母蓉妮和菲利浦，以及我的岳母艾蓮・瑟柏，一直很鼓勵我，但也知道不要一直問我什麼時候寫完。我的妻子凱熙・瑟柏和以前一樣，讀完了整本書並提供頗有見解的評論。我最愛的狗阿奇拉也讀完了整份初稿，並挑出凱熙漏掉的幾處拼字錯誤。

我的經紀人羅伯特・謝波並未直接參與我這項計劃的工作，他的理由是：真的要能把一本有關酒駕的書賣給出版商，唯一的辦法就是支持酒駕。我不太願意這麼做。不過，羅柏特協助我建立計劃的概念架構，並幫我寫好企劃案。這讓我認識了賈桂琳・魏慕勒，她到現在已經幫我編了在約翰・霍普金斯大學出版的三本書。和賈姬合作真是愉快，她和她的出版社同事都是第一流的專業人士。

最後，我還要感謝我所有的家人和朋友，他們聽我談這計劃已經聽了好多年了。邀請研究酒駕史的人來晚餐或參加派對，不見得會提高「趣味指數」。但就算只有一個人，因為我的出現，在派對結束、開車回家前少喝一杯酒，我就算達成我的任務了。

註譯

導論

1. Philip B. Linker, "Drinking and Driving Can Mix," *New York Times,* June 3, 1984, LI22.
2. 適量飲酒的現代定義是女性一天一杯、男性一天兩杯。見 www.cdc.gov/alcohol/faqs.htm#moderateDrinking.
3. Linker, "Drinking and Driving," LI22.
4. Peter F. Cohalan and Jenifer E. Johnson, "Readers Reply to 'Drinking and Driving Can Mix,' " *New York Times,* June 17, 1984, LI18.
5. 有很多討論酒駕的傑出著作，包括：Joseph R. Gusfield, *The Culture of Public Problems: Drinking-Driving and the Symbolic Order* (Chicago: University of Chicago Press, 1981); H. Laurence Ross, *Deterring the Drinking Driver: Legal Policy and Social Control* (Lexington, MA: Lexington Books, 1984); Michael D. Laurence, John R.Snortum, and Franklin E. Zimring, eds., *Social Control of the Drinking Driver* (Chicago:University of Chicago Press, 1988); James B. Jacobs, *Drunk Driving: An American Dilemma* (Chicago: University of Chicago Press, 1989); Gerald D. Robin, *Waging the Battle against Drunk Driving: Issues, Countermeasures, and Effectiveness* (New York: Praeger,1991); H. Laurence Ross, *Confronting Drunk Driving: Social Policy for Saving Lives* (New Haven: Yale University Press, 1992). 另 見 chapter 10 of Leonard Evans, *Traffic Safety* (Bloomfield Hills, MI: Science Serving Society, 2004), accessed January 5, 2009, www.scienceservingsociety.com/ts/text/ch10.htm.
6. 自由機器（freedom machine）一詞出自 Lawrence P. Lonero, "Finding the Next Cultural Safety Paradigm for Road Safety," AAA Foundation for Traffic Safety, 2007,accessed March 9, 2010, www.aaafoundation.org/pdf/lonero.pdf.
7. 討論酒精與酒精成癮歷史的書有：Dan E. Beauchamp, *Beyond Alcoholism: Alcohol and Public Health Policy* (Philadelphia: Temple University Press, 1980); Carolyn L. Wiener, *The Politics of Alcoholism: Building an Arena around a Social Problem*(New Brunswick, NJ: Transaction Books, 1981); Mark E. Lender and James K. Martin,*Drinking in America: A History* (New York: Free Press, 1987); Herbert Fingarette, *Heavy Drinking: The Myth of Alcoholism as a Disease* (Berkeley: University of California Press,1988); Ron Roizen, "The American Discovery of Alcoholism, 1933–1939" (PhD diss.,University of California, Berkeley, 1991); Susanna Barrows and Robin Room, eds., *Drinking:Behavior and Belief in Modern History* (Berkeley: University of California Press, 1991);Andrew Barr, *Drink: A Social History of America* (New York: Carroll & Graf, 1999); Griffith Edwards, *Alcohol: The World's Favorite Drug* (New York: Thomas Dunne Books, 2000);Sarah W. Tracy, *Alcoholism in America: From Reconstruction to*

Prohibition (Baltimore: Johns Hopkins University Press, 2005).

8. Jonathan Yardley, "Drunk Driving: Why We Won't Admit the Cause of the Crime," Washington Post, October 19, 1981, D1, D8.
9. Ralph P. Hudson to John A. Volpe, April 23, 1984, box 4, folder: Dr. Ralph Hudson, William N. Plymat Papers, State Historical Society of Iowa, Des Moines. 美國大多數的酒駕犯行被歸類為「酒醉駕駛」(Driving While Intoxicated, DWI)或「酒精影響下駕駛」(Driving Under the Influence, DUI)。為了敘述方便，本書將一律使用 DWI，除非特別指明是 DUI。
10. Robert V. Seliger and Lloyd M. Shupe, *Alcohol at the Wheel: A Brief Discussion of Drinking and Driving* (Columbus, OH: School and College Service, 1953).
11. 語 出 Joseph D. Whitaker, "'A National Outrage': Drunken Drivers Kill 26,000 Each Year," *Washington Post,* March 22, 1981, A1, A6.
12. 見 www.youtube.com/watch?v=n8L-ZZSc8JU&feature=related, accessed March 10, 2010. 另見 Patricia F. Waller, "Challenges in Motor Vehicle Safety," *Annual Reviews in Public Health* 23 (2002): 93–113.
13. 此文收在 Paul F. Gavaghan, "Remedial Approaches to Drunk Driving," a paper presented to the Transportation Research Board, Colorado Springs, Colorado, July 29–30, 1985, box 113.2, folder: DISCUS, Robert F. Borkenstein Papers, Herman B. Wells Library, Indiana University.
14. Scharline Smith to RID, n.d., RID Papers, Schenectady, NY. Courtesy of Doris Aiken.
15. *Good Morning America*(May 3, 2000) 的謄寫稿。
16. Yardley, "Drunk Driving," D8.
17. Bonnie Steinbock, "Drunk Driving," *Philosophy and Public Affairs* 14 (Summer 1985): 278–95, quote on 290.chapter 1: The Discovery of Drunk Driving

第一章

1. "The Conductor Was Drunk," *New York Times,* January 10, 1887, 5; "Sixteen People Killed," *Washington Post,* June 5, 1887, 1.
2. "Howard's Letter: Some Morals about Drink and Drunkards," *Boston Globe,* January 16, 1887, 5.
3. 語出 J. Marse Grant, *Whiskey at the Wheel: The Scandal of Driving and Drinking*(Nashville, TN: Broadman Press, 1970), 12.
4. "Tried in Vain to Warn Her," *Los Angeles Times,* July 13, 1905, I12.
5. "Auto's History Grows Longer," *Los Angeles Times,* December 30, 1907, I16.
6. "The Coroner's Verdict," *Los Angeles Times,* March 31, 1905, II4.
7. "Revised Auto Rules," *Boston Globe,* May 21, 1909, 11.
8. "Plan to Amend Callan Auto Law," *New York Times,* December 28, 1912, 12. 漫畫收錄在 box: Personal Papers, 1956–74, folder: GM visit, 1956, William Haddon Papers, Bethesda, MD. Courtesy of Gene Haddon.
9. John C. Burnham, "New Perspectives on the Prohibition 'Experiment' of the

1920s," *Journal of Social History* 2 (1968): 51–68.
10. 有關禁酒令歷史的最新著作為 Daniel Okrent, *Last Call: The Rise and Fall of Prohibition* (New York: Scribner, 2010). 第一章所引述有關酒精成癮的書對禁酒令都有相當多的討論。另見 Raymond B. Fosdick and Albert L. Scott, *Toward Liquor Control* (New York: Harper & Bros., 1933); Fletcher Dobyns, *The Amazing Story of Repeal* (Chicago: Willett, Clark & Co., 1940); Paul Aaron and David Musto, "Temperance and Prohibition in America: Historical Overview," in Mark H. Moore and Dean R. Gerstein, eds., *Alcohol and Public Policy: Beyond the Shadow of Prohibition* (Washington, DC: National Academy Press, 1981), 127–81; Richard F. Hamm, *Shaping the Eighteenth Amendment* (Chapel Hill, NC: University of North Carolina Press, 2008).
11. Thorne Smith, *Topper: A Ribald Adventure* (New York: Grosset & Dunlap, 1926),15. 另見 Christine Sismondo, *Mondo Cocktail: A Shaken and Stirred History* (Toronto: McArthur & Co., 2005), 209–10.
12. Marty Mann, "Alcoholism: America's Greatest Unsolved Public Health Problem," unpublished manuscript, n.d., Public and Private Non-Profit Organizations, box 24, Rutgers Center for Alcohol Studies Archives.
13. 見 Ron Roizen 論文的第三章 "The American Discovery of Alcoholism, 1933–1939," accessed March 10, 2010, www.roizen.com/ron/dissch3.htm.
14. Patricia A. Morgan, "Power, Politics, and Public Health: The Political Power of the Alcoholic Beverage Industry," *Journal of Public Health Policy* 9 (Summer 1988): 177–97. 另見 Roizen, "American Discovery," chaps. 1 and 8; Jonathan Zimmerman, "'One's Total World View Comes into Play': America's Culture War Over Alcohol Education, 1945–1964," *History of Education Quarterly* 42 (Winter 2002): 471–92; Sarah W. Tracy, *Alcoholism in America: From Reconstruction to Prohibition* (Baltimore: Johns Hopkins University Press, 2005), 280.
15. "Distiller Warns Wets," *New York Times,* October 16, 1934, 27.
16. Stuart Elliott, "From a Leader in Moderation Messages, an Aggressive New Campaign Against Drunk Driving," *New York Times,* December 21, 1994, D20. 另見 Michael R. Marrus, *Mr. Sam: The Life and Times of Samuel Bronfman* (Toronto: Penguin Books, 1992).
17. "Hard Liquor Advertising," *Los Angeles Times,* November 6, 1934, A4. 另見 "More Drunk Drivers," *Los Angeles Times,* March 15, 1934, A4.
18. "Drunk Driving," *Los Angeles Times,* January 3, 1932, A4; "More Drunk Drivers," A4.
19. "To Fight Tipsy Driving," *New York Times,* May 27, 1939; Robert Alden, "Advertising: Seagram's Drive Is Disarming," *New York Times,* June 12, 1960, 188.
20. 見 http://lachlan.bluehaze.com.au/books/nsc_safety_facts_1941/index.html, accessed March 12, 2010; Boris Penrose, "Occupational Lead Poisoning in Battery Workers: The Failure to Apply the Precautionary Principle," *Labour History* 84 (May 2003), accessed January 2, 2009, www.historycooperative.org/journals/

lab/84/penrose.html.

21. Rune B. Andreasson and A. Wayne Jones, "The Life and Work of Erik M. P. Widmark," *American Journal of Forensic Medicine and Pathology* 17 (September 1996): 177–90.
22. Bert Pierce, "'Drunkometer' Used to Tell Whether and How Much a Driver Is Intoxicated," *New York Times,* April 25, 1948, X21. 另見 Stephanie Pain, "Catch 'Emon the Rye," *New Scientist* 183 (July 10–16, 2004): 46.
23. Herman M. Gunn, "When Is a Man Intoxicated and Who Is Competent to Testify as to His Condition?" *Fraternal Order of Police Journal,* October 1938.
24. Herman A. Heise to Robert F. Borkenstein, August 29, 1975, box 113.2, folder: Herman Heise, Robert F. Borkenstein Papers, Herman B. Wells Library, Indiana University
25. Herman A. Heise, "Alcohol and Automobile Accidents," *JAMA* 103 (1934): 739–41.
26. "Alcohol and Safe Driving," *JAMA* 110 (1938): 1617; "Tests for Alcoholic Intoxication," *JAMA* 142 (1950): 523; Robert F. Borkenstein to Samuel T. Green, April 4, 1981, box 113.2, folder: G, Borkenstein Papers.
27. "One Little Nip," *Los Angeles Times,* May 14, 1935, A4.
28. Richard L. Holcomb, "Alcohol in Relation to Traffic Accidents," *JAMA* 111 (1938): 1076–85.
29. Ira H. Cisin, "Social Psychological Factors in Drinking-Driving," in Bernard H. Fox and James H. Fox, eds., *Alcohol and Traffic Safety* (Washington, DC: GPO, 1963), 1–25; Rune B. Andreasson, "Swedish Legislation on Alcohol and Road Traffic and Its Effects," in J. D. J. Havard, *Alcohol and Road Traffic* (London: British Medical Association, 1963), 74–78; Johannes Andenaes, "The General Preventive Effects of Punishment," *University of Pennsylvania Law Review* 114 (1966): 949–83; Johannes Andenaes, "The Scandinavian Experience," in Michael D. Laurence, John R. Snortum, and Franklin E. Zimring, eds., *Social Control of the Drinking Driver* (Chicago: University of Chicago Press, 1988), 43–63; Garrett Peck, *The Prohibition Hangover: Alcohol in America from Demon Rum to Cult Cabernet* (New Brunswick, NJ: Rutgers University Press, 2009), 200.
30. Hans Klette, "Swedish Experiences in Relation to Drunk Driving," unpublished manuscript, n.d., box 113.3, folder: Hans Klette, Borkenstein Papers. 另見 Werner Wiskari, "Liquor Laws Stiff in Sweden," *New York Times,* April 5, 1959, 46.
31. 語 出 *Proceedings of the First International Conference on Alcohol and Traffic* (Stockholm: Kugelbergs Boktryckeri, 1951), 320.
32. Herman A. Heise, Burt R. Shurly, and Thomas A. McGoldrick, "Report of the Committee to Study Problems of Motor Vehicle Accidents," 1939 and 1942. Courtesy of the American Medical Association Archives, Chicago, IL.
33. David Hackett Fischer, *Paul Revere's Ride* (New York: Oxford University Press, 1994), xv.
34. Heise, Shurly, and McGoldrick, "Report of the Committee," 1942, 4.

35. Ralph F. Turner, Herman A. Heise, and Clarence W. Muehlberger, "Interpretation of Tests for Intoxication," unpublished manuscript, 1957 [?], box 113.2, folder: Herman Heise, Borkenstein Papers.
36. 出處同前。值得一提的是，醫學會和全安會聯合委員會成員有時稱他們的寬鬆劃分是自由派做法，有時又說是保守派。這或許可以當成一種暗示性證據，在那個特定的歷史時刻，他們手中別無其他替代方案。
37. Heise, Shurly, and McGoldrick, "Report of the Committee," 1942, 4.
38. 語 出 Richard A. Myren, ed., *Symposium on Alcohol and Road Traffic* (Bloomington, IN: Trustees of Indiana University, 1959), 220. 另 見 an editorial that Heise ghost-wrote for *JAMA*: "Chemical Tests for Intoxication," *JAMA* 166 (1958): 1484.
39. 語出 Myren, *Symposium*, 192.
40. *Proceedings of the First International Conference,* 176. 另見 Henry W. Newman, *Acute Alcohol Intoxication: A Critical Review* (Palo Alto, CA: Stanford University Press, 1941).
41. *Proceedings of the First International Conference,* 176.
42. Myren, *Symposium*, 39.
43. "The Public Asks 'Why?'" *Atlanta Constitution,* August 13, 1949, box 137; "Names of Judges in Gravitt Case Cited," *Atlanta Journal,* August 23, 1949, box 116; and "Margaret Mitchell's Death Shows Farcical Nature of Driving Laws," *Abilene Morning Reporter News,* August 21, 1949, box 142, Margaret Mitchell Papers, Hargrett Rare Book and Manuscript Library, University of Georgia.
44. F. A. Merrill, "Atlanta Should Take Preventive Measures," *Atlanta Journal,* August 18, 1949, box 137, and "Dave Boone Says," *New York Sun,* August 18, 1949, box 150, Mitchell Papers.
45. Thomas M. Stubbs to Stephens Mitchell, August 17, 1949, box 151, Mitchell Papers; Barbara Ampolsey and George Groynom, "Letters," *Life,* September 19, 1949, 18.
46. "Let's Be Sensible about Drunk Driving," *Atlanta Journal,* August 18, 1949, and Pierce Harris, "It's Not Hard to Prove That People Are Stupid," *Atlanta Journal,* August 16, 1949, box 137; and "Editorial Was Good, but Not Liquor Ads," *Atlanta Journal,* August 21, 1949, box 116, Mitchell Papers.
47. "Miss Mitchell Death Laid to Public Apathy," *Atlanta Journal,* August 20, 1949, box 116, Mitchell Papers. 這些剪報可以在 box 138 找到。
48. John R. Marsh to Charles Aycock, July 26, 1950, and John R. Marsh, handwritten notes, April 12, 1951, box 152, Mitchell Papers.
49. "Drunk Driving Toll Highest in History," *Los Angeles Times,* December 5, 1949, 1, 2.
50. 出處同前，2, "The Drunk Driver Problem," *Los Angeles Times,* December 11, 1949, B4.
51. "Drunk Driver-Killer Still Runs at Large," *Los Angeles Times,* December 6, 1949, A1, A7.
52. Clarence H. Lee and G. C. Paine, "Comments on the Drunk Driving Series," *Los*

Angeles Times, December 8, 1949, A4; Nathan Newby, "Public Enemy," *Los Angeles Times,* December 20, 1949, A4.

53. Robert V. Seliger and Lloyd M. Shupe, *Alcohol at the Wheel: A Brief Discussion of Drinking and Driving* (Columbus, OH: School and College Service, 1953), 6, 10, 11

第二章

1. Mickey Mantle with Herb Gluck, *The Mick: An American Hero* (New York: Doubleday, 1985), 219.
2. "Hugh Gravitt Hurt Driving Car in Crash with Truck," *Atlanta Constitution*, November 18, 1949, box 137, Margaret Mitchell Papers, Hargrett Rare Book and Manuscript Library, University of Georgia.
3. "Why Wasn't Gravitt's License Revoked?" *Atlanta Journal*, November 19, 1949, 2.
4. Paul Thompson, "Gravitt Says Beer Didn't Affect Driving," *Atlanta Constitution*, August 21, 1949, box 116, Mitchell Papers.
5. 這張署名卡片收藏在 box 137, Mitchell Papers. 另見 Bem Price, "Atlanta Author Still Near Death," *Savannah* (Georgia) *News*, August 13, 1949, also in box 137.
6. Margaret B. Powers to John R. Marsh, August 17, 1949, box 150, and Rosa Bell Williams to John R. Marsh, August 16, 1949, box 151, Mitchell Papers.
7. Edna Cain Daniel, "It Was an Accident That Did Not Have to Happen—But It Did Happen," *Atlanta Journal*, August 22, 1949, box 116, Mitchell Papers.
8. "Kid-Glove Handling of Reckless Drivers," *Atlanta Journal*, August 16, 1949, and "A Proper Memorial—and a Lesson," *Atlanta Constitution*, August 18, 1949, box 137, Mitchell Papers.
9. Celestine Sibley, "Questions Are Still in the 'Wind,'" *Atlanta Journal and Constitution*, July 5, 1989, C1; Gary Pomerantz, "An Old Cabbie's Anguish," *Atlanta Journal and Constitution,* August 11, 1991, A1; and Sara H. Armstrong, "Peace for Man Whose Car Hit Margaret Mitchell," *Atlanta Journal and Constitution,* August 25, 1991, B6.
10. 就這樣，那些被酒駕者傷害的人弔詭地成了受害又受責怪的例子。這一類的例子還包括強姦和家暴受害者。
11. "Drunk Driver Avoids Long Jail Terms," *Los Angeles Times*, December 7, 1949, A1, A2.
12. Thomas Nuzum, "Drunk Driver Defenses Also Pretty Shaky," *Chicago Daily Tribune*, May 13, 1957, A6. 另見 Eugene Meyer, "How to Get Alcohol Off the Highways," *Family Circle*, July 1, 1981, 65, 108, 110, 116; Doris Aiken to the author, August 10, 2008.
13. "Too Much Sympathy for Drunk Drivers," *Chicago Daily Tribune*, April 24, 1957, 18; Robert McKinley, "Comment from the Floor," in Richard A. Myren, ed., *Symposium on Alcohol and Road Traffic* (Bloomington: Trustees of Indiana

University, 1959), 40–41; Robert F. Borkenstein, H. J. Trubitt, and R. J. Lease, "Problems of Enforcement and Prosecution," in Bernard H. Fox and James H. Fox, *Alcohol and Traffic Safety* (Washington, DC: GPO, 1963), 137–88, esp. 147, 153.

14. McKinley in Myren, *Symposium,* 41; Borkenstein et al., "Problems of Enforcement and Prosecution," 152; Stephanie Pain, "Catch 'Em on the Rye," *New Scientist* 183(July 10–16, 2004): 46, accessed March 13, 2010, www.sandiegodrunkdrivingattorney.net/2010/01/birth-of-breathalyzer-discovery-of.html.
15. Daniel P. Moynihan to William Haddon Jr., March 7, 1961, box: Moynihan, folder: Moynihan, 1961, William Haddon Papers, Bethesda, MD. 承蒙瑾恩・哈登提供。
16. Barron H. Lerner, *Contagion and Confinement: Controlling Tuberculosis along the Skid Road* (Baltimore: Johns Hopkins University Press, 1998).
17. Mark S. Foster, *A Nation on Wheels: The Automobile Culture in America since 1945* (Belmont, CA: Wadsworth, 2003), 67, 68.
18. 出處同前，68; "Statement of Daniel Patrick Moynihan before the Committee on Interstate and Foreign Commerce of the House of Representatives," May 4, 1966, box: Moynihan, folder: Moynihan, 1966, Haddon Papers; Horace Porter, "Open Letter to Governor Merriam," *Los Angeles Times*, June 13, 1934, A4.
19. Foster, *A Nation on Wheels,* 72; 福特之語出自 Lawrence P. Lonero, "Finding the Next Cultural Safety Paradigm for Road Safety," AAA Foundation for Traffic Safety, 2007, accessed March 9, 2010, www.aaafoundation.org/pdf/lonero.pdf; Moynihan, "Statement of Daniel Patrick Moynihan." 關於更多戰後汽車狂熱的討論，見 David L. Lewis and Laurence Goldstein, eds., *The Automobile and American Culture* (Ann Arbor: University of Michigan Press, 1980); James J. Flink, *The Automobile Age* (Cambridge, MA: MIT Press, 1990); Michael L. Berger, *The Automobile in American History and Culture* (Westport, CT: Greenwood Press, 2001).
20. Jonathan Zimmerman, "'One's Total World View Comes into Play': America's Culture War over Alcohol Education, 1945–1964," *History of Education Quarterly* 42 (Winter 2002): 471–92, quote on 488; Patricia A. Morgan, "Power, Politics, and Public Health: The Political Power of the Alcoholic Beverage Industry," *Journal of Public Health Policy* 9 (Summer 1988): 177–97; Carl Spielvogel, "Advertising: Post Joins Liquor Media List," *New York Times*, August 31, 1958, F6.
21. Fletcher Dobyns, *The Amazing Story of Repeal* (Chicago: Willett, Clark & Co.,1940), 420.
22. John Crosby, "The Actors Sure Do Enjoy Those Quantities of Beer," *Washington Post*, October 5, 1953, 23.
23. Robert V. Seliger and Lloyd M. Shupe, *Alcohol at the Wheel: A Brief Discussion of Drinking and Driving* (Columbus, OH: School and College Service, 1953), 22.
24. 語出 Richard A. Myren, ed., *Symposium on Alcohol and Road Traffic* (Bloomington: Trustees of Indiana University, 1959), 16.
25. 見 http://supreme.justia.com/us/352/432/case.html, accessed March 17, 2010.
26. 見 http://supreme.justia.com/us/384/757/case.html, accessed March 17, 2010.

27. Thomas J. Donovan, "Review of Selected Public Information Campaigns on Alcohol and Highway Safety," in James W. Swinehart and Ann C. Grimm, eds., *Public Information Programs on Alcohol and Highway Safety* (Ann Arbor, MI: Highway Safety Research Institute, 1972), 32–39, quote on 34.
28. 出處同前，頁 34。業界贊助學界的另一個例子是美國啤酒協會對羅格斯大學酒精研究中心的援助，見 Horace E. Campbell, "Studies of Driving and Drinking," *Quarterly Journal of Studies on Alcohol* 30 (1969): 457–58.
29. 關於伯肯施坦與印第安那大學在酒精檢測史的角色，見 D. M. Lucas, "Professor Robert F. Borkenstein—An Appreciation of his Life and Work, 2000," accessed March 17, 2010, www.borkensteincourse.org/borkenstein_appreciation.pdf. 另見 Kurt M. Dubowski, "A Brief History," 2008, accessed March 17, 2010, www.borkensteincourse.org/faculty%20documents/Dubowski_History.pdf.
30. James Karns, 語 出 Myren, *Symposium*, 36–37; "55 Traffic Aides View Liquor Tests," *New York Times*, June 5, 1959, 25.
31. Myren, *Symposium*, 43. 另見 William N. Plymat, "For Members of the National Commission on Drunk Driving," unpublished manuscript, September 6, 1982, box 1, folder: Presidential Commission, William N. Plymat Papers, State Historical Society of Iowa, Des Moines.
32. Howard Whitman, "Plain Facts on Drunk Driving," *Los Angeles Times*, December 10, 1958, 6. 另見 "Half Drunk Drivers Are Dangerous Too!" unpublished document, 1977, box 7, folder: RID, Plymat Papers.
33. Myren, *Symposium*, 274–77; "Strict Test Urged for Drunkenness," *New York Times*, November 30, 1960, 76; Kurt M. Dubowskito the author, April 14, 2010.
34. Constance A. Nathanson, "The Contingent Power of Experts: Public Health Policy in the United States, Britain, and France," *Journal of Policy History* 19 (2007):71–94.
35. William Haddon Jr. and V. A. Bradess, "Alcohol in the Single-Vehicle Fatal Accident: Experience of Westchester County, New York," *JAMA* 169 (1959): 1587–93.
36. J. R. McCarroll and William Haddon Jr., "A Controlled Study of Fatal Automobile Accidents in New York City," *Journal of Chronic Diseases* 15 (1962): 811–26. 另見 "Alcohol and Highway Deaths," *Maine AAA News Report*, April 1965.
37. 語 出 "Drunk Drivers and Highway Safety," a pamphlet by Allstate Insurance Company, January 1969. 另 見 William Haddon Jr., P. Valien, J. R. McCarroll, and C. J. Umberger, "A Controlled Investigation of the Characteristics of Adult Pedestrians Fatally Injured by Motor Vehicles in Manhattan," *Journal of Chronic Diseases* 14(1961): 655–78; William Haddon Jr. to Daniel P. Moynihan, April 15, 1958, box: Moynihan, folder: Moynihan, 1958, Haddon Papers; William N. Plymat, "A Second Look at Alcohol and Traffic," unpublished speech, 1957, box 5, folder: Miscellaneous Speeches, Plymat Papers.
38. 在哈登的喪禮上，瓊安・克雷布魯克、唐納・謝佛和布萊恩・歐尼爾的三篇弔文把他的個性描摹得很清楚。另見 Leon S. Robertson, "Groundless

Attack on an Uncommon Man," *Injury Prevention* 7 (2001): 260–62, 這是一篇為哈登辯護的文章，撰寫於以下這篇爭議性批評文章發表之後：Malcolm Gladwell, "Wrong Turn: How the Fight to Make America's Highways Safer Went Off Course," in the June 11, 2001 issue of the *New Yorker* magazine. 關於莫尼漢，見 Douglas Schoen, *Pat: A Biography of Daniel Patrick Moynihan* (New York: Harper & Row, 1979).

39. William Haddon Jr. to Daniel P. Moynihan, November 23, 1964, box: Moynihan, folder: Moynihan, 1964–65, Haddon Papers.
40. David Hemenway, "The Public Health Approach to Motor Vehicles, Tobacco, and Alcohol, with Applications to Firearms Policy," *Journal of Public Health Policy* 22 (2001): 381–402.
41. 關於哈登如何整合德亞文研究成果的討論，見 William Haddon Jr., Edward A. Suchman, and David Klein, *Accident Research: Methods and Approaches*(New York: Harper & Row, 1964).
42. William Haddon Jr. to Daniel P. Moynihan, October 20, 1961, box: Moynihan, folder: Moynihan, 1961, Haddon Papers; Moynihan, "Statement of Daniel Patrick Moynihan."
43. 福特之語出自 Lonero, "Finding the Next Cultural Safety Paradigm"; William Haddon Jr. to Ross A. McFarland, May 17, 1966, box: Personal Papers, 1956–74, folder: GM Visit, 1956, Haddon Papers.
44. Haddon to Moynihan, October 20, 1961.
45. William Haddon to Daniel P. Moynihan, September 14, 1960, box: Moynihan, folder: Moynihan, 1960, Haddon Papers.
46. William Haddon to Daniel P. Moynihan, May 8, 1963, box: Moynihan, folder: Moynihan, 1962–63, Haddon Papers; Bernard Stengren, "New Laws Attack Drunken Driving," *New York Times*, August 3, 1959, 18; Charles McCarry, *Citizen Nader* (New York: Signet, 1972), 69.
47. Daniel P. Moynihan, "Epidemic on the Highways," *Reporter*, April 30, 1959. 另見 Moynihan, "Statement of Daniel Patrick Moynihan."
48. Daniel P. Moynihan to William Haddon Jr., December 23, 1959, box: Moynihan, folder: Moynihan, 1959, Haddon Papers.
49. 語　出 Steven Waldman, "Governing under the Infl uence," *Washington Monthly*, January 1988, accessed July 25, 2008, http://findarticles.com/p/articles/mi_m1316/is_n12_v19/ai_6306545/pg_8/.
50. Douglas Dales, "Auto Law Signed to Curb Drinking," *New York Times*, March 16, 1960, 39; Don Ross, "The Traffic Accident Epidemic: Harvard Probes Hidden Causes," *New York Herald Tribune*, March 13, 1961, 1; Department of Transportation, *1968 Alcohol and Highway Safety Report* (Washington, DC: GPO, 1968), 109–14.
51. Robert F. Borkenstein, F. R. Crowther, R. P. Shumate, W. B. Ziel, and Richard Zylman, *The Role of the Drinking Driver in Traffic Accidents* (Bloomington: Department of Police Administration, Indiana University, 1964).

52. McCarry, *Citizen Nader*, 80–96; James C. Fell and Robert B. Voas, "Mothers Against Drunk Driving (MADD): The First 25 Years," *Traffic Injury Prevention* 7 (2006): 195–212, esp. 195–96; Jerry L. Mashaw and David L. Harfst, *The Struggle for Auto Safety* (Cambridge, MA: Harvard University Press, 1990).
53. Michael D. Laurence, "The Legal Context in the United States," in Michael D. Laurence, John R. Snortum, and Franklin E. Zimring, eds., *Social Control of the Drinking Driver* (Chicago: University of Chicago Press, 1988), 136–66.
54. Department of Transportation, *1968 Alcohol and Highway Safety Report*.
55. Joseph R. Gusfield, "The Control of Drinking-Driving in the United States," in Laurence, Snortum, and Zimring, *Social Control of the Drinking Driver,* 109–35.
56. Department of Transportation, *1968 Alcohol and Highway Safety Report*, 86. 這段話改寫自德亞文之語。
57. 引句出處同前，1, 86, 87.
58. J. Marse Grant, *Whiskey at the Wheel: The Scandal of Driving and Drinking* (Nashville, TN: Broadman Press, 1970), 7, 16, 69.
59. 出處同前，26, 68, 81.
60. 出處同前，23.

第三章

1. Mark Starr, William J. Cook, Marsha Zabarsky, Joe Contreras, and Donna Foote, "The War Against Drunk Drivers," *Newsweek*, September 13, 1982, 34–39.
2. Frank Jacobs, *Sing Along with MAD* (New York: Signet, 1970).
3. R. Johnson to Doris Aiken, 1982 [?], RID Papers, Schnectady, NY. 承蒙朵瑞絲・艾肯提供。
4. 這則廣告刊登在 1970 年 7 月 27 日那期《時代雜誌》(*Time.*) 第 32 頁和 33 頁之間。
5. William N. Plymat to the Federal Trade Commission, October 12, 1970, box 1, folder: Bill Sr., 1970–71, William N. Plymat Papers, State Historical Society of Iowa, Des Moines.
6. William N. Plymat to John A. Volpe, November 4, 1970, Plymat Papers.
7. Julian A. Waller to Federal Trade Commission, November 30, 1970, Plymat Papers.
8. Guy Halverson, "Liquor Industry Plays Dr. Jekyll and Mr. Hyde," *Christian Science Monitor*, August 20, 1970, 11.
9. Robert B. Voas to Thomas J. Donovan, November 16, 1970 and "DOT News," box 2, folder: DOT, Plymat Papers.
10. Max Hayman, "The Myth of Social Drinking," *American Journal of Psychiatry* 124(1967): 585–94.
11. James E. Wilson to William N. Plymat, December 30, 1970, box 1, folder: Bill Sr., 1970–71, Plymat Papers.
12. Morris E. Chafetz, *Liquor: The Servant of Man* (Boston: Little, Brown, 1965).
13. William N. Plymat to Clark Mollenhoff, May 25, 1971, box 1, folder: Bill Sr.,1970–71, Plymat Papers. 另見 William Montague, "Health-Foundation Chief

Linked to Alcoholic Beverage Industry," *Chronicle of Philanthropy*, July 25, 1989, 14; Jack Anderson, "Liquor Adviser Criticized Over Ties to Industry," *Washington Post*, April 14, 1984, F21. 關於酒類管控的公衛模式，見 Dan E. Beauchamp, *Beyond Alcoholism: Alcohol and Public Health Policy* (Philadelphia: Temple University Press, 1980).

14. Paul J. C. Friedlander and Morris E. Chafetz, in James W. Swinehart and Ann C. Grimm, eds., *Public Information Programs on Alcohol and Highway Safety* (Ann Arbor, MI: Highway Safety Research Institute, 1972), 142–45, 179–81; Robert F. Borkenstein to Mark Keller, September 10, 1973, box 113.3, folder: Mark Keller, Robert F. Borkenstein Papers, Herman B. Wells Library, Indiana University. 弗利蘭德的三篇文章發表於 1971 年 12 月 19 日、1971 年 12 月 26 日和 1972 年 2 月 27 日的《時代雜誌》。
15. William N. Plymat to Gerald Klerman, May 11, 1978, box 2, folder: Ernest P. Noble, Plymat Papers.
16. Carolyn L. Wiener, *The Politics of Alcoholism: Building an Arena Around a Social Problem* (New Brunswick, NJ: Transaction Books, 1981), 233, 239.
17. H. Laurence Ross, "Deterrence-Based Policies in Britain, Canada, and Australia," in Michael D. Laurence, John R. Snortum, and Franklin E. Zimring, eds., *Social Control of the Drinking Driver* (Chicago: University of Chicago Press, 1988), 64–78.
18. Ralph K. Jones and Kent B. Joscelyn, *Alcohol and Highway Safety 1978: A Review of the State of Knowledge* (Ann Arbor, MI: Highway Safety Research Institute, 1978), 72.
19. 關於這些公益宣導的討論見 James W. Swinehart and Ann C. Grimm, eds., *Public Information Programs on Alcohol and Highway Safety* (Ann Arbor, MI: Highway Safety Research Institute, 1972); 尤其是 70, 88, 103, 114, 119. 另見 www.youtube.com/watch?v=MsSIpDK16c4, accessed March 23, 2010.
20. Jones and Joscelyn, *Alcohol and Highway Safety*, 75; James C. Fell and Robert B. Voas, "Mothers Against Drunk Driving (MADD): The First 25 Years," *Traffic Injury Prevention* 7 (2006): 195–212.
21. Jones and Joscelyn, *Alcohol and Highway Safety*, 1, 44, 53, 89, 90; H. Laurence Ross, "Reflections on Doing Policy-Relevant Sociology: How to Cope with MADD Mothers," *American Sociologist* 18 (Summer 1987): 173–78. 比較近期的估計是每發生 772 次酒後兩小時駕車就有一次逮捕行動。見 Paul Zador, Sheila Krawchuk, and Brent Moore, *Drinking and Driving Trips, Stops by the Police, and Arrests* (Washington, DC: Department of Transportation, 2000).
22. Jones and Joscelyn, *Alcohol and Highway Safety*, 41, 78.
23. 出處同前，78.
24. Connie, "A Mother's Fight against the System," n.d., RID Papers. 關於這些故事是如何精心打造，見 Barron H. Lerner, *When Illness Goes Public: Celebrity Patients and How We Look at Medicine* (Baltimore: Johns Hopkins University Press, 2006), 12, 13.

25. Janet S. Besse to RID-USA, 1979, RID Papers.
26. Richard J. Warren, "Little Hue and Cry," *Los Angeles Times*, September 23, 1973, F2.
27. William S., "Ann Landers: A Drunk Driver's Victim," *Washington Post*, September 25, 1973, B4.
28. Bob Rohr to the author, December 31, 2008, and January 2, 2009.
29. Katherine DuTreil to the author, January 6, 2009.
30. Ralph P. Hudson to the author, December 15, 2008, and July 22, 2009.
31. Robert M. Carney to the author, December 15, 2008.
32. Barry Siegel, "Drunk Drivers and the Courtroom Sieve," *Los Angeles Times*, November 16, 1977, A1, A8, A9.
33. Susan Goodemote to Doris Aiken, August 15, 1980, RID Papers.
34. Stewart Rosenkrantz to RID, 1982, RID Papers.
35. Mr. and Mrs. Herbert Rouse to Doris Aiken (three letters), n.d., RID Papers.
36. Carlton Turner to Martin Anderson, December 29, 1981, Presidential Commission on Drunk Driving Papers, Ronald Reagan Presidential Library, Simi Valley, CA. 以上資料是依據「資訊自由法」(Freedom of Information Act)案號 2008-090/1 申請取得。
37. Doris Aiken, *My Life as a Pit Bull* (San Jose, CA: Writers Club Press, 2002), 1.
38. 出處同前,2.
39. 出處同前,4.
40. 出處同前,5, 245; Doris Aiken to DMV Commissioner Melton, 1980, RID Papers; "Law: They're MADD as Hell," *Time*, August 3, 1981, accessed July 28, 2009, www.time.com/time/magazine/article/0,9171,949291,00.html.
41. Doris Aiken to the author, July 20, 2009. 另見 Peggy Mann, *Arrive Alive* (New York: Woodmere Press, 1983), 65–66.
42. Aiken, *My Life*, 8–10; Mann, *Arrive Alive*, 122; Doris Aiken to Charles Wilcox, August 21, 1980, RID Papers.
43. Doris Aiken to James Brown, April 5, 1982, RID Papers.
44. Aiken, *My Life*, 5; Linda A. Campion, RID DWI-Victims Assistance Project, January 1992, RID Papers.
45. Monica Shairer, "Swerving Car Shatters Couple's Idyllic Life," *Damascus* (Maryland) *Weekly Courier*, May 7, 1980, A1, A11.
46. 2009 年 2 月 24 日蘭沐訪談。
47. Eugene L. Meyer, "Victims Testify on Drunk Driving," *Washington Post*, September 23, 1980, C1; "Why Laura Lamb Can't Move," *Washington Post*, September 25, 1980, A18.
48. Mann, *Arrive Alive*, 56; Eugene Meyer, "How to Get Alcohol Off the Highways," *Family Circle*, July 1, 1981, 65, 108, 110, 116. 另見關於蘭沐母女精彩回顧的四集連載,發表於 Cindiand Laura Lamb published in the *Frederick* (MD) *News Post* on November 8, 2009.
49. Candy Lightner and Nancy Hathaway, *Giving Sorrow Words* (New York: Warner

Books, 1990), 1–16.

50. 出處同前，9.
51. Cindi Lamb, "The Visitor," was published in the *Dundalk* (MD) *Eagle* between September 26, 2002, and February 26, 2003. 承蒙辛蒂・蘭沐提供影本。
52. Lightner and Hathaway, *Giving Sorrow Words*, 11.
53. Joseph D. Whitaker, "'A National Outrage': Drunken Drivers Kill 26,000 Each Year," *Washington Post*, March 22, 1981, A1, A6; Mac Marshall and Alice Oleson, "MADDer than Hell," *Qualitative Health Research* 6 (February 1996): 6–22.
54. Lightner and Hathaway, *Giving Sorrow Words*, 11; Lamb interview, February 24, 2009.
55. Frank Weed, "The MADD Queen: Charisma and the Founder of Mothers Against Drunk Driving," *Leadership Quarterly* 4 (1993): 329–45; Otto Friedrich et al., "Man of the Year," *Time*, January 7, 1985, accessed March 24, 2010, ww.time.com/time/magazine/article/0,9171,956231,00.html; Fell and Voas, "Mothers Against Drunk Driving," 197–98.
56. Mann, *Arrive Alive*, 124; Gaylord Shaw, "Crackdown Urged on Drunk Drivers," *Los Angeles Times*, October 2, 1980, B4.
57. Fell and Voas, "Mothers Against Drunk Driving," 197; Whitaker, "A National Outrage"; Starr et al., "War against Drunk Drivers."
58. Holly Everett, *Roadside Crosses in Contemporary Memorial Culture* (Denton, TX: University of North Texas Press, 2002).
59. Mann, *Arrive Alive*, 61; "Law: They're MADD as Hell"; "Maryland Plans All-Out Effort Against Intoxicated Drivers," *Washington Post*, May 1, 1981, A42. 害死湯米・謝克斯頓的那個男人僅僅獲判一年緩刑，付了 200 美元罰金。
60. 2009 年 11 月 24 日費爾和渥鄂思訪談；Candy Lightner to Robert F. Borkenstein, January 7, 1985, and Robert F. Borkenstein to Candy Lightner, January 19, 1984, box 113.4, folder: MADD, Borkenstein Papers.
61. Candy Lightner to Robert F. Borkenstein, February 7, 1985, and Robert F. Borkenstein to Candy Lightner, February 15, 1985, Borkenstein Papers.
62. Aiken, *My Life*, 52.
63. Mann, *Arrive Alive*, 127–28; Fell and Voas, "Mothers Against Drunk Driving," 197; Starr et al., "War against Drunk Drivers," 35.
64. Gerald D. Robin, *Waging the Battle against Drunk Driving: Issues, Countermeasures, and Effectiveness* (New York: Praeger, 1991), 12–14.
65. *Cedar Rapids Gazette*, October 12, 1981, 7A; Celeste Dauherty to William N. Plymat, September 2, 1982, box 2, folder: Cedar Rapids Gazette, Plymat Papers.
66. James C. Fell, *An Examination of the Criticisms of the Minimum Legal Drinking Age 21 Laws in the United States from a Traffic-Safety Perspective* (Washington, DC: NHTSA, 2008).
67. 雷根之語出自 Steven R. Weisman, "Reagan Signs Law Linking Federal Aid to Drinking Age," *New York Times*, July 18, 1984, A15. 另見 Morris E. Chafetz, "The 21-Year-Old Drinking Age," *Huffington Post,* August 18, 2009, accessed March

25, 2010, www.huffingtonpost.com/morris-e-chafetz/the-21-year-old-drinking_b_262264.html; Aiken, *My Life*, 54; Rich Ceppos, "The Rise and Fall of Ralph Nader," *Car and Driver*, September 1982, 64–71; Robert B. Voas and James C. Fell, "Impaired Driving: Opportunities and Problems," *Alcohol Research and Health* (in press).

68. Jonathan Simon, *Governing Through Crime: How the War on Crime Transformed American Democracy and Created a Culture of Fear* (New York: Oxford University Press, 2007); Kevin A. Sabet, "The 'Local' Matters: A Brief History of the Tension Between Federal Drug Laws and State and Local Policy," *Journal of Global Drug Policy and Practice* 1 (2006), accessed February 5, 2010, www.globaldrugpolicy.org/1/4/3.php.
69. Craig Reinarman, "The Social Construction of an Alcohol Problem: The Case of Mothers Against Drunk Drivers and Social Control in the 1980s," *Theory and Society* 17(January 1988), 91–120. 費爾和渥鄂思不同意瑞納曼的看法。見 Fell and Voas, "Mothers Against Drunk Driving," 200.
70. Linda C. Fleet, "What Should Be Done about Drunk Driving?" *Washington Post*, March 30, 1981, A18.
71. John Leo, "One Less for the Road?" *Time*, May 20, 1985, accessed July 1, 2008, www.time.com/time/printout/0,8816,956316,00.html.
72. David F. Musto, "Tower Flap Another Sign Alcohol's on Way Out," *Houston Chronicle*, March 8, 1989, 15A; Desson Howe, "'Arthur': A SADD Sequel," *Washington Post*, July 8, 1988, N30. 影評人覺得，2011 年重拍的《二八佳人花公子》差不多一樣「乏味又無聊」。見 A. O. Scott, "A Lush Life, with Nanny on Board," *New York Times,* April 18, 2011, C10.
73. Dorothy Townsend, "2 Counts of Drunk Driving Charged to Johnny Carson," *Los Angeles Times*, March 3, 1982, A2. 卡森不做抗辯，獲判三年緩刑與 603 美元罰金。

第四章

1. Richard Zylman, "A Critical Evaluation of the Literature on 'Alcohol Involvement' in Highway Deaths," *Accident Analysis and Prevention* 6 (1974): 163–204.
2. 出處同前，201.
3. Richard Zylman, "Commentary," in Robin Room and Susan Sheffield, eds., *The Prevention of Alcohol Problems: Report of a Conference* (Berkeley, CA: Social Research Group, 1974), 206–8.
4. Joseph R. Gusfield, *The Culture of Public Problems: Drinking-Driving and the Symbolic Order* (Chicago: University of Chicago Press, 1981), xii.
5. 出處同前，79.
6. 出處同前，63–66.
7. 出處同前，74, Joseph R. Gusfield, "The Control of Drinking-Driving in the United States: A Period in Transition?" in Michael D. Laurence, John R. Snortum, and

Lawrence E. Zimring, eds., *Social Control of the Drinking Driver* (Chicago: University of Chicago Press, 1988), 109–35.

8. Gusfield, *Culture of Public Problems,* 82.
9. 出處同前，41, 174; Gusfield, "Control of Drinking-Driving," 120.
10. Joseph R. Gusfield, "Remarks," in Room and Sheffield, *The Prevention of Alcohol Problems,* 116–18.
11. Gusfield, *Culture of Public Problems*, 174; Gusfield, "Control of Drinking-Driving," 120.
12. H. Laurence Ross, *Settled Out of Court: The Social Process of Insurance Claims Adjustment* (Chicago: Aldine Publishing, 1970); H. Laurence Ross, "Reflections on Doing Policy-Relevant Sociology: How to Cope with MADD Mothers," *American Sociologist* 18 (Summer 1987): 173–78.
13. 語出 "Transport Minister Launches Drink and Drive Publicity Campaign," press release, September 19, 1967, box 113.1, folder: Barbara Castle, Robert F. Borkenstein Papers, Herman B. Wells Library, Indiana University. 另 見 H. Laurence Ross, "Deterrence-Based Policies in Britain, Canada, and Australia," in Laurence, Snortum, and Zimring, *Social Control of the Drinking Driver,* 64–78.
14. Arlen J. Large, "Drunk Driving, Cause of 70 Fatalities a Day, Is Under Rising Attack," *Wall Street Journal*, April 20, 1982, 1, 18; Robert F. Borkenstein to Henry van Engeln, October 25, 1968, box 113.2, folder: Herman Heise, Borkenstein Papers.
15. H. Laurence Ross, *Deterring the Drinking Driver: Legal Policy and Social Control* (Lexington, MA: Lexington Books, 1984), 22, 68–69; H. Laurence Ross, "The Scandinavian Myth: The Effectiveness of Drinking-and-Driving Legislation in Sweden and Norway," *Journal of Legal Studies* 4 (1975): 285–310; John R. Snortum, "Deterrence of Alcohol-Impaired Driving," in Laurence, Snortum, and Zimring, *Social Control of the Drinking Driver,* 189–226.
16. Ross, *Deterring the Drinking Driver*, 68.
17. 出處同前，xxv and back cover. 另見 Ross, "Reflections," 176.
18. H. Laurence Ross and Graham Hughes, "Drunk Driving: What Not to Do," *Nation*, December 13, 1986, 663–64. 另見 Allan F. Williams, "Reflections on the Highway Safety Field," *Injury Prevention* 10 (2004): 330–33.
19. Thomas M. Stout, "Cheers, Not Sneers," and Graham Hughes, "Hughes Replies," *Nation*, February 14, 1987, 166.
20. Ross, "Reflections"; H. Laurence Ross, "The American War on Drunk Driving: A Constructionist Critique," *Contemporary Drug Problems* 18 (Spring 1991): 1–8. 羅斯後面這一篇文章誤稱蘿拉・蘭沐為「辛蒂・蘭沐」。蘭沐堅稱她女兒的安全帶有正確繫好。
21. Ross, "Reflections," 177. 另見 Ross and Hughes, "Drunk Driving," 664.
22. 古斯菲爾德在他的書中重述了艾德華的反駁說法。見 Gusfield, *Culture of Public Problems*, 186, 187, 189.
23. Doris Aiken, *My Life as a Pit Bull* (San Jose, CA: Writers Club Press, 2002), 53.

24. 2009 年 2 月 24 日蘭沐訪談；Willard Gaylin, "Who Killed Libby Zion?" *Nation*, October 9, 1995, 394–97; Margaret Rankin, "Diary of a MADD Housewife," *Washington Times*, October 10, 1990, E1.
25. 最後這部分的回憶出自 Ralph P. Hudson to the author, July 27, 2009. 另見 Rankin, "Diary"; "Fired MADD Leaders Forming New Group," *San Francisco Chronicle*, December 21, 1988, A13; James Harper, "MADD's Direction Causes Dispute," *St. Petersburg Times*, October 8, 1990, 12; Frank Weed, "The MADD Queen: Charisma and the Founder of Mothers Against Drunk Driving," *Leadership Quarterly* 4 (1993): 329–45; 2010 年 10 月 28 日萊特娜訪談。
26. Pamela E. Pennock, *Advertising Sin and Sickness: The Politics of Alcohol and Tobacco Marketing, 1950–1990* (DeKalb: Northern Illinois University Press, 2007), 153, 173; Allan M. Brandt, *The Cigarette Century: The Rise, Fall, and Deadly Persistence of the Product That Defined America* (New York: Basic Books, 2007), 241–77; Leonard Evans, *Traffic Safety* (Bloomfield Hills, MI: Science Serving Society, 2004), accessed January 5, 2009, www.scienceservingsociety.com/ts/text/ch10.htm; Philip J. Cook, "The Effect of Liquor Taxes on Drinking, Cirrhosis, and Auto Accidents," in Mark H. Moore and Dean R. Gerstein, eds., *Alcohol and Public Policy: Beyond the Shadow of Prohibition* (Washington, DC: National Academy Press, 1981), 255–85.
27. 見 www.cspinet.org, accessed March 30, 2010. 另見 Pennock, *Advertising*, 172; Dan E. Beauchamp, *Beyond Alcoholism: Alcohol and Public Health Policy* (Philadelphia: Temple University Press, 1980).
28. Michael Jacobson, Robert Atkins, and George Hacker, *The Booze Merchants: The Inebriating of America* (Washington, DC: CSPI, 1983). 另見 Pennock, *Advertising*, 66–81, 171; Garrett Peck, *The Prohibition Hangover: Alcohol in America from Demon Rum to Cult Cabernet* (New Brunswick, NJ: Rutgers University Press, 2009), 202; David F. Musto, "New Temperance vs. Neo-Prohibition," *Wall Street Journal*, June 25, 1984, 26.
29. Jacobson, Atkins, and Hacker, *Booze Merchants*, vii.
30. 出處同前，5; Peck, *Prohibition Hangover*, 211; Robert Lewis Thompson, "The Long Shadow of Prohibition," *Washington Post*, December 11, 1983, G1, G4; Jonathan Rowe, "Liquor Foes Unite: Tax Hike, Restrictions Sought," *Christian Science Monitor*, May 6, 1988, accessed August 5, 2009, www.csmonitor.com/1988/0506/adrink2.html.
31. Jacobson, Atkins, and Hacker, *Booze Merchants*, 28, 40; Christopher Conte, "Crusaders against Drunk Driving Split Over Whether to Fight Alcohol Broadly," *Wall Street Journal*, November 6, 1985, 35.
32. Jacobson, Atkins, and Hacker, *Booze Merchants*, 49–51, 57; Colman McCarthy, "Politics and Alcohol Abuse," *Washington Post*, January 1, 1984, G4, and Mark Potts, "Battle Brews over Broadcast Beer, Wine Ads," *Washington Post*, December 9, 1984, F1.
33. Jacobson, Atkins, and Hacker, *Booze Merchants*, 82–99.

34. 出處同前，112.
35. 出處同前，139–43.
36. 出處同前，156; Pennock, *Advertising*, 206–8; "Opposition to Alcohol Ad Reforms Continues," *Project SMART Newsletter*, May 1985, 承蒙喬治・海克提供。說來或許不算意外，全國廣電協會在 1960 年代就把監看香菸廣告內容的工作做得死氣沉沉，希望能確保香菸公司繼續在電視上打廣告。見 Brandt, *Cigarette Century*, 259–60.
37. 警語標示立法是保守派參議員瑟門（Strom Thurmond）和自由派眾議員坎尼爾斯（John Conyers）罕見結盟的結果。大部分的評論者相信，這對管控酒精濫用和酒駕助益不大。見 Pennock, *Advertising*, 197, 220.
38. McCarthy, "Politics," G4.
39. Aiken, *My Life*, 71–75.
40. Rowe, "Liquor Foes"; John Gannon, "RID vs. MADD: The Battle Over Booze Ads on TV, Radio," *Sacramento Bee*, June 17, 1987; Aiken, *My Life*, 71; Bard Lindeman to Doris Aiken, May 31, 1988, RID Papers, Schenectady, NY. 承蒙朵瑞絲・艾肯提供。
41. William DeJong and Anne Russell, "MADD's Position on Alcohol Advertising: A Response to Marshall and Oleson," *Journal of Public Health Policy* 16 (1995): 231–38; Barron H. Lerner, *The Breast Cancer Wars: Hope, Fear, and the Pursuit of a Cure in Twentieth-Century America* (New York: Oxford University Press, 2001), 260–62.
42. 語出 Conte, "Crusaders," 35. 另見 Aiken, *My Life*, 57; Craig Reinarman, "The Social Construction of an Alcohol Problem: The Case of Mothers Against Drunk Drivers and Social Control in the 1980s," *Theory and Society* 17 (January 1988):91–120; 2010 年 10 月 28 日萊特娜訪談。
43. William Montague, "Drunk-Driving Foes Accept Big Gifts from Alcoholic-Beverage Producers," *Chronicle of Philanthropy,* July 25, 1989, 1, 12–14; Donald B. Shea, "Saving Lives Is Important Enough to Merit Financial Aid from the Brewing Industry,"*Chronicle of Philanthropy*, September 5, 1989, 29.
44. E. Gene Patterson to George Hacker, July 23, 1984, box 2, folder: Center for Science in the Public Interest, William N. Plymat Papers, State Historical Society of Iowa, Des Moines; "MADD as Hell and Not Going to Take It Anymore," *Broadcasting Magazine,* April 15, 1985; E. R. Shipp, "Alcohol Abuse Is Becoming a Public Policy Issue," *New York Times*, October 1, 1985, A18; 2010 年 10 月 28 日萊特娜訪談。
45. Reinarman, "Social Construction," 111. 另見 Gannon, "RID vs. MADD"; Montague, "Drunk Driving Foes," 13.
46. Reinarman, "Social Construction," 105.
47. James F. Mosher, "Alcohol Policy and the Presidential Commission on Drunk Driving: The Paths Not Taken," *Accident Analysis and Prevention* 17 (1985): 239–50.
48. H. Laurence Ross, "Final Report of the Presidential Commission on Drunk

Driving," *Accident Analysis and Prevention* 17 (1985): 199–206; Ross, "Reflections," 174.

49. Aiken, *My Life*, 59.
50. Minutes of the Board of Directors of the National Commission Against Drunk Driving, December 11, 1984, box 6, folder: NCADD, 1984–1985, and Candy Lightner to the NCADD, January 24, 1985, box 6, folder: 1984–1985, Plymat Papers.
51. Aiken, *My Life*, 58. 另見 Brandt, *Cigarette Century*, 256–58.
52. William N. Plymat to Elizabeth H. Dole, December 4, 1985, box 6, folder: Elizabeth Dole, and Ralph F. Hudson, "A Public Health Concept—BAC 0.05 Illegal Per Se," unpublished manuscript, 1986, box 4, folder: Dr. Ralph Hudson, Plymat Papers. 另見 Geoffrey Rose, *The Strategy of Preventive Medicine* (New York: Oxford University Press, 1994).
53. Morris E. Chafetz, "How to Deal with Drunk Driving," *Boston Globe*, October 3, 1985, 23; Morris E. Chafetz, "Dangerous, But to Whom?" *Des Moines Register*, January 3, 1985, 8A.
54. F. Scott Deaver and Robert C. Hickle, "Drunken Driving," *Des Moines Register*, January 16, 1985, 9A.
55. 2009 年 12 月 22 日費爾訪談、2010 年 3 月 18 日莫登訪談。
56. Stephen Hilgartner and Charles Bosk, "The Rise and Fall of Social Problems: A Public Arenas Model," *American Journal of Sociology* 94 (1988): 53–78.
57. James S. Kunen, *Reckless Disregard: Corporate Greed, Government Indifference, and the Kentucky School Bus Crash* (New York: Simon & Schuster, 1994).
58. Dirk Johnson, "Carrollton Journal: Murder Charges Are Met by Cries of Compassion," *New York Times*, August 8, 1988, A14; Paul Hoverston, "'88 Crash Awoke U.S. to Peril of DWI," *USA Today*, September 1, 1999, 3A.
59. Edward O. Fritts to C. Everett Koop, November 17, 1988, box 149, folder 46, C. Everett Koop Papers, National Library of Medicine, Bethesda, MD.
60. Edward O. Fritts to C. Everett Koop, November 29, 1988, 出處同前。
61. Ronald R. Rumbaugh to C. Everett Koop, December 1, 1988, box 149, folder 43, Koop Papers.
62. V. J. Adduci to C. Everett Koop, December 5, 1988, 出處同前。
63. John E. Toole to C. Everett Koop, November 28, 1988, 出處同前，另見 Aiken, *My Life*, 59.
64. C. Everett Koop to V. J. Adduci, December 1, 1988, and C. Everett Koop to Edward O. Fritts, November 22, 1988, box 149, folder 46, Koop Papers; *Proceedings of the Surgeon General's Workshop on Drunk Driving* (Washington, DC: US Department of Health and Human Services, 1989), 96.
65. *Proceedings*, 48, 57, 58, 88.
66. 2009 年 1 月 9 日丹尼斯頓訪談。另見 Randall Bloomquist and Kevin McCormack, "A Major Koopla," *Adweek*, December 19, 1988.
67. Alexander C. Wagenaar and Frederick M. Streff, "Public Opinion on Alcohol

Policies," *Journal of Public Health Policy* 11 (1990): 189–205.
68. 2008 年 1 月 3 日庫普訪談。
69. 2010 年 3 月 19 日思利特訪談。另見 2009 年 1 月 4 日芭兒琴訪談、2009 年 1 月 9 日丹尼斯頓訪談、2008 年 1 月 3 日庫普訪談。
70. 2008 年 1 月 3 日庫普訪談。
71. Enoch Gordis to Surgeon General, December 12, 1988, box 149, folder 45, Koop Papers.
72. 關於預警原則，見 Sandra Steingraber, *Living Downstream: A Scientist's Personal Investigation of Cancer and the Environment* (New York: Vintage, 1998). 另見 Pennock, *Advertising*, 186–87, 220. 潘諾克用「世俗道德」(secular morality)一詞來描述這種心態。

第五章

1. Micky Sadoff, *Get MADD Again, America!* (Irving, TX: MADD, 1991).
2. 出處同前，2, 97.
3. 出處同前，50, 52, 80.
4. 出處同前，71.
5. Mac Marshall and Alice Oleson, "In the Pink: MADD and Public Health Policy in the 1990s," *Journal of Public Health Policy* 15 (1994): 54–68.
6. William DeJong and Anne Russell, "MADD's Position on Alcohol Advertising: A Response to Marshall and Oleson," *Journal of Public Health Policy* 16 (1995): 231–38.
7. Jill Abramson, "Selling Moderation: Alcohol Industry Is at Forefront of Efforts to Curb Drunkenness," *Wall Street Journal*, May 21, 1991, A1, A14. 另見 Francine I. Katz to Robert F. Borkenstein, June 25, 1993, box 113.1, folder: A, Robert F. Borkenstein Papers, Herman B. Wells Library, Indiana University.
8. Abramson, "Selling Moderation." For a more nuanced assessment of industry's role, see H. Laurence Ross, "Brewers View Drunk Driving: A Critique," *Accident Analysis and Prevention* 19 (1987): 475–77.
9. 2009 年 2 月 24 日蘭沐訪談。
10. Doug Bandow, "Targeting the Most Dangerous Drunk Drivers," *Washington Times*, January 28, 1994, A23; Connie Koenenn, "The Company She Keeps," *Los Angeles Times*, January 26, 1994, 1.
11. Bandow, "Targeting"; "Koenenn, "The Company"; Katherine Griffin, "No Longer MADD," *This World*, August 7, 1994, 6, 7; Michael Fumento, "Catch Drunks, Don't Harass Drivers," 1997, accessed January 7, 2007, ww.fumento.com/drunk.html.
12. James D. Stuart, "Deterrence, Desert, and Drunk Driving," *Public Affairs Quarterly* 3 (1989): 105–15.
13. 出處同前，; H. Laurence Ross, "Reflections on Doing Policy-Relevant Sociology: How to Cope with MADD Mothers," *American Sociologist* 18 (Summer 1987):

173–78.

14. James B. Jacobs, *Drunk Driving: An American Dilemma* (Chicago: University of Chicago, 1989), 43, 52, 77.
15. Bonnie Steinbock, "Drunk Driving," *Philosophy and Public Affairs* 14 (1985): 278–95.
16. Douglas N. Husak, "Is Drunk Driving a Serious Offense?" *Philosophy and Public Affairs* 23 (1994): 52–73.
17. 出處同前，71–73.
18. Rosemary L. Calhoun to Robert F. Borkenstein, May 18, 1988, box 113.1, folder: Rosemary Calhoun, and Robert F. Borkenstein to Candy Lightner, February 15, 1985, box 113.4, folder: MADD, Borkenstein Papers.
19. Gerri Hirshey, "'Lady D.U.I.' Comes to Her Own Defense," *New York Times*, January 4, 2009, CT1.
20. Lawrence Taylor, *Drunk Driving Defense*, 2nd ed. (Boston: Little, Brown, 1986), 45–49. 泰勒的部落格是 www.duiblog.com
21. Judge X, *How to Avoid a Drunk Driving Conviction* (Port Townsend, WA: Loompanics Unlimited, 1993), 103, 106. *Beat the Breathalyzer,* by Chris Jamessen, 實際付印是在 1979 年。
22. Judge X, *How to Avoid*, 6. 另見 Taylor, *Drunk Driving Defense*, 7.
23. Roger Lowenstein, "On the Defensive: How a Lawyer Gets Drunken Drivers Off the Hook," *Wall Street Journal*, April 14, 1986, 1, 20. Jere Joiner to the author, March 30, 2010.
24. Eric Peters, "MADD House," *National Review*, September 28, 1998, 36–37; Judy Rakowsky, "MADD Board Resigns, Citing Change in Focus," *Boston Globe*, May 19, 1993, 16, accessed April 9, 2010, www.fundinguniverse.com/company-histories/Mothers-Against-Drunk-Driving-MADD-Company-History.html. 另見 David J. Hanson, "Mothers Against Drunk Driving: A Crash Course in MADD," accessed April 1, 2010, www.alcoholfacts.org/CarashCourseOnMADD.html.
25. 語出 Sam Bresnahan, "MADD Struggles to Remain Relevant," *Washington Times*, August 6, 2002, B1. 另見 Hanson, "Mothers," 12.
26. Robert Davis, "French Struggle: Drinking and Driving," *USA Today*, September 3, 1997, 3A.
27. "Princess Di's Death Should Raise Public Consciousness about Drunken Driving," *Washington Times*, September 8, 1997, A20.
28. 出處同前，A20. 另見 Andrea Stone, "Diana Invoked in Alcohol Bill," *USA Today*, September 4, 1997, 8A; Andrew Barr, *Drink: A Social History of America* (New York: Carroll & Graf, 1999), 281.
29. Barr, *Drink*, 283. 另見 Rick Berman, "MADD Doesn't Differentiate between Drunks and Social Drinkers," *Washington Times*, September 26, 1997, A18.
30. Berman, "MADD," A18; Garrett Peck, *The Prohibition Hangover: Alcohol in America from Demon Rum to Cult Cabernet* (New Brunswick, NJ: Rutgers University Press, 2009), 205.

31. Ralph Hingson, Timothy Heeren, and Michael Winter, "Lowering State Legal Blood Alcohol Limits to 0.08 Percent," *American Journal of Public Health* 86 (1996): 1297–99; Robert Apsler, A. R. Char, Wayne M. Harding, and Terry M. Klein, *The Effects of 0.08% Laws* (Washington, DC: NHTSA, 1999).
32. Barr, *Drink*, 282–83.
33. "Power MADD," *Washington Times*, March 6, 2000, A16; http://activistcash.com/organization_quotes.cfm/o/17-mothers-against-drunk-driving, accessed April 10, 2010.
34. Alfred Lubrano, "My Job Is to Defend Drinking and Driving," *Philadelphia Inquirer*, November 26, 2000, J1.
35. 見 www.responsibledrinker.com, accessed April 11, 2010.
36. 見 www.motorists.org/roadblocks, accessed April 11, 2010; interview with Candace Lightner, October 28, 2010.
37. Pamela E. Pennock, *Advertising Sin and Sickness: The Politics of Alcohol and Tobacco Marketing, 1950–1990* (DeKalb: Northern Illinois University Press, 2007), 171–76; Janet L. Golden, *Message in a Bottle: The Making of Fetal Alcohol Syndrome* (Cambridge, MA: Harvard University Press, 2005). 對這種種提案的批判，見 Jacob Sullum, *For Your Own Good: The Anti-Smoking Crusade and the Tyranny of Public Health* (New York: Simon & Schuster, 1998).
38. "Power MADD," A16; Chris Overbey, *Drinking and Driving: War in America* (Lulu.com, 2006), 39. 值得注意的是，這些挑釁的摘句，像平納所寫的那種，被許多反對「反酒駕媽媽」的網站擷取並一再引用，可能使得這些摘句看起來比實際上更有影響力。
39. Ralph P. Hudson to the author, July 27, 2009; John Lee, "The Prohibition Times," n.d., accessed April 11, 2010, http://piratenews.org/theprohibitiontimes.html.
40. 巴爾可之語出自 Peck, *Prohibition Hangover*, 207; Hanson, "Mothers Against Drunk Driving," 2; "memo to MADD's New Celebrity Board," September 17, 2003, accessed September 23, 2009, www.consumerfreedom.com/print.cfml?id=2125&page=headline.
41. Eric Zimmermann, "Beer Summit Sparks Fight Between MADD, Restaurant Group," The Hill's Blog Briefing Room, August 3, 2009, accessed October 29, 2009, http://thehill.com/blogs; Doris Aiken, "The Beer Summit Gift from Obama," July 31, 2009, accessed April 11, 2010, http://rid-usa.org/blog.
42. 語出 Peck, *Prohibition Hangover*, 213. 另見 Jonathan Freedland, "Second Front: Battle of the Bottle," *Guardian*, May 28, 1996, T2.
43. Peck, *Prohibition Hangover*, 199. 另見 Lubrano, "My Job," J1.
44. Richard A. Grucza, Karen E. Norberg, and Laura J. Bierut, "Binge Drinking among Youths and Young Adults in the United States, 1979–2006," *Journal of the American Academy of Child and Adolescent Psychiatry* 48 (2009): 692–702; "Quick Stats Binge Drinking," accessed December 2, 2009, www.cdc.gov/alcohol/quickstats/binge_drinking.htm; Robert B. Voas and James C. Fell, "Impaired Driving: Opportunities and Problems,"*Alcohol Research and Health* (in press).

45. 這些歌詞可以在 www.lyricsmode.com 找到。對於「酒駕反媽媽」這種心態的明智批判，見 Kathryn Lindskoog, "They Call Themselves MADD? Well, We Are DAMM Mad!" *Christian Century*, June 2, 1982, 655–56.
46. Hanson, "Mothers Against Drunk Driving," 7; Overbey, *Drinking and Driving*, ii; Llewellyn H. Rockwell Jr., "Legalize Drunk Driving," November 3, 2000, accessed February 7, 2008, http://lewrockwell.printthis.clickability.com. 因為機車騎士不戴安全帽是置自身——而非他人——於險境，和嚴禁酒駕比起來，這項議題稍微不那麼爭議性。見 www.iihs.org/research/qanda/helmet_use.html and Marion M. Jones and Ronald Bayer, "Paternalism and Its Discontents: Motorcycle Helmet Laws, Libertarian Values, and Public Health," *American Journal of Public Health* 97 (2007): 208–17.
47. 見 http://drunkard.com/issues/08_02/08_02_fighting_madd.htm, accessed September 23, 2009.
48. Dinitia Smith, "A Serious Business for a Humorous Drunkard," *New York Times*, October 30, 2004, B9. 另見 www.drunkard.com/md_editors_rant.htm, accessed September 23, 2009.
49. Gerri Hirshey, "Teenagers and Cars: A Deadly Mix," *New York Times*, December 9, 2007, LI1.
50. Barbara Holland, *The Joy of Drinking* (New York: Bloomsbury, 2007), 88, 111, 117. 另見 Christine Sismondo, *Mondo Cocktail: A Shaken and Stirred History* (Toronto: McArthur & Co., 2005), esp. re: Hemingway.
51. Holland, *Joy*, 127; Brigid Schulte, "Critics say District's DUI Policy Goes Too Far," *Washington Post*, October 13, 2005, B1; Amy Alkon, "You Don't Have to Be Drunk to Be Arrested for Drunk Driving," November 3, 2007, accessed January 21, 2008, www.advicegoddess.com.
52. 關於酒駕起訴的其他批評，見 www.dui.com/dui-library/victims/personal-tragedy#comments, accessed October 4, 2010.
53. Peck, *Prohibition Hangover*, 209; Mark Schone, "Over the Legal Limit," *Boston Globe*, March 19, 2006, C1. 關於把法律當成一種公衛策略加以運用，見 Tom Christoffel, "Using Roadblocks to Reduce Drunk Driving: Public Health or Law and Order?" *American Journal of Public Health* 74 (1984): 1028–30; Jonathan P. Shepherd, "Criminal Deterrence as a Public Health Strategy," *Lancet* 358 (2001): 1717–22.
54. Lee Green, "The College Alcohol Study," in: Stephen L. Isaacs and David C. Colby, *To Improve Health and Health Care*, vol. 13 (San Francisco: Jossey-Bass, 2009), 201–26.
55. Sarah Slavin, "The Social World and Political Community of Head-Injured People," in Mary Lou Kendrigan, ed., *Gender Differences: Their Impact on Public Policy* (New York: Greenwood Press, 1991), 189–219; accessed February 15, 2010, www.youtube.com/watch?v=bHpAgVYlB0w.
56. Insurance Institute for Highway Safety, "DUI/DWI Laws," January 10, 2010, accessed February 15, 2010, www.iihs.org/laws/dui.aspx.

57. Ruth A. Shults, Randy W. Elser, Davis A. Sleet, et al., "Reviews of Evidence Regarding Interventions to Reduce Alcohol-Impaired Driving," *American Journal of Preventive Medicine* 21 (4S) (2001): 66–88; James C. Fell and Robert B. Voas, "Reducing Illegal Blood Alcohol Limits for Driving: Effects on Traffic Safety," in J. C. Verster, S. R. Pandi- Perumal, J. G. Ramaekers, and J. J. de Gier, eds., *Drugs, Driving and Traffic Safety* (Basel: Birkhauser Verlag, 2009), 415–37; 2009 年 11 月 24 日費爾與渥鄂思訪談。
58. Shults, Elser, Sleet, et al., "Reviews of Evidence," 72, 73; NHTSA, *Traffic Safety Facts: Lives Saved in 2008 by Restraint Use and Minimum Drinking Age Laws* (Washington, DC: Department of Transportation, 2009).
59. Shults, Elser, Sleet, et al., "Reviews of Evidence," 75–78. 另見與巴爾可的討論，Peck, *Prohibition Hangover*, 205–7.
60. Allan F. Williams, "Reflections on the Highway Safety Field," *Injury Prevention* 10 (2004): 330–33; www.ghsa.org/html/stateinfo/laws/checkpoint_laws.html; 出自費爾與渥鄂思訪談。
61. Paul L. Zador, Adrian K. Land, Michele Fields, and Karen Weinberg, "Fatal Crash Involvement and Laws against Alcohol-Impaired Driving," *Journal of Public Health Policy* 10 (1989): 467–85; Ann Dellinger and David A. Sleet, "Preventing Traffic Injuries: Strategies That Work," *American Journal of Lifestyle Medicine* 4 (2010): 82–89; Traci L. Toomey, Darin J. Erickson, Kathleen M. Lenk, Gunna R. Kilian, Cheryl L. Perry, and Alexander C. Wagenaar, "A Randomized Trial to Evaluate a Management Training Program to Prevent Illegal Alcohol Sales," *Addiction* 103 (2008): 405–13; Philip J. Cook and Maeve E. Gearing, "The Breathalyzer Behind the Wheel," *New York Times*, August 31, 2009, A19; 出自費爾與渥鄂思訪談。
62. Dellinger and Sleet, "Preventing Traffic Injuries," 84–85.
63. Matthew L. Wald, "Highway Safety Agency Unveils New Campaign against Drunken Driving," *New York Times*, August 17, 2006, A17; Lawrence P. Lonero, "Finding the Next Cultural Safety Paradigm for Road Safety," AAA Foundation for Traffic Safety, 2007, accessed March 9, 2010, www.aaafoundation.org/pdf/lonero.pdf.
64. Paul Vitello, "Alcohol, a Car and a Fatality: Is it Murder?" *New York Times*, October 22, 2006, sec. 4, 1, 4.
65. Virginia Inman, "On This Quarter-Eating Machine, a High Score Could Be Dangerous," *Wall Street Journal*, November 29, 1982, 29.
66. Nancy Lewis, "In Australia, the Wines Have Funny Names—and Go Down Easy," *Washington Post*, October 31, 2004, P1.
67. Adam E. Barry and Patricia Goodson, "Use (and Misuse) of the Responsible Drinking Message in Public Health and Alcohol Advertising: A Review," *Health, Education and Behavior*, published online on August 10, 2009. 見 http://heb.sagepub.com/cgi/rapidpdf/1090198109342393v1.pdf.
68. "Research Material," n.d., box 113.6, folder: Voas, Borkenstein Papers; Cook and

Gearing, "The Breathalyzer," A19; 出自費爾與渥鄂思訪談。

69. "Spring Break—Awash in the Alcohol Industry's Tsunami of Booze," www.traumaf.org/featured/03-06-03index.html, accessed December 8, 2010.
70. Peck, *Prohibition Hangover*, 222, 226–29; Vikas Bajaj, "Retailer to Pull Catalog Showing Use of Alcohol," *Dallas Morning News*, July 30, 1998, 27A; Richard J. Bonnie and Mary Ellen O' Connell, eds., *Reducing Underage Drinking: A Collective Responsibility* (Washington, DC: Institute of Medicine, 2003); Peter Anderson, "Is it Time to Ban Alcohol Advertising?" *Clinical Medicine* 9 (2009): 121–24. 造酒業主張，由於美國整體酒類消費率雖有行銷作為，仍呈下滑，像這樣的規定並無必要。見 Pennock, *Advertising*, 195.
71. Keith Wailoo, *How Cancer Crossed the Color Line: The Transformation of Health and Race in a Nation Divided* (New York: Oxford University Press), 2011. 另見 Robert B. Voas, A. S. Tippetts, and James C. Fell, "The Relationship of Alcohol Safety Laws to Drinking Drivers in Fatal Crashes," *Accident Analysis and Prevention* 32 (2000): 483–92.
72. Dellinger and Sleet, "Preventing Traffic Injuries," 83; Eric Peters, "Drinking and Driving Deaths Plummet," *National Review Online*, December 27, 2002, accessed, www.nationalreview.com/comment/comment-peters122702.asp; Leonard Evans, *Traffic Safety* (Bloomfield Hills, MI: Science Serving Society, 2004), accessed January 5, 2009, www.scienceservingsociety.com/ts/text/ch10.htm.
73. 對於高安局的代表性批判，見 "NHTSA Admits Their Data Is Misinterpreted," accessed February 7, 2008, www.ridl.us/phpBB2/viewtopic.php?t=532.

第六章

1. Al Baker and Lisa W. Foderaro, "Tests Show Driver Was Drunk in Parkway Crash That Killed 8," *New York Times,* August 5, 2009, A1.
2. Jeremy W. Peters, "New York Is Set for Strict Stand on D.W.I. Cases," *New York Times,* November 18, 2009, A1.
3. Lawrence P. Lonero, "Finding the Next Cultural Safety Paradigm for Road Safety," AAA Foundation for Traffic Safety, 2007, accessed March 9, 2010, www.aaafoundation.org/pdf/lonero.pdf. 另見 Patricia F. Waller, "Challenges in Motor Vehicle Safety,"*Annual Reviews in Public Health* 23 (2002): 93–113.
4. Beverley Lyons and Laura Sutherland, "Lindsay Has Hit a New Lo: Troubled Actress Is Arrested Again," *Daily Record,* July 25, 2007, 15.
5. Linda McAvoy, "Make Drunk-Driving Stars Do Perp Walk on Red Carpet," *Toronto Star,* June 2, 2007, W6.
6. Karen Thomas, "What Has Gotten into Them? Young Celebs' Lives Filled with Drugs, Clubs, DUIs, and Rehab," *USA Today,* June 6, 2007, 1D; John C. Burnham, *Bad Habits: Drinking, Smoking, Taking Drugs, Gambling, Sexual Misbehavior, and Swearing in American History* (New York: New York University Press, 1993), 145; www.celebitchy.com/4008/lindsay_lohan_arrested_for_dui, and www.crushable.

com/entertainment/lindsay-lohan-arrested, accessed April 17, 2010.

7. Elizabeth Cohen, "Young Women Drink, Party, Post," CNN.com, December 10, 2007, accessed December 11, 2007, www.cmm.com/2007/HEALTH/12/10/face.book/index.html; Ada Calhoun, "Moms Who Drink: No Joking after the Schuler Tragedy," Time.com, August 11, 2009, accessed August 19, 2009, www.time.com/time/nation/article/0,8599,1915467,00.html; http://lyrics.wikia.com/Bowling_For_Soup:Hooray_For_Beer. 另見 Alessandra Stanley, "Where Alcoholism Drinks in the Laughs," *New York Times,* December 3, 2010, C1, C3.
8. Doug Camilli, "Sobering News for Lohan," *Montreal Gazette,* May 29, 2007, D8; David Picker, "State Senator Appalled by Unruly Fans," *New York Times,* November 21, 2007.
9. Burnham, *Bad Habits,* 292. 另見 Garrett Peck, *The Prohibition Hangover: Alcohol in America from Demon Rum to Cult Cabernet* (New Brunswick, NJ: Rutgers University Press, 2009), 221.
10. 語　出 "Drink Tank," *Salon,* November 3, 2000, accessed April 18, 2010, www.salon.com/news/politics/feature/2000/11/03/reacts/index.html.
11. 見 www.metrolyrics.com/dui-lyrics-offspring.html, accessed January 24, 2010; Lance A. Strate, "Beer Commercials: A Manual on Masculinity," in Steve Craig, ed., *Men, Masculinity, and the Media* (Newbury Park, CA: Sage, 1992), 78–92.
12. Heath Urie, "Trio Loved Speedy Cars," *Boulder* (CO) *Daily Camera,* January 20, 2008, accessed June 17, 2009, www.dailycamera.com/news/2008/jan/20/trio-loved-speedy-cars-families-friends-remember.
13. 出處同前。
14. 這一段和後面兩段的引句出處同前。
15. Timothy Egan, "Youthful Binge Drinking Fueled by Boredom of the Open West," *New York Times,* September 2, 2006, A1, A12.
16. 出處同前，A12; Samuel Warren, "Worst States for Drunken Driving," February 24, 2009, accessed August 30, 2010, http://autos.aol.com/article/worst-states-for-drunken-driving; Kelly Burke, *Drinking and Driving: The Toll, the Tears,* WETA/TV, Washington, DC, May 7, 1986, RID Papers, Schenectady, NY. 承蒙朵瑞絲・艾肯提供。到了 2010 年 1 月，有七個州仍然沒有開瓶法。見 "DUI/DWI Laws," accessed February 15, 2010, www.iihs.org/laws/dui.aspx.
17. Dirk Johnson, "Where the Beer Flows Easy, Calls to Sober Up," *New York Times,* November 16, 2008, A16.
18. Bill Lubinger and Gabriel Baird, "Cleveland Browns Fans Stunned by Donte Stallworth's 30-Day Jail Term for DUI Manslaughter," *Cleveland Plain Dealer,* Tuesday, June 16, 2009, accessed June 17, 2009, www.cleveland.com/browns/index.ssf/2009/06/cleveland_browns_fans_stunned.html.
19. 出處同前。
20. 關於斯托沃司案的評論出現在魯賓格和貝爾德一文及以下這篇文章發表之後：Mary Kay Cabot, "Cleveland Browns Terminate Donte Stallworth's Contact," February 8, 2010, accessed April 20, 2010, www.cleveland.com/browns/index.

ssf/2010/02/cleveland_browns_terminate_don/2932/comments.html.

21. Matthew Lysiak and Rich Schapiro, "Mother of Brooklyn Woman Mowed Down by Accused Drunk Cop Rips Officers Involved as 'Cowards,'" *New York Daily News,* September 29, 2009, accessed April 20, 2010, www.nydailynews.com/news/ny_crime/2009/09/30/2009-09-30_grieving_mother_of_brooklyn_woman_rips_cops.html.
22. Matthew Lysiak, Rocco Parascandola, Wil Cruz, and Rich Schapiro, "No Alcohol Found in DWI Charge Cop Andrew Kelly's Blood in Tests That Were Delayed by 7 Hours," *New York Daily News,* September 30, 2009, accessed April 20, 2010, www.nydailynews.com/news/ny_crime/2009/09/29/2009-09-29_no_alcohol_found_in_fatal_dwi_charge_cop_andrew_kelly_in_tests_that_were_delayed.html.
23. 這則評論是由 hslew 所貼，用以回應 William Sherman and Corky Siemaszko, "Officer Andrew Kelly Pleads Guilty to Killing Vionique Valnord While Driving Drunk," *New York Daily News,* September 8, 2010, accessed September 29, 2010, www.nydailynews.com/ny_local/2010/09/08/2010-09-08_tk.html.
24. 2009 年 11 月 24 日費爾和渥鄂思訪談。最近已有九個州制訂政策，以杜絕逃避血中酒精濃度檢測，法官隨時可以發出搜索票，強制執行吐氣或血液檢測。見 www.msnbc.msn.com/id/21134540/vp/40838549#40838549. 另見 Randall Stross, "Helping Drunken Drivers Avoid Tickets but Not Wrecks," *New York Times,* April 17, 2011, BU3.
25. "Distilled Spirits Council Recognized by USDA for Promoting Federal Dietary Guideline on Responsible Alcohol Consumption," *Drug Week,* June 27, 2008. 另見 www.centurycouncil.org.
26. James C. Fell and Robert B. Voas, "The Effectiveness of Reducing Illegal Blood Alcohol Concentration (BAC) Limits for Driving: Evidence for Lowering the Limit to .05 BAC," *Journal of Safety Research* 37 (2006): 233–43. 和美國一樣，英國與加拿大維持 0.08% 的血中酒精濃度標準。
27. Atul Gawande, "One for My Baby, but 0.08 for the Road," *Slate,* February 27, 1998, accessed April 20, 2010, www.slate.com/id/2672; Karolyn V. Nunnallee, "MADD Strives to Keep Drunken Drivers off the Road," *Washington Times,* August 19, 1998, A18; Peck, *Prohibition Hangover,* 205.
28. Laura Dean-Mooney, "Don't Be Mad at MADD," *Washington Times,* May 4, 2009, A20.
29. 語出 Burke, "Drinking and Driving."
30. "Police Not to File Charges against Mrs. Roosevelt," *Washington Post,* August 16, 1946, 3; Donald A. Redelmeier and Rob J. Tibshirani, "Association between Cellular-Telephone Calls and Motor Vehicle Collisions," *New England Journal of Medicine* 336 (1997): 453–58.
31. "Text Messaging May Be Factor in Fatal Teen Car Crash," *FoxNews.com*, July 15, 2007, accessed October 26, 2009, www.foxnews.com/story/0,2933,289365,00.html.
32. "New Jersey Roadways Scariest Thing This Halloween," MADD New Jersey Press

Release, October 31, 2008, accessed October 26, 2009, www.madd.org.
33. 這些評論和後面那一段的評論可在以下網址找到：http://abcnews.go.com/GMA/comments?type=story&id=3379012 and www.usatoday.com/news/nation/2007-07-14-ny-crash_N.htm, both accessed October 26, 2009.
34. Ashley Halsey III, "What Does It Take to Get Texting Off Roads? Consequences Are Only Way, Some Say," *Washington Post*, October 5, 2009, B1, B8.
35. 最完整詳盡的交通安全文件是 *Improving Traffic Safety Culture in the United States: The Journey Forward* (Washington, DC: AAA Foundation for Traffic Safety, 2007), available at www.aaafoundation.org/pdf/safetyculturedocument.pdf. 另見 "A 10-Year Plan to Reduce Road-Traffic Accidents," *Lancet* 375(2010): 866.
36. 語出 Halsey, "What Does It Take," B1.
37. 見註 32。
38. http://abcnews.go.com/GMA/comments?type=story&id=3379012.
39. 這些摘句出處同前。
40. Unsigned letter to Doris Aiken, June 21, 1984, RID Papers. 關於用語改變的重要性，有一個比較持疑的看法，見 Lonero, "Finding the Next Cultural Safety Paradigm."
41. Cindi Lamb, "The Visitor," 刊登於 2002 年 9 月 26 日到 2003 年 2 月 26 日的 *Dundalk* (MD) *Eagle*. 承蒙辛蒂・蘭沐提供影本。後面幾段詳述蘭沐與紐坎默的對話，就是出自這篇文章。
42. 值得一提的是，萊特娜也公開原諒了布西。見 *Good Morning America,* May 3, 2000 的謄寫稿。
43. Susan Dominus, "A 'Perfect Mother,' a Vodka Bottle and 8 Lives Lost," *New York Times,* August 8, 2009, A1.
44. Burke, "Drinking and Driving."「主觀豁免」一詞出自 Allan F. Williams, "Reflections on the Highway Safety Field," *Injury Prevention* 10 (2004):330–33.
45. Elizabeth M. Armstrong, *Conceiving Risk, Bearing Responsibility: Fetal Alcohol Syndrome and the Diagnosis of Moral Disorder* (Baltimore: Johns Hopkins University Press, 2003); Janet Golden, *Message in a Bottle: The Making of Fetal Alcohol Syndrome* (Cambridge, MA: Harvard University Press, 2005); Jonathan Simon, *Governing through Crime: How the War on Crime Transformed American Democracy and Created a Culture of Fear* (New York: Oxford University Press, 2007), 180, 181; Nicholas D. Kristof, "Drugs Won the War," *New York Times,* June 13, 2009, WK10.
46. Jeremy W. Peters, "New York Is Set for Strict Stand on D.W.I. Cases," *New York Times,* November 18, 2009, A1; Bertil Hok, Hakan Pettersson, Annika K. Andersson, Sjoerd Haasl, and Per Akerlund, "Breath Analyzer for Alcolocks and Screening Devices," *IEEE Sensors Journal,* 2010, accessed April 20, 2010, www20.vv.se/fud-resultat/Publikationer_000801_000900/Publikation_000828/IEEE_Sensors_H%C3%B6k_etal.pdf.
47. "New Survey Results: Stop Anyone Impaired by Alcohol from Driving Any Vehicle," Insurance Institute for Highway Safety Press Release, September 17,

2009, accessed April 20, 2010, www.iihs.org/news/rss/pr091709.html.

48. "Regulatory Overkill," *Wall Street Journal,* August 15, 1974, 10; Edwin R. Linz, "Buchwald and Safety Belts," *Washington Post,* April 25, 1974, A19. 我要感謝思利特指點這段歷史插曲。
49. Robert F. Borkenstein, "History of Attempts to Deter Driving While Impaired by Alcohol," unpublished manuscript, June 1986, box 113.1, folder: APA Conference, Robert F. Borkenstein Papers, Herman B. Wells Library, Indiana University; James B. Jacobs, *Drunk Driving: An American Dilemma* (Chicago: University of Chicago, 1989), 200; Lonero, "Finding the Next Cultural Safety Paradigm."
50. Unsigned letter, Fargo, North Dakota to Mrs. Aiken or RID, n.d., RID Papers.
51. Jacobs, *Drunk Driving*, 193; Mark E. Lender and James K. Martin, *Drinking in America: A History* (New York: Free Press, 1987), 201–4. 有一篇關於如何判定倡議運動成功與否的出色論文，見 Steven Epstein, "Measuring Success: Scientific, Institutional, and Cultural Effects of Patient Advocacy" in Beatrix Hoffman, Nancy Tomes, and Mark Schlesinger, eds., *Patients as Policy Actors* (Piscataway, NJ: Rutgers University Press, 2001).
52. Allan M. Brandt, *The Cigarette Century: The Rise, Fall, and Deadly Persistence of the Product That Defined America* (New York: Basic Books, 2007), 440–45.
53. Johannes Andenaes, "The Scandinavian Experience" in Michael D. Laurence, John R. Snortum, and Franklin E. Zimring, eds., *Social Control of the Drinking Driver* (Chicago: University of Chicago Press, 1988), 43–63, esp. 51.
54. Jane E. Brody, "Personal Health," *New York Times*, December 29, 1988, B8; Jay A. Winsten, "The Case for Designated Drivers," unpublished manuscript, January 13, 1992, 承蒙喬治・海克提供。
55. Geni Bahar and Nesta Morris, "Is a Strong Safety Culture Taking Root in Our Highway Agencies?" In *Improving Traffic Safety Culture in the United States*, 367–78.
56. Ralph F. Hudson to John A. Volpe, April 23, 1984, box 4, folder: Dr. Ralph Hudson, William N. Plymat Papers, State Historical Society of Iowa, Des Moines.
57. Willard Y. Howell, "Review of Public Information Efforts by Selected Alcohol Safety Action Programs," in James W. Swinehart and Ann C. Grimm, eds., *Public Information Programs on Alcohol and Highway Safety* (Ann Arbor, MI: Highway Safety Research Institute, 1972), 65–67. Afterword 1. Ralph F. Hudson, "A Public Health Concept—BAC 0.05 Illegal Per Se," unpublished manuscript, 1986, box 4, folder: Dr. Ralph Hudson, William N. Plymat Papers, State Historical Society of Iowa, Des Moines.

國家圖書館出版品預行編目資料

酒杯裡的謀殺：從飲酒文化到反酒駕運動的百年發展史 / 拜仁・勒那（Barron H. Lerner）作 ; 林志懋譯. -- 初版. -- 臺北市 : 啟示出版 : 家庭傳媒城邦分公司發行, 2017.05
面； 公分. --(Knowledge系列 ; 17)
譯自 : One for the Road: Drunk Driving since 1900

ISBN 978-986-93125-8-5 (平裝)

1.酗酒 2.交通心理學 3.美國

557.16　　106005122

Knowledge系列017

酒杯裡的謀殺：從飲酒文化到反酒駕運動的百年發展史

作　　者／拜仁・勒那 Barron H. Lerner
譯　　者／林志懋
總審訂者／林子忻
審 訂 者／陳亮妤、陳靜芳、黃名琪、黃俊雄
企畫選書人／彭之琬
總 編 輯／彭之琬
責任編輯／李詠璇

版　　權／吳亭儀
行銷業務／王　瑜、莊晏青
總 經 理／彭之琬
發 行 人／何飛鵬
法律顧問／元禾法律事務所 王子文律師
出　　版／啟示出版
臺北市 104 民生東路二段 141 號 9 樓
電話：(02) 25007008　傳真：(02)25007759
E-mail:bwp.service@cite.com.tw
發　　行／英屬蓋曼群島商家庭傳媒股份有限公司城邦分公司
台北市中山區民生東路二段141號2樓
書虫客服服務專線：02-25007718；25007719
服務時間：週一至週五上午09:30-12:00；下午13:30-17:00
24小時傳真專線：02-25001990；25001991
劃撥帳號：19863813；戶名：書虫股份有限公司
讀者服務信箱：service@readingclub.com.tw
城邦讀書花園：www.cite.com.tw
香港發行所／城邦（香港）出版集團
香港灣仔駱克道193號東超商業中心1F　E-mail: hkcite@biznetvigator.com
電話：(852) 25086231　傳真：(852) 25789337
馬新發行所／城邦（馬新）出版集團【Cite (M) Sdn Bhd】
41, Jalan Radin Anum, Bandar Baru Sri Petaling, 57000 Kuala Lumpur, Malaysia.
電話：(603) 90578822　傳真：(603) 90576622
Email: cite@cite.com.my

封面設計／李東記
排　　版／極翔企業有限公司
印　　刷／韋懋實業有限公司

■ 2017 年 5 月 4 日初版
■ 2023 年 5 月 12 日初版 4.5 刷
定價 360 元
Printed in Taiwan

城邦讀書花園
www.cite.com.tw

 ISBN 978-986-93125-8-5